영국사 강의

10개의 강의로 영국사 쉽게 이해하기

곤도 가즈히코 지음 | 김경원 옮김

목 차

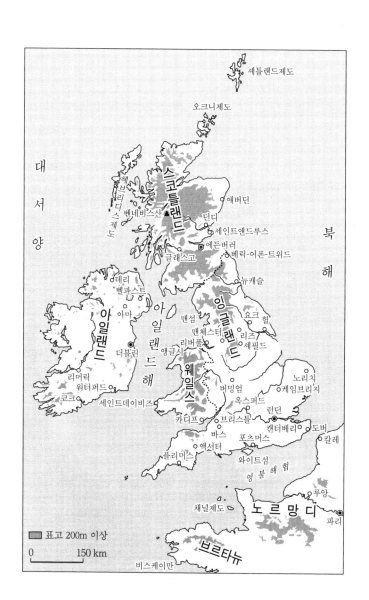

세틀랜드제도

오크니제도

스코틀랜드
헤브리디스제도
벤네비스산 ▲
애버딘
던디
세인트앤드루스
에든버러
글래스고
베릭-어폰-트위드

뉴캐슬

데리
벨파스트
아마

아일랜드

더블린

리머릭
워터퍼드
코크
세인트데이비즈

잉글랜드

맨섬
맨체스터
리버풀
앵글시
웨일스

요크 헐
리즈
셰필드

노리치
케임브리지
옥스퍼드
런던
캔터베리
도버
칼레

버밍엄

카디프
바스
포츠머스
플리머스
와이트섬
브리스틀
액서터
영불해협

채널제도

노르망디
루앙
파리

브르타뉴

비스케이만

대서양

북해

아일랜드해

■ 표고 200m 이상

0   150 km

일러두기

1. 이 책의 외국 인명 · 지명 · 서명은 국립국어원 외래어 표기법에 따라 표기하였다.

2. 책 제목은 『』, 논문 제목은 「」, 영화 · 노래 · 음악 · 미술작품 제목은 〈 〉로 표시하였다.

3. 본문에 (—역주)로 표시한 주석을 포함, 본문 하단의 주 모두 역자 주석이다.

4. 이 책은 산돌과 Noto Sans 서체를 이용하여 제작되었다.

제1강
영국사의 시작

겨울날 스톤헨지의 모습. 신석기시대 환상열석(stone circle) 중에서도 최대 규모를 자랑한다.
p.23.

지금부터 10000년 전(기원전 800년경)까지 빙하기. 브리튼 제도는
유럽 대륙의 커다란 반도.
기원전 6000년경까지 해수면이 상승해 오늘날 브리튼 제도가 출현했다.

기원전 3000년경	스카라 브레(Skara Brae) 등 오크니(Orkney)제도 유적군
기원전 2300년경	스톤헨지(Stonehenge) 완성
기원전 1000년경	켈트 계보 부족이 널리 퍼지다.
기원전 55년	율리우스 카이사르(Julius Caesar)가 브리타니아(Britannia)를 침공하다.
1922년	'그레이트브리튼(Great Britain) 및 아일랜드 연합왕국'에서 '아일랜드자유국' 독립
1931년	웨스트민스터 헌장(영연방 성립)
1949년	아일랜드 공화국
1973년	연합왕국, 아일랜드 공화국 둘 다 유럽공동체(EC)에 가입하다.
1993년	유럽연합(EU)에 가입하다.
2017년	EU 탈퇴 교섭을 시작하다.

1 영국사란 무엇인가

이 책의 취지

영국(United Kingdom)[1]이라는 말을 들으면 무엇이 떠오를까. 영어, 왕실, 신사(gentleman), 섬나라, 오대양 육대주를 호령한 제국, 산업혁명, 축구, 골프, 비틀스 등이 떠오를까. 또는 홍차, 벽돌집과 잔디밭, 전원 지대, '자유와 규율', 의회민주주의, '프로테스탄트 윤리와 자본주의 정신', '대처리즘(Thatcherism)'[2]을 연상하는 사람도 있을지 모른다. 세계화(globalism)와 함께 안정적으로 동거하는 영국은 다른 나라에 비해 일본인이 친근함을 느끼기 쉬운 나라라고 할 수 있다. 달리 말해 일본인에게는 이미 잘 알려진 까닭에 '그다지 신선함이 없는 나라'일지도 모른다.

이 책은 앞으로 선사시대부터 현대까지 영국의 통사를 다룰 것이다. 다시 말해 '영국'이라는 정치사회가 자연지

1) 영국(United Kingdom) : '그레이트브리튼(Great Britain)'은 지리적으로 그레이트브리튼 섬만 가리키지만, 정치적으로는 잉글랜드, 스코틀랜드, 웨일스의 세 지방과 부속 섬을 아우르는 명칭이다. 그레이트브리튼 및 브리튼과 영국(United Kingdom)의 구분은 명확하지 않으므로 정부의 공식 문서에서도 브리튼과 영국이 번갈아 쓰이기도 한다.
2) 대처리즘 : 영국 총리였던 마거릿 대처(재임 1979~1990년)가 영국 경제의 재생을 위해 추진한 사회경제 정책의 총칭이다. 미국의 로널드 레이건 공화당 정부가 실시한 레이거노믹스와 함께 오늘날 세계경제를 주도하는 신자유주의의 이념적 원조로 여겨진다. ─역주(이 책의 각주는 모두 역주이므로 앞으로 역주 표시는 생략함)

리적으로 어떻게 만들어지고 역사적으로 어떻게 형성되었다가 어떻게 무너지고 재구축되었는지 살펴보고자 한다. 또한 정체성과 질서의 양상에 주목하되, 될수록 구체적인 이미지가 떠오르도록 서술하는 한편, 세계사 및 일본사와 맺는 연관성도 들여다볼 것이다. 아마도 이제까지 여러분이 몰랐던 사실은 물론, 알고 있던 사실에도 색다른 조명을 비추어볼 것이다.

E. H. 카(Edward Hallett Carr, 1892~1982)는 역사란 현재와 과거의 대화인 동시에 미래를 응시하는 역사가의 이야기라고 말했다. 이 책『영국사 10강(イギリス史10講)』도 현재를 살아가는 역사가가 과거의 사실 및 연구와 나누는 대화이자 영국사를 다시 풀어내는 시도다.

선사, 고대, 중세라는 순서로 서술해나가지만, 각 시대를 균등한 분량으로 서술하지 않고 제4강의 16세기 이후, 즉 근세, 근대, 현대에 70퍼센트의 분량을 할당할 것이다. 이는 필자의 전공 분야가 근세 이후의 영국사이기도 하고, 또 '10강(10講)' 시리즈 기획이 정한 공통의 약속 때문이기도 하다.

영국은 머나먼 옛날 유럽 대륙과 이어져 있었다. 고대에 영국의 절반은 유럽 제국의 속주가 되었고, 중세부터 유럽의 기독교, 학문, 정치의 일단을 담당했다. 이는 근현대 영국과 영어를 이해하기 위한 기초 사항인데, 우리는 3강까지 이 점을 다룰 것이다.

그러나 영어로 쓰인 성서가 전국 교회에 퍼져나간 일, 셰익스피어가 태어난 일, 최초의 영국인이 일본에 건너온 일은 모두 16세기에 일어났다. 나아가 그 후에 성립한 혁명, 의회, 군주제, 또한 아이작 뉴턴(Isaac Newton)[3], 애덤 스미스(Adam Smith)[4], 카를 마르크스(Karl Marx)[5], 윌리엄 글래드스턴(William Gladstone)[6], 플로렌스 나이팅게일(Florence Nightingale)[7], 윈스턴 처칠(Winston Churchill)[8], 마하트마 간디(Mahatma Gandhi)[9], 존 메이너드 케인스(John May-

---

3) 아이작 뉴턴 : 1642~1727. 영국의 물리학자, 수학자, 천문학자로서 물리학과 수학의 주요 이론을 확립한 근대 과학의 선구자다.
4) 애덤 스미스 : 1723~1790. 영국의 정치경제학자이자 도덕철학자로서 경험론의 방법으로 『국부론』을 저술해 '고전경제학'을 창시함으로써 '경제학의 아버지'라고 불린다.
5) 카를 마르크스 : 1818~1883. 독일의 철학자, 경제학자, 사회이론가. 정치평론가로서 자본주의와 종교를 비판하고 노동운동을 이끌었다.
6) 윌리엄 글래드스턴 : 1809~1898. 영국 정치가. 자유당 당대표를 지냈고, 수상(Prime Minister)을 4차례 역임함으로써 윈스턴 처칠과 함께 가장 위대한 수상으로 평가받는다.
7) 플로렌스 나이팅게일 : 1820~1910. 영국의 간호사이자 병원과 의료제도의 개혁자. 크림전쟁 때 이스탄불에서 야전병원장으로 활약했다.
8) 윈스턴 처칠 : 1874~1965. 영국의 정치가. 제2차 세계대전 중 루스벨트, 스탈린과 더불어 전쟁의 최고 정책을 지도했다. 이후 반소 진영의 선두로서 1946년 '철의 장막'이라는 신조어를 만들어내기도 했다.
9) 마하트마 간디 : 1869~1948. 인도의 민족운동 지도자이자 인도 건국의 아버지로서 남아프리카의 인종차별에 대한 투쟁으로 유명해졌다. 제1차 세계대전 이후 영국을 상대로 비폭력 저항을 전개했다.

nard Keynes)[10], 프리드리히 하이에크(Friedrich Hayek)[11], 도시와 제국, 자선(charity)과 사회민주주의를 모른다면, 오늘날 영국을 이해할 수 없다. 무엇보다 옥스퍼드대학, 케임브리지대학과 두 대학의 칼리지는 다 '자선'으로 설립했는데, 자선의 근거는 바로 1601년에 성립한 법률이다(pp. 99, 141, 311). 이 책에서 16세기(제4강)에 이루어진 '최초의 전 지구화'와 그 이후를 중시하는 이유가 여기에 있다.

이 책이 취하는 역사적 관점은 기본적으로 『프랑스사 10강』(시바타 미치오柴田三千雄), 『독일사 10강』(사카이 에이하치로坂井榮八郎)과 통한다. 다만 이 두 권과 다른 점은 로마 이전의 선사시대부터 서술을 시작하고 중세와 근대 사이에 '근세'라는 시대구분을 독립시켰다는 것, 나아가 영국사의 복잡성과 바다와의 연관성을 중시했다는 것이다. 또 국민성 또는 국민사라는 '틀'과 '단계'를 상정하고 그것에 논의를 끼워 맞추려고 하지 않았다. 이 책에서는 일본사와 비교하기보다는 관계에 주목했다. 그 과정을 통해 후

---

10) 존 메이너드 케인스 : 1883~1946. 영국의 경제학자. 완전고용을 실현하기 위해서는 자유방임주의가 아닌 정부의 공공지출이 필요하다고 주장했는데, 이를 케인스 혁명이라고 한다. 대표 저서는 『고용·이자 및 화폐의 일반이론』이다.

11) 프리드리히 하이에크 : 1899~1992. 오스트리아 태생의 영국 경제학자로 화폐적 경기론과 중립적 화폐론을 전개하고, 신자유주의의 입장에서 모든 계획경제를 반대했다. 『법, 입법, 자유』라는 저술로 노벨 경제학상을 수상했다.

쿠자와 유키치, 나쓰메 소세키의 증언도 되살아나지 않을까. 남자와 여자, 부모와 자식에 관해 이야기한다는 점도 앞에 나온 두 권의 '10강'에서는 찾아볼 수 없는 특징이라고 할 수 있다. 이와 같은 차이점은 영국, 프랑스, 독일의 차이라기보다는 저자들이 속한 세대와 역사 감각이 다르기 때문이 아닐까 싶다. 이 책은 오늘날 연구 업적의 성과를 반영한 오밀조밀 흥미로운 책이다.

영국(이기리스) · **브리튼 제도**

우선 '영국(이기리스, イギリス[12])'이라는 말의 의미와 용례를 밝혀두자. 이 책에 나오는 영국(이기리스)과 영국인(이기리스인)은 현대 영어의 Britain, British, Briton을 가리킨다. 때로 오해의 여지가 없도록 표시하기 위해 브리튼, 브리튼인이라고 쓸 때도 있다.

---

12) 이기리스 : 잉글랜드와 관련된 포르투갈어 형용사 'inglez, inglês'가 어원으로, 일본 전국시대에 들어온 포르투갈인이 기원으로 보인다. 이기리스는 원뜻과 상관없이 연합왕국 전체를 가리키고, 연합왕국의 구성체인 '잉글랜드'와는 구별된다. 에도시대에는 네덜란드어 형용사 'engelsch, engels'를 어원으로 '에게레스'라는 호칭도 널리 쓰였다. 막부 말기부터 메이지, 다이쇼 시기에는 '에이기리(英吉利)'나 '다이후레쓰텐(大不列顛)' 등 한자로 표기하는 일도 있었다. 일본어에서 통상 '영국'을 가리키는 '이기리스'는 언제나 가타카나로 표기하는데, 한국어로 '이기리스'에 대응할 말이 없는 까닭에 앞으로 '영국'으로 번역하기로 한다. 다만 국명의 용어를 해설하는 이 대목에서만 영국과 병기하는 형태로 일본어의 '이기리스'를 살려 옮긴다.

브리튼 또는 그레이트브리튼이란 지리적으로 지금의 잉글랜드, 웨일스, 스코틀랜드로 이루어진 커다란 섬을 가리키는 용어다. 작은 브리튼도 있는데, 이는 프랑스의 브르타뉴(Bretagne)반도를 말한다. 이들 지역은 고대에 '브리트(Brit)' 등으로 불리던 켈트족(Celts) 계통 사람들의 땅 브리타니아(Britannia)였다. 부르트(Brut)라는 고대 트로이에서 패배하여 몰락한 무사의 후예가 흘러들어와 정착한 땅이라는 이야기도 중세에 성립했다(제3강).

그레이트브리튼 섬과 아일랜드섬, 그리고 주위의 작은 섬 수천 개를 포함한 군도/열도를 다 아울러 브리튼 제도(British isles)라고 부른다. 이는 현대의 지리적 용어다. 다만 성가시게도 브리튼 섬은 그레이트브리튼 섬을 특정한다.

역사의 변천에 관해서는 앞으로 굽이굽이 서술해나가겠지만, 현재 브리튼 제도에는 주권국가가 둘 있다. 하나는 '그레이트브리튼 및 북아일랜드 연합왕국'으로 명칭은 연합왕국(UK)이고, 또 하나는 '아일랜드 공화국' 또는 에이레(Eire)다.

연합왕국을 가리켜 관용적으로 '영국(이기리스)'이라고 부른다. 이 명칭의 기원은 16~17세기 동아시아 해역에서 사용하던 포르투갈어 · 네덜란드어 사투리인 '앙겔리아', '엥게르스' 또는 '에게레스'다. 앙겔리아에는 '암액리아(諳厄利亞)', 에게레스에는 '영길리(英吉利)', '영륜(英倫)' 같은 한자어를 붙였다. 19세기 후반, 그러니까 막부(幕府)[13] 말기와 메이지(明治) 시대에 들어오면 '암액리아'나 '암국(諳國) · 암어(諳語)'는 사용하지 않았고, 영길리 · 영국 · 영어가 정착했다. '암(諳)'이나 '액(厄)'이라는 글자와 대조적으로 '영(英)'이라는 한자는 꽃, 뛰어나고 순수한 알짜, 뛰어난 사람을 의미하고, 영국이라는 말은 나라의 우수함을 함의했다. 이것은 기껏해야 한자 표기 문제일 뿐이지만, 가치관의 수용을 나타내기도 한다. 이 점은 제8강과 제9강에서 근대 일본과 영국의 교류를 다룰 때 다시 생각해보기로 한다.

한편 대영제국, 대영박물관 같은 표기도 널리 알려져 있는데, British Empire, British Museum이라는 말에 '대(大)'라는 뜻은 들어 있지 않다. 그런데도 '대영(大英)'이라는 말이 정착한 까닭은 영국(이기리스) 제국을 위대하다고 생각하고 '대일본제국'의 모범 또는 문명의 표상으로 받들

---

13) 막부 : 1192년 미나모토 요리토모(源賴朝)가 가마쿠라에 최초의 막부를 설치한 이후 1868년까지 일본을 통치한 쇼군(征夷大將軍)의 정부를 지칭하는 말. 천황은 상징적인 존재였고 실질적인 통치권은 쇼군에게 있었다.

려고 한 메이지 · 다이쇼(大正)[14] · 쇼와(昭和)[15] 시대의 선망과 사대주의 때문일 것이다. 이 책에서는 이렇게 왜곡이 뚜렷한 말은 인용할 때만 사용하고, 영국(이기리스) 제국, 영국 박물관으로 표기할 것이다.

그렇지만 영국(이기리스)도 역사적으로 에게레스 및 England, English에서 비롯한 일본어이기 때문에 문제가 없는 것은 아니다. 최근 영어에는 English & British라는 말로 차별 문제를 비껴감으로써 '정치적 올바름(PC)'을 표방하려는 편법이 존재한다. 하지만 British란 역사적으로 켈트족 계열의 섬 브리타니아 중에서도 웨일스인(Brut의 자손!)을 가리키는 말이기도 한 만큼, 이 말로는 문제를 진정 해결하기 어렵다. 한마디로 영국(이기리스)과 브리튼은 단지 말을 바꾼다고 될 일이 아니기에 이 책 전체를 관통하는 역사성의 문제인 셈이다. 이와 같은 문제를 유보한 채 신중하게 영국(이기리스)이라는 말을 사용하고자 한다.

일본을 '동양의 영국'으로 부르고, 영국을 '서양의 일본'으로 비유하는 서사의 시작은 19세기 후반(메이지 시대)이었다. 이런 표현은 재미있기도 할 뿐 아니라 양국의 자연

---

14) 다이쇼 시대 : 일본 역사에서 1912년부터 1926년까지를 말한다.
15) 쇼와 시대 : 일본 역사에서 1926년부터 1989년까지를 말한다.

과 문화가 확실히 닮은 데가 없지 않다. 유라시아의 양쪽 끝, 즉 북서 유럽의 영국, 북동 아시아의 일본이라는 지리적 위치를 생각하면 더욱 그렇다. 그러나 두 나라의 다른 점도 현격하다. 양국은 서로 자신의 모습을 비추는 거울 같은 관계라고 말할 수 있다.

연방국가 · 복합사회

오늘날 연합왕국은 잉글랜드, 스코틀랜드, 웨일스, 북아일랜드, 그리고 다수의 섬으로 이루어진 연방국가다. 약 24만 평방킬로미터의 면적에 인구는 약 6500만 명이다. 1997년 이래 권한 위양(權限委讓, devolution)의 진행으로 각지에 내재한 개성은 더욱더 강해졌다. 각 지방은 유럽연합(EU) 의회에 의원도 보내고 일정하게 재정적 권한도 있지만, 통화는 파운드를 유지했다. 아일랜드섬의 4분의 3을 차지하는 아일랜드 공화국은 약 7만 평방킬로미터 면적에 인구는 약 470만 명이다. EU의 구성원으로 유로 통화를 채용하고 있다.

연합왕국과 아일랜드에 사는 사람들은 백인(코카소이드)이 제일 많지만, 다양한 내력을 지닌 백인들이 섞여 있다. 유럽의 여러 언어가 뒤섞여 있는 영어는 독자적인 발전을 이루어 역사적으로 성립했다. 이런 사실은 북해나 해협을 끼고 마주한 유럽=커넥션이 영국 역사에 결정적이었음을 말해준다.

근대 이후 아프리카계, 카리브계, 이슬람, 남아시아·동아시아 사람들이 들어왔는데, 이들은 특히 20세기 후반에 급격하게 증가했다. 영연방(Commonwealth)을 구성하는 구식민지와 영어를 사용하는 나라들의 느슨한 연합은 오늘날에도 교육과 스포츠 분야에서 적극적으로 지속되고 있다. 또한 구식민지에서 독립한 미합중국은 영연방에 가입하지는 않았지만, 여전히 특별한 동맹관계를 유지하고 있다. 일찍이 영국을 떠나 남북아메리카, 아프리카, (1869년 수에즈운하의 완공 이전에는) 아시아로 건너오려면 대서양을 항해했기 때문에 이를 통틀어 대서양 커넥션이라고 부를 수 있다.

유럽=커넥션과 대서양 커넥션 중 어느 것이 더 중요할까. 이 물음은 역사가들의 논쟁거리이자 근현대 영국인의 정체성과 국가 전략의 쟁점이기도 하다.

이렇게 여러모로 보건대 영국은 복합사회라고 볼 수 있다. 런던과 글래스고 길모퉁이에 서 있으면 확연하게 그러하다. 영국에는 '단일민족국가'나 '하나로 이루어진 통합된 공화국'이 아닌 다른 정치사회가 성립해 있을 뿐 아니라 오늘날에는 다양성(diversity)을 촉진하자는 목소리가 높아지고 있다. 이 같은 세계적(cosmopolitan)인 정치사회에는 국가와 개인 사이에 '민간 공공사회'라고 할 만한 요소가 깊이 뿌리 내리고 있다.

사실 브리튼 제도의 주민은 유사 이래 다민족으로 이루어졌다. 영국이라는 나라의 연방제와 사회의 복합성에 개입한 역사를 반영해 사람들의 얼굴과 국토의 경관도 모습을 바꾸어왔다. 영국인은 과거와 현재뿐만 아니라 미래에도 연방제, 복합성, 다양성을 계속 지켜나갈 것이다. 이 책이 짊어진 과제의 하나는 이 점을 역사적으로 설명하는 것이다. 이 작업을 통해 '동양의 영국'이 나아가야 할 길을 생각하는 실마리를 얻을 수 있지 않을까.

2 자연환경과 선사시대 사람들

브리튼 제도의 형성

지구의 역사는 빙하기와 간빙기를 몇 차례나 반복했다. 최근의 빙하기는 만 년 전까지 이어졌는데 그때 브리튼 제도는 존재하지 않았다. 상당한 양의 물이 얼어서 바다의 수위가 내려가고 해안선이 저 멀리 물러갔기 때문에 북해는 작은 만(灣)에 지나지 않았고 영불해협도 아일랜드해도 존재하지 않았다. 따라서 현재 그레이트브리튼 섬과 아일랜드섬도 구별 없이 유럽 대륙과 이어져 있었다. 지금 브리튼 제도라고 부르는 곳은 유럽 대륙 서북쪽으로 돌출한 커다랗고 넓은 반도인데 적지 않은 지역이 얼음에 뒤덮여 있다.

오늘날 해발 1344미터에 이르는 브리튼 제도의 최고봉 벤네비스산(Ben Nevis)은 스코틀랜드에 있다. 해발 978미터에 이르는 잉글랜드의 최고봉인 스카펠봉(Scafell Pike)은 호수 지방에 있다. 일본의 산과 비교하면 상당히 낮지만 험하게 드러난 산의 표면과 웅대한 골짜기는 빙하기의 흔적을 고스란히 담고 있다. 영국 북부는 스칸디나비아와 이어져 있는 셈이다.

약 8000~9000년 전 빙하기가 끝나고 해수면이 천천히 상승해 브리튼 제도의 형태가 만들어졌다. 이미 한랭 기후에 적응한 수렵민이 살고 있었다는 사실은 동굴 유적, 석기, 뼈, 수렵을 그린 선화(線畫)를 통해 알 수 있다. 그 후 온난화와 더불어 인구가 늘어나고 수렵, 어로, 채집으로 생활하는 사람이 약 2만 명에 달했다. 동물과 식물이 풍부하게 널려 있는 땅이었다.

신석기시대의 유적

브린튼 제도에 농경과 목축을 영위하는 사람들이 건너와 개와 양을 비롯한 가축을 기르고 보리의 원형도 가져와 길렀다. 수렵과 채집을 영위하던 선주민과 농경과 목축을 영위하던 새 이주민은 서로 싸웠을까, 아니면 평화롭게 따로따로 살아갔을까? 과정은 잘 모르겠지만 결과를 보면 선주민은 이주민에게 수렵을 배워 짐승을 가축으로 길들이고 농경민은 원시림을 개간해 농지를 일궜다. 이미 이때부터 브리튼 제도에는 서로 다른 사람들이 공존했다.

신석기시대의 유적 가운데 스코틀랜드 북쪽에 있는 오크니제도(Orkney Islands)의 스캐러 브레이(Skara Brae)가 널리 잘 알려져 있다. 해변에 돌로 쌓은 가옥 열 채쯤에 농경·목축·어로

1-1 빙하기 유럽 — 약 2만 년 전 유럽은 북유럽 해안선이 저 멀리 물러나고 섬들과 유럽은 한 덩어리였다.

에 종사하는 사람들이 살고 있었다. 집집마다 화로와 조리대, 침대, 벽에 설치한 수납 선반이 있고 저수 창고도 있었다. 더구나 이 마을 근처에서는 브로드가 환상열석(Ring of Brodgar), 스테니스 열석, 커다란 신전 같은 석조 건축물을 발굴했다. 지금부터 약 5000년 전(기원전 3000년)의 유적이다.

브리튼 제도에는 거대한 돌로 만든 석실이 흙과 풀로 뒤덮인 고분이 산재한다. 또 환상주구(環狀周溝, henge), 즉 바깥쪽에는 둑, 안쪽에는 도랑으로 둥글게 둘러싼 울타리에 환상주구를 따라 커다란 돌을 세워 늘어놓은 환상열석 유적이 900개 이상이나 남아 있다. 그중 가장 유명한 유적은 잉글랜드 남부 초원에 있는 스톤헨지일 것이다(속표지 사진).

스톤헨지는 기원전 2300년쯤 완성된 것으로 보인다. 80개가 넘는 거석을 수십 내지 수백킬로미터 이상이나 떨어진 곳에서 날라왔다. 무거운 돌은 50톤이나 되는데, 어떻게 날라왔을까. 자연석을 어떻게 가지런히 잘라냈을까. 거석을 정해진 계획대로 나란히 세우고 쌓아 올리려면 대단한 기술과 힘이 필요하다.

스톤헨지에는 공물이나 매장의 흔적도 남아 있기에 제례를 올렸던 듯하다. 춘분, 하지, 추분, 동지를 알기 위한 일종의 천문대 역할도 맡았을지 모른다. 농경민이 정확한 책력을 알고 계절을 관리할 수 있느냐 없느냐는 경작의 성패 여부와 집단의 생사가 걸린 일이다. 제례는 합리성을 갖춘 엄숙한 행사였다. 이제까지 스톤헨지는 신석기시대 브리튼인에게 가장 중요한 장소라고 여겨져 왔는데, 오크니섬 유적의 발굴로 인해 이 주장은 재고해야 할지도 모른다.

켈트인과 숲

농경 생활 덕분에 인구는 증가했으나 기원전 1000년쯤부터 또다시 한랭 기후가 찾아왔다. 사람들은 대비하기 위해 촌락을 형성했고, 해자와 울타리를 갖추고 돌담을 쌓아 성과 요새를 지었다. 호수와 늪 한가운데에 쌓은 요새(보루)도 있었다. 곡물, 가축, 노예를 얻기 위한 싸움이 끊이지 않았고, 무기와 전차도 발달했다. 또한 훌륭한 금은·청동·철 장식품, 투구와 갑옷, 제례 도구가 오늘날 전해진다.

그리스인·로마인은 이 사람들을 '켈토이(Keltoi)', '켈타이(Celtae)', '갈리아(Gauls)'라고 부른다고 기록했다. 그들 켈트인은 금속제 무기와 전차를 솜씨 좋게 다루고 몸에 색을 칠했다고 한다. 그리스인·로마인은 켈트인을 야만적인 적으로 규정하고 건장한 체격, 반신 벌거숭이에 용맹스러움을 강조했다. 공병의 기술도 상당한 수준이었다. 그렇다고 켈트인이 다 전사였던 것은 아니다. 보리를 경작하고 가축을 길렀으며 멋지게 염색한 아마실로 고운 옷감을 짰고 금속공예도 성행했다. 켈트는 문자가 없는 사회였기 때문에 구전과 제례를 통해 정보를 전달하고 문화를 계승했다. 사제 드루이드(Druid)가 중심이 되어 인간의 앎을 뛰어넘는 세계와 교섭하고 현세의 난제를 해결했다. 드루이드는 신령과 통하는 예언자이자 요술사, 나아가 사람들의 법적 다툼도 처리하는 현인, 음유시인이었다. 남자뿐 아니라 무녀도 있었다.

켈트인은 자연계의 사물에 신령이 깃들어 있다고 믿었다. 맑은 물, 연못, 수목, 암석에 종교성을 부여하고 소중하게 여긴 켈트 문화에 여러분도 친근함을 느낄 것이다. 드루이드의 제례는 숲에서 열렸고, 흰옷, 낫, 겨우살이, 약초가 쓰였다. 인신 공양도 있었던 듯하다. 수목 가운데 특히 커다란 나무인 떡갈나무는 유구한 생명, 견고함의 상징이었다. 졸참나무나 녹나무를 숭배한 일본의 수목 신앙과 비슷하다. 떡갈나무 숲에 산다는 요정 이야기는 여러분도 들어봤을 것이다.

켈트 변경

유럽 각지에서 고대 켈트의 유물이 속속 발견되고 있다. 기원전 1세기 그레이트브리튼 섬은 켈트계의 여러 부족이 차지하고 있었다. 철제 농구로 수확이 증가하고 인구가 약 100만에 달했다. 전투와 제례, 농경, 공예 이외에도 남부 연안 지역에서는 상거래를 활발하게 이루어졌다. 항구의 유적으로 구리, 은, 동, 아연 같은 금속, 프랑스 포도주, 동전이 들어간 토기 등이 발굴되었다.

오늘날 켈트 문화라고 하면 아일랜드, 스코틀랜드, 맨섬(Isle of Man), 웨일스, 콘월(Cornwall), 브르타뉴(Bretagne)와 엮어서 이야기한다. 또한 선사시대 유럽에는 널리 켈트라는 일체성으로 묶인 민족과 문화가 존재했는데, 역사적으로 로마인, 앵글로색슨인, 노르만인(Norman)에게 박해받아 변경으로 쫓겨났다. 일찍이 '켈트 변경'이라고 멸시받았던 이 지역에는 '이제 힘차게 되살아나리라' 하는 서사가 계속 전해 내려왔다. 사람들은 공예의 아름다움과 알쏭달쏭한 무늬에도 매료당해왔다. 근대 낭만주의 및 민족(nation) 의식 가운데 켈트와 게일(Gael)의 표상에는 구심력이 있다. 나중에 살펴보겠지만 이와 같은 요소를 도외시한다면 스코틀랜드인이나 아일랜드인의 자긍심, 독립의식, 나아가 최근 각지로 권한을 양보하는 모습을 이해할 수 없다.

그러나 켈트의 이미지에는 학문적 의문이 던져진다. 고고학자 배리 컨리프(Barry Cunliffe, 1939~)가 편집한 『선사 유럽 도설(The Oxford Illustrated History of Prehistoric Europe)』도

그렇고, 최근 역사학의 성과를 반영한 『옥스퍼드 브리튼 제도 통사』 전 11권의 첫 권도 이구동성으로 켈트의 일체성을 부정한다. '켈트 변경'이란 앞으로 살펴볼 역사, 특히 근대사의 소산일 따름이다.

기원전 1세기 중반, 현재 갈리아라고 불리는 프랑스와 그 주변을 통치한 로마 총독 카이사르(시저)는 브리트인(Brit)이 사는 섬 브리타니아에 관심이 지대했다. 그곳은 풍요로운 땅으로 알려져 있을 뿐 아니라 속주 갈리아와 브리타니아 사이의 교류가 빈번했다. 따라서 갈리아를 안정적으로 통치하기 위해서는 이 섬과 어떤 관계를 맺어야 할지 분별할 필요가 있었다. 장군으로서 더한 명성을 얻기 위해 카이사르는 브리타니아를 침공한다. 로마가 들어옴과 동시에 브리튼 제도의 선사시대는 끝나고 문자로 기록하는 '역사시대'가 막을 올렸다.

영국사의 패턴

이제 제1강의 서술을 정리하고 이 책 전체의 줄거리를 소개하겠다.

빙하기가 끝나자마자 브리튼 제도는 바다를 사이에 두고 유럽 대륙에서 떨어져 나왔고, 그레이트브리튼 섬과 아일랜드섬도 분리되었다. 하지만 이것이 고립의 시초는 아니다. 바다는 사람과 문화를 떨어뜨려 놓을 뿐 아니라 이어주기도 한다. 영국사는 오직 브리튼 제도의 역사로 결코 완결되지 않으며 넓은 세계와 이어진 관계를 바탕으로 전개된다. 농경·유목민이나 로마·바이킹을 비롯해 바다 저쪽에서 들어온 새로운 요소와 이를 대하는 주민들의 저항과 수용을 통해 문화변용을 이루어냈다. 이러한 패턴이야말로 선사시대부터 현대까지 수차례 되풀이해온 것이다.

이와 같은 일을 반복하는 가운데 이윽고 영국인이 외부 세계로 진출하고 타자를 지배하고 종속시키고자 했다. 그 과정 중에 마찰과 수확이 있었음은 물론, 다양한 경험을 쌓으며 경합하고 공존하고, 서로 배움을 주고받으며 새로운 질서를 형성했다. 21세기 영국과 세계는 이러한 역사의 소산이다.

제2강
로마의 속주에서 북해의 왕국으로

에드거 왕(Edgar)의 은화. 973년 대관식을 치른 에드거의 옆얼굴. 십자 뒤에 라틴어(대문자)로
Eadgar Rex Anglor(잉글랜드인의 왕 에드거)라고 쓰여 있다. p.49.

※[I]는 아일랜드, [S]는 스코틀랜드를 가리킨다.

---

* 하드리아누스 방벽 : 영국 잉글랜드의 컴브리아주·노섬벌랜드주·타인위어주에 걸쳐 있는 고대 방위 시설.
* 성 길다스 : 494(또는516)~570. 6세기 잉글랜드 켈트계 기독교의 고위 사제로서 지식과 문장이 뛰어나 '현명한 길다스(Gildas Sapiens)'라고 불렸다.
* 비드(Bede) : 672(또는 673)~735. 앵글로색슨 시대의 위대한 신학자이자 역사가로서 사학, 자연과학, 음악 등 광범위한 분야를 연구해 라틴어로 약 40권의 책을 저술했다. 앵글로색슨족의 그리스도교 개종사를 다룬 중요한 사료인 『영국인 교회사』를 썼다. 영국사학의 시조라고 부른다.
* 해럴드 왕 : 1022~1066. 앵글로색슨계 영국의 마지막 왕으로, 정복자 윌리엄이 이끄는 노르만 침략자들과 싸웠다. 그의 죽음으로 앵글로색슨인의 통치는 종말을 고했다.

1 로마의 문명

로마군의 진입

　로마의 진입과 더불어 영국사의 고대가 막을 열었다. 문자(라틴어)로 남긴 기록을 고고학적 유물과 함께 고찰해 본 결과, 선사시대와는 비교할 수 없을 만큼 당시 사정이 구체적으로 밝혀졌다.

　로마의 장군 율리우스 카이사르(기원전 100~기원전 44년)는 기원전 55년, 대군 만 명을 이끌고 해협을 건넜다. 그가 쓴 『갈리아 전기』에 따르면 멀고 수심이 얕은 브리타니아 해안은 로마의 거대 선박이 접근하기 어려웠기에 중장비를 짊어진 병사가 배에서 물로 뛰어내려 적군과 싸웠다고 한다. 이때는 폭풍우도 범상치 않아 거의 얻은 것이 없었다.

　다음 해 카이사르는 군사 3만 7천을 이끌고 재차 브리타니아를 침공해 내륙까지 쳐들어와서 여러 부족을 복종시켰다. 군대와 함께 상인도 왔다. 그러나 머지않아 속수 갈리아에 불온한 움직임이 있다는 소식을 듣고 카이사르는 군단과 함께 물러갈 수밖에 없었다. 브리타니아를 영토로 삼지는 못했지만, 신속하게 결단을 내리고 위기에 대응한 장군의 명성은 드높아졌던 만큼 카이사르는 야심을 채웠다고 할 수 있다.

로마가 브리타니아 영토를 정복한 것은 그 후 100년이 지난 황제 클라우디우스(Claudius, 재위 41~54년) 시대였다. 클라우디우스는 금, 철, 다른 금속, 곡물, 노예가 넘쳐나는 브리타니아가 정복할 만한 가치가 있을 뿐 아니라 정복할 가능성도 있다고 판단하고는 43년에 대군단 4만을 파견했다. 거의 전세가 판가름이 나려는 즈음에 황제는 브리타니아로 건너와 콜체스터(Colchester)까지 코끼리 몇 마리를 끌고 행군했다. 이로써 로마다운 위풍당당함을 과시해 '야만인'을 제압했고 '열한 명의 지도자'가 귀순했다고 한다.

클라우디우스는 브리타니아에 16일밖에 머물지 않았으나 로마군은 서쪽과 북쪽으로 계속 침공했다. 저항과 반란이 끊이지 않는 가운데 60~61년 로마인에게 능욕당한 이케니(Iceni)족이 복수심에 불타는 여왕 부디카(Boudica, 보아디케아Boadicea)의 지도 아래 봉기해 로마 병사를 살해했다. 또 83년 북방의 칼레도니아(Caledonia)에서는 족장 칼가쿠스(Calgacus)의 반격이 있었다. 두 반란은 결국 로마군의 제압으로 잔인한 보복을 당하고 말지만, 근대에 들어와 부디카는 잉글랜드의 애국 영웅, 칼가쿠스는 스코틀랜드의 애국 영웅으로 숭앙받기에 이른다.

로마제국의 속주

웨일스나 스코틀랜드의 지배는 안정적이지 못했기에 로마인은 잉글랜드 변경에 요새를 짓고 군대를 주둔시켰다. 직선 도로의 네트워크가 갖추어지고 캔터베리, 윈체스터, 엑서터(Exeter), 글로스터(Gloucester), 체스터(Chester), 노리치(Norwich), 링컨(Lincoln), 요크(York) 등 나중에 중요한 역할을 맡는 도시가 세워졌다. 방사형 도로망을 보면 알 수 있듯 브리타니아 통치의 중심은 템스강(Thames) 북쪽 연안에 있는 런던으로 정해졌다. 로마가 아일랜드에 미친 영향은 간접적인 데 그쳤다.

브리타니아는 제국의 속주가 되었고 총독이 부임했다. 총독은 군의 사령관이자 민정(民政)을 펴는 수장이기도 했다. 군대 주둔 비용은 징세로 충당했으나 브리타니아 사람들이 일방적으로 수탈만 당했던 것은 아니다. 도시에는 시장, 법정, 관공서, 광장, 공회당, 상하수도, 공중목욕

탕, 극장, 라틴어 학교도 있었다. 공공 편의시설을 중시한 도시 건설이었다. 농촌에는 저택(villa)이 있었고 농장이 광활하게 자리 잡고 있었다.

2-1 브리타니아의 도로망. 방사형 도로망을 보더라도 런던이 브리타니아의 중심이었다는 사실을 알 수 있다.

팍스 로마나

로마제국이 브리타니아를 지배한 시기는 로마가 구축한 평화 질서의 최전성기에 해당하는 약 400년 동안이었다. 이 시기 특징에 대해서는 세 가지를 지적할 수 있다. 첫 번째 특징은 로마 문명의 보편성·공공성이 초래한 쾌적함이다. 거리와 항구를 정비한 까닭은 비상시를 대비해 군대의 기동성을 확보하고 식량 같은 물자를 안정적이고 효과적으로 공급하기 위해서였다.

도시의 공공 편의시설은 아까 언급한 바와 같고, 더불어 속주의 선주민과 로마 군인·관리의 공존과 통혼이 이루어졌다. 나아가 212년에는 제국의 자유민에게 모두 로마 시민권을 부여함으로써 브리타니아 사람들도 로마의 보편성을 나누어 맡기에 이르렀다. 고대사회인 만큼 노동은 오로지 노예에게 맡겼지만, 자유민은 출신지나 출신 민족을 불문하고 군인이나 관리가 될 수 있었고 입신출세도 가능했다. 영어로 Romano-British(로마=브리튼의)라고 할 민족적·문화적 복합사회가 출현했다. 종교도 절충 형태로 켈트 신앙, 로마 신, 페르시아 같은 동방의 신이 공존했다. 이것이야말로 로마사가 미나미카와 다카시(南川高志)가 말하는 '이종 혼교(異種混交, hybrid)'일 것이다. 애초에 로마제국은 다민족으로 이루어진 관대한 세계시민의 국가였다.

이종 혼교를 하나로 묶어준 것은 라틴어였다. 이탈리아, 아프리카, 브리타니아 등지의 교육법은 모두 공통이었다. 학생들은 동일한 교과 과정을 배우고 동일한 교재를 읽고 동일한 수사법과 동일한 화법을 익혔다. 라틴어는 중세 시대 기독교 교회의 언어로도 살아남는데, 읽고 쓰는 능력(literacy)은 중세 전반기보다 고대가 더 우위였다고 한다.

로마=브리튼 사회가 얼마나 쾌적했느냐를 잘 보여주는 것이 공중목욕탕, 즉 '테르마에 로마에'다. 오죽하면 잉글랜드 서부 바스(Bath)는 도시 이름이 목욕탕이라는 일반명사다. 목욕탕의 효용, 위생과 휴식에 관해 군이 설명할 필요가 있을까? 로마=브리튼인은 온천에 석조 공공건축을 짓고 켈트의 신 술리스(Sulis)와 로마의 여신 미네르바(Minerva)가 섞인 형상을 모셨다. 종교적 혼종의 흔적이 뚜렷하다. 바스는 로마의 보편성을 체현한 곳으로서 중세에는 에드거 왕의 대관식이 열렸고 근대에는 휴양지로서 번영을 누렸다.

하드리아누스의 침투막?

두 번째 특징은 로마 문명의 지리적인 침투성이다. 하드리아누스의 벽에 대해 좀 생각해보자. 황제 하드리아누스(재위 117~138년)는 현재 잉글랜드 북단과 가까운 타인강(Tyne River) 하구부터 솔웨이만(Solway Firth)까지 117킬로미터에 이르는 돌벽(장성)을 건설했다. 잉글랜드에서 동서로 폭이 가장 좁은 곳이고 육로를 택하면 남북 통행을 가로막는 장벽이 된다(바닷길이라면 아무런 장애도 되지 않는다). 주둔 부대를 위한 요새, 감시대도 있었다. 최근 발굴 조사에 따라 근처에 민간인 점포와 주거가 있었다는 사실도 밝혀졌고, 생활용품, 목간(木簡) 등도 발견되었다.

하드리아누스의 벽은 중국의 만리장성과 언뜻 닮아 보이겠지만 엄연히 다르다. 장벽의 길이와 높이가 만리장성에 훨씬 미치지 못할 뿐 아니라 오랑캐를 막아내기 위한다기보다 로마의 통치를 드러내 보이려는 시설이었다. 일정한 간격으로 세운 문을 이용해 사람들이 왕래하고 방목을 위해 가축도 드나들 수 있었다. 문은 침투막 같았고 때로는 세관(稅關)이 되기도 했다.

하드리아누스의 벽이 내부와 외부를 결정적으로 차단하는 벽이 아니었다는 방증으로는, 다음 황제인 안토니우스 피우스(Antoninus Pius, 재위 138~161년)가 스코틀랜드를 침공해 안토니우스의 벽을 건설했다는 사실을 들 수 있다. 포스만(Firth of Forth)부터 클라이드만(Clyde Bay)까지는 스코틀랜드에서 폭이 가장 좁은 곳에 벽을 지었는데, 이쪽은 금세 내버려졌다. 이 두 벽 사이에 끼어 있는 폭넓은 지대는 역사적으로 남쪽 세력과 북쪽 세력이 힘을 겨루는 요지였다. 이 저지대 지역(lowland)이야말로 북쪽 고

지대 지역(highland)과 남쪽 잉글랜드 사이에서 양쪽의 요소를 거두어들이면서 나중에 스코틀랜드 왕국의 중심 지역이 될 것이었다.

요새 근방에서 사람들은 어떻게 생활했을까? 민간 점토와 주택은 소비생활이 어느 정도 이루어졌다는 증거다. 군의 지령이나 병사와 갈등을 빚었을 뿐 아니라 "본대에 맥주가 떨어졌으니 추가로 배달하라"는 주문이나 "11일 생일잔치에 와주세요. 와보시면 아주 즐거울 거예요" 하는 편지도 있다. 국경을 방어하는 긴박감보다 생활의 여유가 느껴진다.

로마의 전후

세 번째 특징은 로마 전후의 연속성이다. 이미 정복 전부터 바다를 끼고 로마 속주와 교역하고 있었기 때문에 카이사르는 상인 집단을 동행하도록 했다. 브리타니아의 귀족과 로마의 귀족은 정복 전부터 해협을 왕래했는데, 이는 브리튼 제도 안의 속주와 외지의 관계도 마찬가지였다. 바다나 벽이 있든 없든, 속주 통치가 이루어지든 아니든, 사람은 왕래했고 문명은 침투했다.

제국 이후의 연속성과 비연속성은 어떻게 볼 수 있을까. 유럽 전역에 걸친 게르만 대이동의 여파로 앵글족(Angles), 색슨족(Saxon), 주트족(Jutes) 같은 부족이 브리타니아로 건너왔다. 409년 로마 군단이 물러간 다음 로마의 브리타니아 통치는 사라지고 '암흑의 시대'로 넘어갔다고 보는 것이 기존 영국사의 윤곽이었다. 역병이 퍼지자 수도사 길다스(Saint Gildas, 570년경 사망)는 『브리타니아 파멸에 대하여』에서 이 재앙이 신의 형벌이라고 적었다.

이미 4세기부터 뚜렷하게 로마의 위엄은 예전처럼 통하지 않았다. 대륙에서 제조한 구리 동전의 수입은 끊겼고 석조 건축도 더는 새롭게 짓지 않았다. 그러나 사실 로마 군단이 철수한 해가 언제인지는 특정할 수 없고, 로마=브리튼이라는 복합사회는 이미 정착했기에 군단이 철수했다고 곧바로 무질서 상태로 빠진 것은 아니다.

2 부족국가, 고영어, 기독교

5세기~8세기

  예전부터 영국사에서는 5세기부터 8세기에 이르는 400년을 앵글로색슨 시대라고 부르고, 혼란과 암흑이 지나가고 이윽고 기독교가 들어옴으로써 고영어의 성립과 잉글랜드 왕국의 건설을 나아간다는 고난의 '국사(國史)'를 계속 후세에 전했다. 잉글랜드를 형성한 역사라면 그렇게 이야기해도 무방할지 모르나 브리튼 제도와 유럽이라는 무대를 생각한다면 앵글로색슨 시대라는 명칭은 아무래도 편협하고 일면적이다.

  최근 영국 중세사 연구는 거의 400~800년을 '로마 후(after Rome)' 또는 '아(亞)-로마' 시대라고 부른다. 이 명칭에는 두 가지 의미가 있다. 하나는 로마제국이 브리타니아에서 퇴장했다는 것이다. 이 사건은 속주에도 그렇고 '오랑캐'에게도 커다란 변화였고 '로마 후'라는 시기에 비중 있는 영향을 미쳤다. 또 하나는 기독교가 전해졌다는 것이다. 로마의 가르침인 기독교는 뒤늦게 건너왔으나 속주의 외부 지역인 아일랜드와 스코틀랜드에서도 사람들의 마음을 사로잡았다. 기독교는 '아-로마'와 관련이 깊다.

이와 관련하여 석학 피터 브라운(Peter Brown)은 250~800년경을 고대 말기(late antiquity)라 불렀고, 중세사가 사토 쇼이치(佐藤彰一)는 476~700년경의 프랑크를 '포스트=로마'라는 시대구분 명칭으로 일컬었다. 브리튼 제도의 '로마 후', '아-로마'는 피터 브라운과 사토 쇼이치가 시도한 시대구분의 중간이다. 차이를 간과하면 안 되겠지만 이러한 시대구분은 로마라는 압도적인 세력을 겪은 이후 어떤 방향으로 나갈지 더듬더듬 모색한 유럽 각지의 양상을 동시대적으로 파악하는 데 유용하다.

부족국가 · 영어 · 영국인

4세기 말부터 5세기 사이에 브리타니아로 이주한 게르만 부족은 전투와 약탈 중심의 친족 집단으로서 우두머리를 향한 충성심이 강하고 규율과 제재가 엄했다. 선주민과 벌이거나 부족끼리 벌이던 전투의 결말이 좀처럼 나지 않다가 7세기에야 겨우 예전 로마의 속주였던 브리타니아와 거의 일치하는 잉글랜드 영토에 왕(부족장)이 이끄는 부족국가가 일곱 개쯤 성립해 각지를 지배했다.

그중 머시아 왕국(Kingdom of Mercia)의 오파 왕(Offa, 796년 사망)은 프랑크왕국의 샤를마뉴(Charlemagne, 카롤루스(Carolus)대제, 재위 768~814년)와 교류하여 은화를 제조하고 웨일스 오랑캐의 습격에 대비해 흙으로 성채를 쌓았다. 이 건축물의 잔재는 웨일스 경계 지역에 아직도 130킬로미터쯤 남아 있다.

이리하여 부족들이 서로 다투던 300년 동안 일정하게 통일성을 갖춘 언어 및 집단이 생겨났다. 각자의 조상인 덴마크, 북독일, 네덜란드와 연속성을 지닌 요소도 있지만, 독자의 규범을 갖춘 언어 앵글리시(Ænglisc)가 성립했다. 이것은 '앵글 부족의 언어'라는 한정된 의미가 아니라 그레이트브리튼 섬의 게르만 부족들이 사용하는 공통 언어이자 영어학의 용어로는 고영어(Old English)를 말한다. 영웅시 『베오울프(Beowulf)』가 이 무렵 영웅의 힘, 지혜, 충성심, 삶과 죽음을 노래하고 있다.

부족을 뛰어넘어 영어를 말하는 사람이라는 뜻으로 영국인(English)의 출현을 기록한 인물은 731년 연대기 『영국인 교회사(Ecclesiastical History of the English People)』를 완성한 수도사 비드(Bede, 735년 사망)였다. 잉글랜드 또는 영국이라는 '나라'가 성립하기 이전에 복수의 요소가 뒤섞여 영어와 영국인이 탄생한 것이지, 그 반대는 결코 아니다.

기독교의 전파

길다스나 비드 같은 수도사의 연대기는 올바른 신앙, 기독교의 역사로 일관하고 있다. 그들은 야만스러운 앵글로색슨인이 로마의 가르침으로 문명인이 되었다고 말한다.

아일랜드에는 성 파트리치오(Saint Patrick)에 이어 성 패트릭(Saint Patrick, 461년경 사망)이 포교했다. 성 패트릭은 로마=브리튼 귀족 출신이었는데 소년 시절에 납치당해 고생한 끝에 전도에 나섰다. 563년에는 아일랜드의 수도사 콜룸바(Saint Columba, 597년 사망)가 서스코틀랜드의 작은 섬 아이오나(Iona)로 건너가 수도원을 창설했다.

아일랜드의 부족 스코트인(Scots)이 이주한 그레이트브리튼 섬의 북부는 오늘날 스코틀랜드라고 부른다. 갈피를 잡기 어렵지만, '아일랜드 출신 스코트 부족의 땅'이라는 의미다. 브리튼 섬 북부에는 이전에 문자가 있는 독특한 문화를 누린 픽트족(Picts)이 있었다.

그레이트브리튼을 '로마의 섬', 아일랜드를 '야만족의 섬'이라고 기록한 연대기도 있었으나 아일랜드가 보기에는 오히려 반대였다. 브리타니아는 로마군에게 정복당했으나 아일랜드는 굴종하지 않은 자유의 섬이었다. 기독교의 가르침이 아일랜드에는 피스케만을 거쳐 잉글랜드보다 앞서 전해졌다는 점도 자랑스럽게 전해 내려온다.

잉글랜드에는 597년 교황의 명으로 성 아우구스티누스(성 오거스틴, 604년 사망)가 전도를 위해 50명을 이끌고 건너와 켄트왕국의 수도 캔터베리에 교회를 세웠다.

아-로마의 보편언어

고영어로 이야기하던 왕과 전사는 다 읽고 쓸 줄 몰랐지만 성직자는 읽고 쓸 줄 알았다. 신의 언어를 들을 뿐 아니라 문자로 경험을 기록하고 정보를 관리하기 위해서도 성직자와 좋은 관계를 유지할 필요가 있었다.

중세 · 근세 유럽 전역에 걸쳐 라틴어와 지역의 속어(vernacular)가 공존하는 이중언어/이중문화의 정황이 존재했다. 비드에 따르면 8세기 초 브리튼 제도에서는 '다섯 가지 언어'가 쓰였다. 라틴어, 영어, 아일랜드어(게일어), 브리튼어(웨일스어), 픽트어가 그것이다.

로마교회의 보편어인 라틴어를 통해 8세기 '영국인'은 아-로마의 범세계적인 문화에 참가했다. 북부로 퍼진 노섬브리아 왕국(Northumbria)이 일익을 담당했고 교학(敎學)의 중심에는 린디스판(Lindisfarne) 수도원과 재로우(Jarrow) 수도원, 그리고 도시 요크가 있었다. 이러한 상황에서 비드와 알쿠인(Alcuin, 804년 사망)이 활약했다. 알쿠인은 781년 샤를마뉴의 초빙으로 프랑크왕국 궁정에 들어가 조언자가 되었고 투르(Tours)의 수도원장이 되었다. 이른바 카롤링거 르네상스(Carolingian Renaissance)의 중심인물이라 하겠다.

그러나 영국의 입장에서는 아일랜드의 상실이 심각한 타격이었기에 8세기 말부터 라틴어 문화는 급속하게 종언을 맞이한다. 이 같은 결과를 맞이한 또 다른 원인은 바이킹의 습격이었다.

3 노르만 복합 속 잉글랜드 왕국

바이킹의 습격

5세기 브리타니아로 건너온 앵글로색슨 부족들은 300년쯤 지나자 드디어 문화와 질서를 갖춘 일곱 부족국가를 확립한 듯 보였다. 그러나 8세기 말~9세기 상황이 변하여 북해 저쪽에서 쳐들어온 스칸디나비아 사람들 즉 바이킹 때문에 위기를 맞고 동요하기에 이르렀다.

연대기 중에 극적인 변화를 초래한 사건은 791년 린디스판, 794년 재로우, 795년 아이오나에 이은 수도원의 습격이다. 8세기 영국인은 바다 쪽의 공격은 예상하지 않았기 때문에 무방비 상태로 지식과 부의 보고인 수도원을 해안 또는 작은 섬에 지었다.

노르웨이, 덴마크 주변에서 쳐들어온 바이킹은 길이 20미터가 넘는 길고 좁은 배로 재빠르게 이동했다. 노르만인/데인인(Danes)이라 불려왔겠지만, 연대기를 집필한 수도사는 피해자였기 때문에 해적, 이교도, 용, 늑대라고 험한 욕을 서슴지 않았다. 실상 그들은 스칸디나비아에 사는 보통 뱃사람, 농민, 직인, 상인이었다. 그들은 브리튼 제도뿐 아니라 북대서양의 아이슬란드, 그린란드, 뉴펀들랜드, 그리고 남쪽으로는 노르망디부터 지중해의 시칠리아, 동쪽으로는 러시아부터 흑해 연안까지 진출했다. 이렇듯 노르만인이 누비던 광대하고

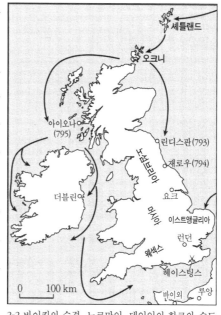

2-2 바이킹의 습격. 노르만인, 데인인의 항로와 수도원 세 곳을 처음 습격한 해를 나타냄.

도 복합적인 '뱃길'에 브리튼 제도도 휩쓸려 들어갔던 것이다.

바이킹은 선단을 꾸려 습격하고 약탈한 다음 돌아가는 유형을 벗어나 진지를 구축해 영국이나 북프랑스를 정복하기 시작했다. 북쪽의 셰틀랜드제도(Shetland Island), 오크니제도, 헤브리디스제도(Hebrides)에 이르기까지 아일랜드해는 바이킹의 해상 교통로이자 아일랜드의 더블린

(Dublin), 노섬브리아의 요크, 노르망디의 루앙(Rouen)은 바이킹의 3대 거점이었다.

알프레드 대왕

잉글랜드 남서부 웨섹스 왕국에서는 알프레드 대왕(Alfred the Great, 재위 871~899년)이 즉위한 해에도 바이킹(데인인)이 쳐들어왔다. 웨섹스는 숨이 끊어질 듯 말 듯 보였지만, 알프레드 대왕은 용감하게 역습을 감행해 런던을 되찾고 국방도 강화하고 법도 제정했다고 한다. '웨섹스의 왕(king)'이 아니라 '영국의 왕(rex)'이라고 새긴 동전 디자인으로 그에 대한 자부심을 드러낼 정도였다.

영국사에서 유일하게 '대왕' 칭호를 얻은 알프레드는 몸집이 커다란 사나이기도 했거니와 두 가지 점에서 전례가 없는 훌륭한 군주로 여겨졌다. 하나는 『앵글로색슨 연대기』와 『알프레드 전기』에 자신의 치세를 널리 밝힌 점이다. 『연대기』는 길다스, 비드 같은 선행 수도사가 작성한 연대기를 흡수해 결정판이 되도록 편찬했다. 더구나 같은 책을 몇 부 제작해 전국의 주요 교회에 배포하고 보완하라고 명했다. 『전기』는 성인 전기의 전통을 본

받아 대왕의 위업을 칭송했다. 위의 두 가지 선전 사료에 따르면 알프레드는 용감무쌍할 뿐 아니라 이교도 바이킹을 개종하는 고귀한 신앙심을 지닌 왕이었다.

또 하나는 학문과 교육에 힘쓴 점이다. 앞에서도 서술했다시피 앵글로색슨인은 왕이나 인민이나 읽고 쓸 줄 아는 능력이 없었는데, 알프레드 대왕은 문자의 힘을 충분히 인식하고 나이 마흔에 스스로 라틴어를 배웠다. 또한 학교를 설립해 신하의 자식들을 가르쳤다.

기름 붓는 국왕의 대관식

그러나 알프레드 대왕 이후에도 전쟁은 결말이 나지 않았다. 가까스로 잉글랜드를 통일한 증손 에드거(재위 959~975년)는 각지의 유력자를 모아 경계를 순찰하며 교회와 왕권의 협력으로 973년 바스(Bath) 유적에서 대관식을 거행했다. 좁은 의미의 '아-로마' 시기는 벌써 지나갔지만, 고대부터 내려온 대관 의례와 기름을 붓는 기독교의 의례에 따라 잉글랜드 왕국의 군주가 상징적으로 탄생했다(속표지 그림).

유럽 국왕은 어떻게 부족장이나 장군에게 없는 권력과

권위의 초월성을 증명했을까. 혈통이나 힘만으로는 왕위를 정하지 못한다. 왕위의 정당성을 위해서는 신화적 세계관과 기독교가 뒤섞인 세 가지 요건이 필요했다. ① 혈통의 정통성 ②귀족 등 종교적이고 세속적인 유력자의 추천이나 동의 ③신의 가호 즉 교회의 승인이 그것이다.

국왕이 인민을 초월한 통치자로서 대관식을 통해 신의 축복을 받은 최초의 왕은 에드거였다. 973년에 열린 대관식에서 인민은 왕의 서약을 환호로 승인하고 나서 캔터베리 대사교가 왕의 성스러운 구별 즉 기름을 붓는 의례를 거행한 다음, 왕이 왕관을 쓰고 왕좌에 앉아 신하의 예를 갖춘 귀족들의 절을 받았다. 이 가운데 기름을 붓는 의례가 특히 상징적이다. 이스라엘 왕에게 기름을 붓는 구약성서의 예를 따라 유럽의 왕과 군주는 사교가 발라주는 성스러운 기름으로 성스러운 존재가 되었다. 다시 말하면 아-로마의 보편성과 영속성을 지닌 기독교 교회의 의례를 통해 유럽의 왕과 군주는 비로소 부족장이나 장군을 초월한 존재가 될 수 있었다. 다만 현실 정치에서는 왕관을 쓴 왕에게 올리는 신하의 절이야말로 왕권을 승인하고 통치에 합의하는 의례로서 가장 중요하다고 할 수 있다.

에드거 시대에는 군사와 사법을 주(州) 또는 귀족에게 위임하고, 중요 사안은 '현인들'이 모여 합의하는 관행이 자리 잡았다. 현인이란 역사를 아는 종교와 세속의 유력자를 말한다.

이리하여 바이킹의 습격은 200년 가까이 전투와 선전을 거쳐 '영국인 왕' 알프레드, '잉글랜드의 군주' 에드거를 낳았다. 엄밀하게 말하면 영국인 집단의 수장이냐, 잉글랜드라는 영역의 수장이냐, 나아가 왕이냐 군주냐 하는 문제는 남는다. 이는 현대의 역사가가 아닌 군주와 현인 집단이 자신을 어떻게 표상했느냐는 문제다. 여하튼 바이킹이 촉매가 되어 잉글랜드 왕국이 성립했다.

바이킹의 침입 전후를 비교하면 스코틀랜드, 웨일스, 아일랜드에서 부족들의 군웅할거가 여전히 이어지는 동안 잉글랜드만 로마교회의 승인 아래 왕국을 형성했다. 브리튼 제도 안에서 이렇게 정치사회와 질서에 생긴 차이(할거인지 통합인지)는 먼 후일까지 그늘을 드리운다.

같은 무렵 유럽 대륙에서는 카롤링거왕조가 무너지고 962년 독일 작센왕조의 오토(Otto)가 교황에게 황제의 관을 받았다. 이른바 신성로마제국의 시작이다. 987년에는 프랑스에서 위그 카페(Hugues Capet)가 국왕으로서 프랑스

대사교에게 왕관을 받았다. 973년 왕관을 쓴 잉글랜드의 왕 에드거와 위의 두 왕을 나란히 놓고 보건대, 각각 10세기 후반에 다른 귀족보다 탁월한 사람이 기름을 붓는 기독교의 의례를 통해 왕관을 쓰고 국왕 또는 황제의 정당성을 나라 안팎에 알림으로써 지속해나가는 왕조를 열었다. 『독일사 10강』과 『프랑스사 10강』에도 기술한 바대로 세 왕국의 성립(세 왕국의 성스러움)은 962~987년 사이로 모아진다.

엠마와 고해왕 에드워드

그러나 최근 중세사 연구를 살펴보면, 비슷한 양식으로 잉글랜드, 독일, 프랑스 세 왕국의 대관식이 치러졌다는 사실 못지않게 더욱 장대한 그림이 그려졌다는 사실을 짐작할 수 있다. 바꾸어 말해 800~1100년 무렵 북해 세계의 눈으로 보면 그레이트브리튼의 북쪽 섬들과 아일랜드, 그리고 해협 건너편 노르망디도 여전히 바이킹 식민지였기에 영국의 왕권이 바뀌는 모습은 노르만 복합체 운동의 일부인 듯 보인다. 제3강에 살펴볼 '앵글로-노르만 복합'에 이르기까지 엠마(Emma) 왕비를 중심으로 11

세기 잉글랜드 왕권이 두루두루 변화하는 양상을 보면, 또한 11세기 '스코틀랜드 독립전쟁'에 이르기까지 스코틀랜드와 노르웨이의 밀접한 관계를 보면, 그러한 관점이 한층 더 적절한 듯 보인다.

2-3 엠마 왕비와 모친을 응시하는 에드워드(나중에 고해왕)

　그 이유는 다음과 같다. 에드거 왕의 아들 애설레드 2세(Aethelred Ⅱ, 재위 978~1016년)는 데인인의 습격을 거듭 받은 끝에 결국 덴마크 왕 스벤(Svend)과 그의 아들 카누트(Canute)에게 런던을 포위당한 결과 분할통치를 자청하는 수밖에 없었다. 더구나 잉글랜드는 왕이 연이어 죽는 바람에 결국 카누트가 단독으로 통치하기에 이르렀다(재위 1016~1035년).

　카누트 왕은 사망한 애설레드 2세의 왕비 엠마와 재혼

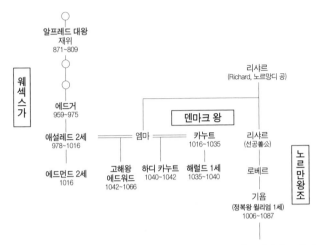

2-4 왕위 계승도. 웨섹스(Wessex)가와 노르만왕조를 맺어준 것은 엠마와 그의 아들 에드워드다.

하고, 전국의 귀족을 불러 모아 에드거 왕의 법과 관행을 앞장서 지키겠다고 맹세한 다음 편지를 써서 전국에 발송했다. 이윽고 형의 죽음으로 덴마크 왕위도 계승한 카누트는 잉글랜드와 덴마크와 노르웨이의 왕이 되었다. 스웨덴과 스코틀랜드까지 공격한 그는 로마교황에게 참배하고 북해를 아우르는 제국을 확립하고자 했다.

엠마 왕비는 원래 노르망디 공의 공주, 즉 북프랑스에 정주한 바이킹의 후예로 '노르망디의 보석'이라 일컬어진 미녀였다. 여성사 학자 파울린 스태퍼드(Pauline Stafford)

가 지적했듯 엠마는 독자적인 정치 요소로서 그녀를 중심으로 잉글랜드의 왕위가 바뀌었다.

카누트와 엠마 사이에 태어난 아들이 일찍 죽자 잉글랜드 웨섹스가의 혈통으로 왕위가 넘어갔기 때문에 애설레드 2세와 엠마 사이에 태어난 아들 에드워드(재위 1042~1066년)가 왕위를 계승했다. 에드워드 왕(Edward the Confessor)은 순수한 앵글로색슨은 아니다. 모친은 '노르망디의 보석'이었고, 에드워드 자신도 외가에서 오랫동안 생활하며 외가 측 친척과 어울렸기에 고(古)프랑스어로 말했다.

무사로서는 낮은 평가를 받았지만 로마교회와 양호한 관계를 맺은 덕분에 고해왕이라는 별명을 얻었고, 런던 서쪽에 있는 웨스트민스터의 베네딕트파 수도원을 대규모로 재건했다. 문서 취급 부서는 에드거 왕조부터 존재했지만, 고해왕 에드워드 때부터 국가를 상징하는 도장인 국새를 사용하기 시작했다. 그런데 에드워드가 이루어낸 가장 최고의 업적은 잉글랜드 땅과 북해(노르만)의 요소 사이의 적절한 균형을 잡아냈다는 점이다. 그는 웨섹스의 가장 강력한 귀족인 고드윈가에서 이디스(Edith) 왕비를 맞이하고 이 집안의 인재를 중용하는 동시에 북해·노르망디 관계도 중시했다.

부친 애설레드 2세의 돌연한 죽음, 적장 카누트와 모친 엠마의 재혼, 모친을 응시하는 에드워드의 머뭇거리는 모습, 그리고 왕비가 될 이디스 집안과의 미묘한 관계를 생각하면, 셰익스피어 학자들을 끌어들일 것도 없이 『덴마크의 왕자 햄릿의 비극』이 떠오른다.

1066년, 두 차례의 결전

1066년 1월 고백왕 에드워드가 자손을 남기지 않고 죽자 현인들의 추대로 왕비의 오빠인 웨섹스 고드윈가의 해럴드 고드윈슨(Harold Godwinson) 백작이 왕위를 이었다 (재위 1066). 해럴드와 사이가 나쁜 동생 토스티그(Tostig)가 왕위 계승에 이의를 주장하자 추방당해 노르웨이로 피신했다. 이때 노르웨이의 왕 하랄드 하드라다(Harald Hardrada)도 자신이 카누트 왕의 계승자라고 주장하던 참이었다.

한편 엠마 조카의 자식, 즉 고백왕 에드워드의 사촌 형제의 자식인 노르망디 공 기욤(Guillaume=윌리엄)은 생전에 에드워드에게 왕위 계승을 약속받았을 뿐 아니라 그 자리에 있던 해럴드 백작도 증인임을 서약했다고 주장했다. 만약 이것이 사실이라면 해럴드는 '왕위를 찬탈한 자'이므로 기욤은 그를 치기 위해 군대를 정비하고 교황청과 교섭해 교황의 깃발도 얻었다.

왕위의 정당성을 보장하는 세 가지 요건, 즉 ①정당한 혈통 ②현인 집단의 추대 ③신/교회의 가호를 충족하면 문제가 없다. 만약 하나라도 의심스럽다면 웬만큼 정당성을 지닌 사람이 무운(武運)을 통해 신의 가호를 증명하는 수밖에 없다.

이해 봄에 핼리혜성이 나타났다. 과연 길조였을까, 흉조였을까.

기욤 공이 노르망디 전사들에게 참전을 호소하며 배를 만들고 말을 모은다는 소식이 해럴드 왕 귀에 들어갔다. 해럴드도 손을 놓고 있지는 않았다. 8월에 적이 상륙하리라고 예상한 잉글랜드 남부 해안에 진을 치고 기다렸다. 그러나 목을 빼고 기다려도 노르망디의 배는 나타나지 않았다. 예전에는 그 이유를 바람 때문이었다고 설명했지만, 쓰루시마 히로카즈(鶴島博和)는 청어잡이 때문에 배와 어민을 동원한 일이야말로 결정적이었다고 한다. 과연 정규 해군이 없는 시대에 어민의 협력 없이 해전을 치를 수는 없는 일이다.

바로 그때 9월 19일 해럴드 왕의 동생 토스티그는 노르웨이 왕 하랄드 하드라다와 함께 선단을 이끌고 잉글랜드 북동부 해안에 상륙해 요크를 침공하고 진을 쳤다. 이 소식을 듣고 해럴드는 추호도 망설이지 않고 병사를 이끌고 나흘 만에 300킬로미터를 달려가 '반란군'을 급습했다. 그리하여 이윽고 9월 25일 토스티그와 하랄드 하드라다 군대는 패주했고 두 사람은 전사했다. 이로써 헤럴드는 노르웨이 왕의 지원을 받은 동족의 반란을 분쇄했다.

그러나 해럴드는 사흘 뒤 기욤 공 군대가 남부 해안에 나타났다는 급보를 듣는다. 잉글랜드의 청어잡이 계절을 노린 습격이었다. 해럴드는 서둘러 남쪽으로 발길을 돌렸으나 기욤 군은 이미 해안에 상륙해 거점을 확보한 다음이었다.

잉글랜드(해럴드)군은 헤이스팅스(Hastings)에서 조금 내륙으로 들어간 완만한 언덕에 진을 꾸렸다. 10월 14일 아침 얕은 못을 사이에 두고 노르만(기욤)군은 교황의 깃발을 휘날리며 활쏘기 군대, 창 쓰는 군대, 기병대가 물결 모양으로 공격하는 작전으로 결전에 임했다. 보병이

밀집한 형태로 싸우는 잉글랜드군은 밀리지 않고 일진일
퇴의 접전을 거듭했다. 오후가 되자 노르만군의 활쏘기
군대가 작전을 바꾸었다. 높이 쏘아 올린 화살이 잉글랜
드군 후방의 귀족들 머리 위로 비가 내리듯 쏟아졌고, 그
중 하나가 해럴드 왕 눈에 명중했다. 잉글랜드군은 지휘
관을 잃고 혼란에 빠진 끝에 피바다를 이루고 말았다.

바이외 태피스트리

　바이외 태피스트리(Bayeux Tapestry)는 고백왕 에드워드,
해럴드 백작, 기욤 공 사이에 있었던 다툼부터 헤이스팅
스 전투까지 기록한 예술작품이다. 웅장하고 잔혹한 이
자수 작품은 노르망디의 바이외 사교좌 대성당이 보관하
고 있다. 길이 70미터에 서사를 담은 그림인데, 이 작품
을 관통하는 모티브는 왕위를 찬탈한 해럴드 왕을 토벌
하는 기욤 공의 정당성으로, 해협과 북해를 사이에 두고
출렁이는 왕가의 운명을 상징적으로 묘사했다.

　서약을 파기했다고 여긴 해럴드를 치는 기욤 군은 마
치 신벌을 내리는 채찍 같고, 교황의 깃발은 신의 뜻이
어느 쪽에 있는지 보여준다. 짧은 머리에 배와 말을 신중

2-5 바이외 태피스트리. 1066년 결전에 앞서 교섭하는 기욤 (윌리엄)과 해럴드

하게 썼고 면밀하게 병참을 준비한 노르만 전사들과 치열한 전투 장면도 빼어나게 표현했다.

잉글랜드의 왕위는 또다시 복합체 안에서 돌고 돌았는데, 이번에는 북해뿐만 아니라 영불해협, 로마교회까지 끌어들였다. 과연 기욤 공과 토스티그, 하랄드 하드라다왕 사이에 연대와 비밀 모의가 있었을까. 지금도 알 수 없는 일이다.

제3강
해협을 걸쳐 있는 왕조

에드워드 1세와 의회. 옥좌에 앉은 사람이 에드워드 긴 다리 왕이다. 좌우에 스코틀랜드 왕, 웨일스 공을 거느리고 있고, 양쪽 끝에는 대사교 두 명이 앉았다. 방 한가운데에는 사법 귀족, 왼쪽에는 성계(聖界) 귀족, 오른쪽에는 속계(俗界) 귀족이 줄지어 서 있다.

1066	윌리엄 1세 정복왕(~1087), 노르만 건축, 중기 영어의 시작
1069	[S] 맬컴 3세(Malcolm III), 마거릿(Margaret)과 결혼
1135	왕위를 둘러싼 내전(~1154)
1154	헨리 2세(~1189), 법과 행정을 정비하고 아일랜드 원정
1189	리처드 1세 사자심 왕(Richard I the Lion Heart, ~1199), 제3회 십자군
1199	존 무지왕(John Lackland 無地王, ~1216)
1215	마그나카르타
1216	헨리 3세(~1272), 상서부(尙書部), 재무부 확립
1264	시몽 드 몽포르(Simon de Montfort)의 반란(~1265)
1272	에드워드 1세 긴 다리 왕(~1307) 이때 전후로 「아서 왕과 원탁의 기사」 사본
1276	웨일스 전쟁(~1283)
1296	스코틀랜드 독립전쟁(~1357)
1327	에드워드 3세(~1377)
1337	프랑스에서 백년전쟁(~1453)
1348	흑사병 창궐(~1350)
1381	인두세, 농민봉기(와트타일러의난Wat Tyler's Rebellion)
1400 이전	제프리 초서(Geoffrey Chaucer) 「캔터베리 이야기」
1422	헨리 6세(~1461, 1470~1471)
1455	장미전쟁(~1487)
	이 무렵 존 포테스큐(John Fortescue) 「잉글랜드의 통치(The Governance of England)」
	이 무렵 이탈리아 르네상스 전성기

1 노르만정복을 통해 앙주(Angevin) 왕가로

윌리엄 정복왕

기욤 공은 1066년 크리스마스 날 웨스트민스터 수도원 교회에서 잉글랜드 국왕 윌리엄으로서 왕관을 썼다(재위 1066~1087년). 에드워드 고해왕이 잠들어 있는 이 교회에 노르만 전사와 귀순한 잉글랜드인을 불러 모아 요크 대사교 엘드레드(Ealdred)가 기름을 붓는 의례를 거행했다. 이리하여 윌리엄 정복왕은 왕위의 계승과 전국의 합의, 나아가 신의 가호를 드러내는 연출에 성공했다. 현재에 이르기까지 대관식은 거의 웨스트민스터 수도원 교회에서 치르는데, 윌리엄이 최초의 주인공이었다. 잉글랜드/연합왕국의 왕은 노르만왕조를 기점으로 1세, 2세로 헤아려 나가는 것이 관행이다.

노르만정복에도 역사적 연속성이 있다. 무엇보다 권력자가 아무리 변하더라도 백성은 변하지 않는다. 이미 일정하게 체제를 정비한 왕국인 잉글랜드에는 면면히 이어 내려오는 정치문화가 있었다. 데인인 카누트 왕도 그렇고, 반쯤 노르만인 에드워드 고해왕도 그렇고, 종래의 귀족 및 주(州) 제도와 사법을 존중했다. 윌리엄 정복왕이 손에 넣은 잉글랜드는 이렇듯 정치사회가 이미 성립했고 대대로 그것을 이어나가야 할 국가였다.

앵글로=노르만 복합

그런데도 노르만왕조가 영국사에 돌이킬 수 없는 획기적인 변화를 일으켰다고 볼 수 있는 이유를 세 가지 들 수 있다.

첫째, 앵글로=노르만 복합이다. 바다를 끼고 있는 복합국가/제국이라도 데인인의 해양 제국은 북해를 끼고 스칸디나비아를 향해 있었다. 카누트는 선왕의 비와 재혼함으로써 기존 정치사회를 이어받고 이전 귀족과 공존할 것을 표명했다. 반면 노르만인의 해양 제국은 영불해협을 끼고 프랑스와 로마교회를 향해 있었다. 스칸디나비아와 달리 프랑스와 로마는 중세 유럽의 정치와 종교의 중심인 까닭에 영국사는 유럽사와 직결하기에 이른다.

하랄드, 토스티그, 노르웨이 왕과 전투를 벌여 고해왕을 계승하려고 경쟁자는 이미 제거한 상태였기에 영주가 사라진 토지는 헤이스팅스 전투의 승자인 노르망디 전사들에게 봉토로 나누어주었다. 사교(司教)나 수도원 원장 등 고위성직자도 몇 년 지나지 않아 프랑스와 이탈리아 계통의 성직자가 되었다. 이리하여 역사가가 '앵글로=노르만'이라고 부르는 복합사회/정치체제로 바뀌었다. 속계와 성계 다 예외는 없었다.

둘째, 통치 대장(臺帳)이다. 반란을 진압하고 웨일스와 스코틀랜드로 원정을 다녀온 뒤 윌리엄은 잉글랜드의 토지대장을 편찬했다. 영지의 넓이, 도면뿐 아니라 영주와 권리를 둘러싼 관계, 가축의 수와 가치에 이르기까지 조사에 근거해 빠짐없이 작성했기에 마치 염라대왕의 장부에 비유할 수 있었다. 심판의 날, 운명이 정해지는 날이라는 의미로 '둠스데이 북(Domesday Book)'이라고 불리는 이 대장은 당시 유럽의 다른 곳에서는 볼 수 없는 중앙집권을 실현했음을 방증한다.

셋째, 문화의 전환이다. 노르만인은 바이킹의 후예였음에도 노르망디에 정주하여 고프랑스어를 사용하고 기독교를 전하는 신실한 교도였다. 마침 그레고리우스의 교회 개혁과 같은 시기에 잉글랜드 교회도 '구습'을 폐기하고 정화하기 시작한다. 정복왕조는 강한 힘과 의지를 나타내기 위해 런던탑을 비롯한 성채, 윈체스터(Win-chester)와 더럼(Durham) 등 각지에 대성당을 지어 잉글랜드에 위세를 보였다. 견고한 석조 기둥과 벽, 반원형 아치로 강함과 높이를 강조한 건축을 유럽에서는 로마네스크 양식이라고 부르고 영국에서는 노르만양식이라고 부른다. 앵글로=노르만 복합의 건축사적 기념물이다.

언어는 주민의 고영어가 남은 채 새 영주의 언어인 고프랑스어가 들어왔다. 예컨대 소, 양, 돼지가 들판에 있으면 고영어로 ox, cow, sheep, swine이라고 불렀으나 영주의 식탁에 올라가면 바로 beef, mutton, pork, bacon 같은 고프랑스어로 불렀다. 농민의 밥은 고영어로 meal인데 영주의 성찬은 고프랑스어로 dinner다. 이러한 어휘와 더불어 표현까지 늘어나 중기 영어(Middle English)를 형성했다.

그레이트브리튼의 남부는 앵글로=노르만 복합에 편입되었다.

1066년부터 1280년 즈음까지를 '긴 12세기(The long 12th century)'라고 부르는 중세사가가 있다. 영국이 유럽사의 주요한 일원이 되고 브리튼 제도 안에서도 정체성에 관련한 중요한 일이 잇달아 일어난다. 특별하게 '긴 12세기'가 끝나고 에드워드 긴 다리 왕(나중에 설명하겠다) 치세에는 잉글랜드, 웨일스, 스코틀랜드 사이에 관계의 기초가 정해지고, 백년전쟁의 전초전이 발발하며, 인구도 중세의 정점을 찍었다. 제3강에서는 1절과 2절을 합해 1300년 이전까지 서술하고, 그 이후는 3절 '백년전쟁과 흑사병'에서 다루고자 한다.

앙주(플랜태저넷) 왕조

윌리엄 정복왕 이후 노르망디 공령(公領)과 잉글랜드 왕국은 분할 상속되었다. 12세기 중엽 내전의 승리자는 정복왕의 손녀 마틸다(Matilda I, 1102~1167년)였다. 마틸다(별명 모드 황후Empress Maud) 시대 벌어진 왕족의 골육상쟁, 성직 서임권을 둘러싼 다툼, 뾰족한 아치와 버팀벽(flying buttress)이 특징인 고딕양식 건축의 기술자 집단을 둘러싼 역사 드라마를 그려낸 작품이 켄 폴릿(Ken Follett)의『대지의 기둥(The Pillars of the Earth)』[1]이다.

전 남편인 황제 하인리히 5세와 사별한 마틸다는 프랑스 중앙부의 앙주 백작 조프루아(제프리, Geoffrey)와 재혼

---

1) 한국어판은『대지의 기둥』, 문학동네, 2010년.

했다. 이 재혼으로 플랜태저넷(Planta-genet) 가문의 토지와 강한 의지를 품은 DNA가 생겨났다. 플랜태저넷이란 노란 꽃에서 유래한 별명이다. 또한 앙

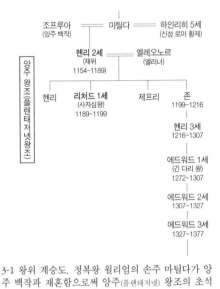

주(Anjou), 멘(Maine), 투렌(Touraine), 이렇게 세 군데 영토를 합해 '앙주'라고 관행적으로 부른다.

마틸다와 조프루아의 아들 앙리(헨리)는 1152년 19세 때 아키텐(Aquitaine)의 여공작 엘레오노르(Eleonore)와 결혼했다. 이때 엘레오노르는 프랑스 왕 루이 7세와 막 이혼한 뒤로 서른 살이었다. 젊은 앙리와 성숙한 엘레오노르는 나이 차가 났지만, 그녀는 아름답고 매우 지적이었다. 뜨겁게 사랑한 두 사람은 8남매를 낳았다. 2년 후 앙리는

3-1 왕위 계승도. 정복왕 윌리엄의 손주 마틸다가 앙주 백작과 재혼함으로써 앙주(플랜태저넷) 왕조의 초석이 놓였다.

왕비와 함께 웨스트민스터 수도원 교회에서 왕관을 쓰고 헨리 2세(재위 1154~1189년) 자리에 올랐다. 이리하여 앙주(Angevin, 플랜태저넷) 왕조가 문을 열었다.

복합 군주 헨리 2세

모친 마틸다에게서는 잉글랜드 왕국을, 부친 조프루아에게서는 노르망디 영토와 앙주 영토를, 왕비 엘레오노르에게서는 아키텐 영토를 물려받은 헨리 2세는 이들 영토를 다스리는 복합 군주가 되었다. 북으로 하드리아누스 방벽(Hadrian's Wall)부터 해협을 끼고 남으로 피레네산맥까지 이어지는 그의 영토/가산(家産)은 남북 1400킬로미터에 이르는 광대한 영역으로, 일드프랑스를 중심으로 한 중세 프랑스 왕국보다 훨씬 넓었다. 때로 이를 '앙주제국'이라고 부른다. 물론 이곳은 근대 제국처럼 중앙정부의 정책을 통일적으로 시행하지 않았다. 같은 군주가 다스리는 동군연합(同君聯合)으로 묶여 있어도 각기 문화와 법이 다른 복수의 정치사회가 그대로 존속했다.

헨리 2세는 웨스트민스터 수도원에서 대관식을 치를 때 신과 잉글랜드 백성 앞에서 **고해왕 에드워드의 선례**

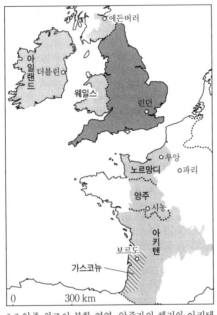

를 따라 교회를 지키고 조상의 땅을 지키며 법과 정의를 실현하고 악폐를 없애겠다고 서약했다. 주마다 장관(sheriff)을 두고 중대 안건이 생기면 중앙에서 판사단을 파견해 6개 순회구(circuit)를 돌며 판결을 내렸다. 전

3-2 앙주 왕조의 복합 영역. 앙주가의 헨리와 아키텐 여공작 엘레오노르의 결혼으로 광대한 영지(가산)가 출현했다.

국적으로 법과 행정을 정비하고 효력을 발휘하기 시작했다. 헨리는 웨일스로 몇 번이나 건너갔고 교황의 승인을 얻어 1171~1172년 아일랜드를 침공했다(p.84). 마치 두 지역을 대상으로 100년 후에 감행한 노르만정복 같은 시도였다.

헨리 2세가 가장 신뢰한 친구는 노르만계 런던 상인 토머스 베켓(Thomas Becket, 1118~1170년)이었다. 국왕은 그를

상서부 장관(대법관)에 임명했을 뿐 아니라 캔터베리 대사교로 추대했다. 하지만 대사교 토머스 베켓은 당시 유럽에 퍼져 있던 교회 개혁에 힘을 기울여 교회를 정화하고 교회가 세속 권력을 탈피하여 독립하도록 꾀했다. 교황과 황제가 '성직 서임권'을 둘러싸고 다툼을 벌인 지 90년 만에 대사교와 국왕 사이에 갈등을 재연하는 듯했다. 헨리 2세는 어린 시절 추억을 나눈 친구였기 때문에 타협하지 않는 그에게 배신감을 느꼈다. 격앙한 국왕의 뜻을 받들어 기사 네 명이 캔터베리 대성당으로 달려가 예배를 보던 토머스 베켓을 살해했다. 1170년 12월, 혹한의 계절이었다.

교황청은 토머스 베켓을 순교자로 추앙하고 성인의 반열에 올렸다. 4년 후 헨리는 맨발의 참회자가 되어 캔터베리에 찾아가 성 토마스를 모신 제단 앞에서 수도사들에게 채찍으로 맞는 영국판 '카노사의 굴욕'[2]을 재현함으로써 용서를 구할 수밖에 없었다.

---

2) 카노사의 굴욕 : 1077년 신성로마제국 황제 하인리히 4세가 카노사에 있던 교황 그레고리우스 7세를 찾아가 성 앞에서 사흘 동안 파문을 취소해 달라고 간청한 사건으로, 가톨릭교회와 교황의 권력이 절정에 이르는 계기가 되었다.

골육상쟁

헨리 2세의 고난은 여기서 그치지 않았다. 엘레오노르 왕비와 10년 넘게 결혼 생활을 이어갔을 무렵, 헨리는 다른 여성에게 마음을 빼앗겼다. 왕의 혼외 연애가 특별히 문제가 되지는 않았을 테지만, 헨리 애인의 집착은 보통이 아니었다. 엘레오노르는 마음의 상처를 입었고 성인으로 자란 왕자들도 부친에게 모조리 등을 돌렸다. 국왕과 왕자가 대립하는 일이 역사상 드물지도 않으나 이 경우는 왕과 왕비와 왕자 사이에 프랑스 왕의 꿍꿍이도 끼어들어 형제들은 서로 의심이 의심을 낳기에 이르렀다.

왕자 둘이 일찍 세상을 떠난 뒤 왕비, 셋째아들 리처드, 막내아들 존, 그리고 프랑스 왕 필립 2세(존엄왕, 재위 1180~1223년)가 손을 잡고 반란을 일으켰다는 사실을 알고 헨리 2세는 1189년에 분을 이기지 못하고 죽어버렸다. 이때 그의 나이 56세였다. 덧붙여 영화 〈겨울의 라이온(The Lion in Winter)〉은 1183년 겨울의 시농(Chinon)성을 무대로 설정했는데, 헨리 2세는 피터 오툴(Peter O'Toole), 엘레오노르 왕비는 캐서린 헵번(Katharine Hepburn), 리처드 왕자는 젊은 안소니 홉킨스(Anthony Hopkins)가 열연했다. 루아르(Loire)강 유역의 아름다운 풍경에 앙주 왕가의 애증과 정체성의 위기를 그려낸 역사적 걸작이다.

리처드(재위 1189~1199년)는 어른이 되어 사자

3-3 엘레오노르 왕비. 지적인 엘레오노르는 무덤에서도 책을 읽고 있다.

심왕이라는 별명으로 불리는 용감무쌍한 장군이 되었다. 친구 필립 2세와 함께 십자군을 편성해 성지 예루살렘으로 떠났지만, 프랑스군은 도중에 자기 나라로 가버렸다. 무슬림과 맞붙는 전투는 지극히 힘들었는데 설상가상으로 2년 후 시리아에서 돌아오는 길에 사자심왕은 포로로 잡혔다. 이 사실을 듣고 동생 존은 발칙하게도 왕위를 요구하며 군사를 일으켰고, 필립 2세는 이 기회를 틈타 노르망디를 손에 넣었다. 이윽고 모친 엘레오노르가 마련한 거액의 몸값을 치르고 풀려난 리처드는 그 후 잃어버린 땅을 회복하는 데 정력을 아끼지 않았다.

형들이 죽은 다음 막내 실지왕 존(재위 1199~1216년)이 왕위를 계승한다. 존은 건방지고 시기심이 강하고 비정한 남자였다고 전해진다. 즉위하자마자 곧 노르망디와 앙주를 필립 2세에게 빼앗겼으나 국왕을 위해 싸울 전사를 규합하지 못했다. 해협을 사이에 둔 앙주 왕조는 중심 영토를 잃고 잉글랜드 및 프랑스 남서부 아키텐 지방을 겨우 유지하는 데 그쳤다.

마그나카르타와 문서 행정

존 왕의 이름은 대헌장과 의적 로빈후드의 전설로 유명할 것이다. 영토를 잃고 세금을 과중하게 매기고 프랑스 왕과 싸워 연이어 패하고 교황에게 파문당하는 국왕, 변변한 주견도 없는 국왕에게 구심력이 있을 리 없다. 1215년 6월 제후와 런던 시민이 왕에게 교섭을 청하자 존 왕은 마지못해 이에 응했다. 템스강(Thames) 중류 러니미드(Runnymed)에서 열린 대표회담을 통해 왕이 해서는 안 되는 일, 제후의 특권 및 봉건적 관행을 써 내려간 문서가 조인되었다. 나중에 이 문서를 마그나카르타라고 일컫는다.

그런데 조인 후 곧장 존 왕은 이 문서를 무효라고 선언했다. 또다시 내전에 필립 2세가 개입했다. 존 왕의 사후 아홉 살의 헨리 3세(재위 1216~1272년) 즉위식에 제후들은 마그나카르타를 들고 왔다. 다시 조인을 거친 사본이 오늘날 몇 장이나 남아 있다. 마그나카르타는 권력의 남용을 금하기 위해 군주가 법과 관행에 따라 통치하고 제후의 진언과 합의를 존중해야 한다는 원칙, 한마디로 왕권을 제한하는 제도를 마련하기 위해 제정한 것이다. 민주주의의 헌장이라고는 말하지 못해도 정치사회의 원리 원칙을 정한 기본법이라 할 수 있다. 근현대 인권선언이나 각국의 헌법이 부분적으로 마그나카르타에 준거하는 이유가 여기에 있다.

그러면 10세기 이후 잉글랜드라는 국가형태를 통해 마그나카르타를 생각해보면 어떨까. 이는 존 왕의 실정(중세 가산 복합국가의 기능 상실)에서 비롯한 사건이자 증서인 동시에 법과 증서에 기반한 정치가 자리 잡는 과정을 보여주는 기념 문서이기도 하다.

다시 말해 이런 말이다. 헨리 3세가 어릴 때는 섭정단이 통치의 책임을 지고 상서부(chancery. 나중에 대법관부)와 재무부(exchequer)의 중요성이 커졌다. 영장과 순찰로 왕권의 의사는 전국에 침투했다. 의연하게 가산국가이긴 해도 국왕이 카리스마 지도력을 발휘하거나 특히 유능한 재상이 활약하지 않아도 국가를 운영하는 행정 시스템(뷰로크라시)이 막스 베버가 말하는 '합법적 지배'의 맹아가

13세기에 작동하기 시작했다. 이 업무를 뒷받침한 것은 바로 종이(짐승 가죽 종이/獸皮紙/parchment)와 잉크와 서기(행정관)였다.

3-4 서기들과 짐승 가죽으로 만든 종이

연구자의 눈으로 보더라도 이 무렵부터 문서 사료의 양이 눈에 띄게 늘어난다.

로마법 및 교회법과는 대조적으로 영국법을 common law라고 한다. 왜냐하면 첫째로 제정법이 아니라 판례의 집적에 따른 관습법(common law) 시스템이기 때문이고, 둘째로 전국을 순회하는 판사단이 담보하는 공통의 법(common law)이기 때문이다. 정치와 법의 중심에 있는 웨스트민스터 홀은 노르만양식으로 유럽 제일의 세속 건축이었다.

12~13세기 옥스퍼드와 케임브리지에 이어 대학이 세워졌다. 이 무렵 읽고 쓰는 능력과 학문이 발달했다는 증거인데, 성속의 문서 행정에 필요한 인재가 필요했기 때문이기도 하다. 중세와 근세의 영어로 clerk는 성직자, 학자, 서기를 뜻한다.

2 잉글랜드와 웨일스, 스코틀랜드

제후의 반란과 왕국 공동체

헨리 3세가 다스리는 시대 후반기는 쓸모없는 병사를 움직였고, 남프랑스인들이 총애를 받아 궁정을 들쑤시고 다녔다. 더군다나 왕자를 시칠리아 왕으로 삼기 위해 교황의 비위를 맞추기 급급하고 책임을 떠넘기는 정치는 제후의 지지를 얻지 못했다.

1258년 시몽 드 몽포르(Simon de Montfort)의 통솔 아래 쿠데타를 일으킨 제후는 제후 회의를 열었다. 1264년 이윽고 내전이 일어나 시몽 드 몽포르 군대는 웨일스와 손을 잡고 국왕과 왕의 형제, 왕세자가 포로의 몸이 되자, 제후와 기사, 도시 대표로 구성한 제후 회의가 권력을 장악한 듯 보였다. 여기서 제후 회의라고 번역한 parliament는 의회/국회의 전신이다. 1264~1265년 parliament에는 평민인 기사와 도시 대표가 가세하여 가히 신분제의회의 원형이라 할 수 있다. parliament에서는 '왕국 공동체의 복리'를 논했다. '왕국 공동체'란 잉글랜드의 제후, 기사, 도시 대표의 집합을 가리키는 듯하지만, 지도자 시몽 드 몽포르 자신이 프랑스 귀족 아들이자 왕의 매부였기 때문에 사정이 복잡했다.

왕세자 에드워드는 탈주를 감행해 군대를 다시 모으고 시몽 드 몽포르 군대를 물리쳤다. 반역자 시몽 드 몽포르는 잔인하게 능지처참당했다. 국사범을 극형에 처했다기보다는 울분을 쏟아부은 듯하다. 잉글랜드에 정착해 몇 세대가 지난 앵글로=노르만 집단의 '왕국 공동체'에 몰려 들어온 총애받는 신하와, 외국 상인의 반목과 국왕의 실정 탓에 배타적 감정이 폭발한 것이다. 여기에 웨일스의 반란, 스코틀랜드 문제도 겹치는 바람에 1300년을 앞두고 긴박한 분위기는 한층 고조된다. 과거 교과서에는 시몽 드 몽포르의 반란과 제후 회의를 헌정사의 전환점이라고 기술했지만, 실제로는 오히려 중세의 복합적 정체성과 질서를 둘러싸고 갈등이 폭발한 계기로 볼 수 있다.

1300년 무렵의 브리튼 제도

왕세자 에드워드는 십자군 원정 중에 왕위를 계승해 에드워드 1세(재위 1272~1307년)로 즉위했다. 긴 다리 왕

(Longshanks)이라는 별명 그대로 키가 185센티미터에 다리가 길고 기동력이 있는 장군이었고, '법의 원천'이자 더할 나위 없는 중세 군주였다. 적어도 잉글랜드인에게는 그렇게 보였다. 에드워드 고해왕(p. 52)이 아니라 에드워드 긴 다리 왕을 에드워드 1세로 부르는 것이 관행이다.

35년에 이르는 에드워드 1세의 통치 기간에는 경제적으로도 호황을 누렸고 인구도 중세 최대 수에 이르렀다. 포로의 곤욕을 치렀던 시몽 드 몽포르 반란을 교훈 삼아 에드워드 1세는 의회와 법을 존중했다. 또한 십자군을 위한 교회세 외에도 양모 수출에 관세를 매겨 군비의 재원을 마련했고, 부왕 치세에 발달한 문서 행정 시스템을 활용했다. 국왕이 과세하려면 의회의 승인과 동의가 필요했는데, 사람들은 의회에 나가 불평불만을 털어줄 것을 호소하고 청원을 넣을 수 있었다.

그의 치세 때 혼돈 상태였던 웨일스, 스코틀랜드, 아일랜드, 그리고 프랑스와도 새롭게 관계를 정립했다. 의회의 승인을 얻은 세수를 바탕으로 에드워드 1세는 다방면으로 전쟁을 일으켰다. 에드워드 긴 다리 왕의 또 다른 별명은 '스코틀랜드의 망치(Hammer of Scots)'다. 그는 스코틀랜드 독립전쟁을 도발함으로써 브리튼 제도에 국가라는 문제를 제기하고 유대인을 추방해 백년전쟁의 전초전을 개시했다. 실정을 저질렀기 때문이 아니라 유능하고 호전적인 중세 군주였기 때문에 그의 치세 기간에 몇 해 동안 쌓인 정체성과 질서의 과제가 분출했던 것이다.

긴 다리 왕과 웨일스 공

웨일스는 몇몇 부족으로 나뉘어 각 부족의 왕이 할거하고 있었다. 산과 계곡으로 뒤덮인 웨일스는 고대 로마 군이나 중세 잉글랜드 왕이 아무리 공격해도 무너뜨리지 못해 애를 먹었다. 13세기 중반 르웰린 압 그루피드(Llywelyn ap Gruffudd, 1282년 사망)는 시몽 드 몽포르와 손을 잡고 헨리 3세를 누르고 우위를 점할 수 있었다. 1267년 헨리 3세는 르웰린 압 그루피드를 웨일스 공(Prince of Wales)으로 인정했고, 비록 잉글랜드 왕을 섬기는 형태이기는 해도 르웰린은 웨일스 유일의 군주가 되었다.

그러나 에드워드 긴 다리 왕은 이를 받아들이지 않고 재빨리 성을 열 채나 지어 웨일스를 계속 침공했다. 1282년 웨일스 공 르웰린은 전사하고 다음 해 그의 동생 다비드도 붙잡혀 런던에서 갈가리 찢겨 처형당했다. 긴 다리 왕은 웨일스 공의 영토를 몰수하고 1301년 자신의 왕자를 '웨일스 공'으로 삼는 의례를 거행했다. 이후 웨일스 공은 잉글랜드 왕의 장자, 왕위 계승 서열 1위에게 주어지는 칭호가 되었다.

스코틀랜드 독립전쟁

스코틀랜드의 북방과 서해안(바이킹의 통상 항로, p.47)은 여전히 노르웨이 왕국의 영토였으나 저지대(lowland)에는 '알바(Alba)'라든지 '스코샤(Scotia)'라고 부르는 왕국이 성립했다. 11세기 후반에는 맬컴 3세(Malcolm III)가 잉글랜드 귀족의 공주 마거릿(Margaret)을 왕비로 삼은 덕분에 잉글랜드의 문화와 신앙, 읽고 쓰는 능력이 보급되었고, 이때 이후를 스코틀랜드 왕국이라 부른다.

1186년 스코틀랜드 왕 알렉산더 3세(Alexander III, 재위 1249~1286년)가 낙마해 죽고 그의 피를 이어받은 왕녀도 노르웨이에서 돌아오는 항해 중에 죽는다. 그리하여 스코틀랜드에 대한 종주권[3]을 주장하던 에드워드 긴 다리

---

3) 종주권 : 한 나라가 다른 나라의 내정이나 외교를 관리하는 특수한 권력을 말한다.

왕이 왕위 계승자를 정하는 회의의 좌장이 되었다. 18개월이나 걸린 회의를 통해 겨우 존 베일리얼(John Balliol, 재위 1292~1296년)이 국왕으로 정해졌으나 에드워드는 그를 신하로 삼고 프랑스와 전쟁을 벌일 때 스코틀랜드인을 징병하려고 했다. 분개한 '스코틀랜드 왕국 공동체'는 프랑스 왕에게 접근했다. 적의 적은 아군이 아닌가. 스코틀랜드와 프랑스의 '오랜 동맹'은 이때 싹튼 셈이다.

1296년 '스코틀랜드인의 망치' 에드워드 1세는 이 동맹을 이유로 스코틀랜드를 쳐들어가 왕을 포로로 잡았을 뿐 아니라 심지어 스코틀랜드 국왕이 즉위식 때 사용하는 '스쿤의 돌(Stone of Scone)'과 왕관까지 빼앗아버린다. 이에 '스코틀랜드 독립전쟁'이 발발했다. 순종하지 않았던 기사 윌리엄 월리스(William Wallace)는 반역자로서 붙잡혀 갈기갈기 찢겨 처형당했고 그의 머리는 런던 다리 위에 걸렸다. 런던 다리 최초의 효수였다. 1314년에는 아름다운 에드워드 2세(재위 1307~1327년)가 이끄는 잉글랜드군이 배녹번(Bannockburn)에서 참패했다. 스코틀랜드인은 잉글랜드와 벌인 정규전 가운데 유일한 승리를 거둔 이 전투를 지금도 자랑스럽게 이야기한다. 덧붙여 멜 깁슨(Mel Gibson)의 영화 〈브레이브 하트〉는 이 역사를 스코틀랜드인의 입장에서 그려냈고, 에드워드 2세의 왕비(카페Capet 왕조의 공주) 이사벨라(Isabella)의 아름다움을 찬미한다.

1328년 스코틀랜드의 독립을 인정하는 조약이 맺어진 뒤, 교황은 다비드(데이비드) 2세(David Ⅱ, 재위 1329~1371년)에게 기름을 붓고 왕위 계승을 승인했다. 그런데 에드워드 3세(Edward Ⅲ, 재위 1327~1377년)가 틈을 노려 스코틀랜드 남부를 점령하고 1357년 베릭(Berrick) 조약을 체결할 때까지 다비드를 계속 붙잡아두었다. 결국 61년에 걸친 스코틀랜드 독립전쟁이야말로 잉글랜드와 스코틀랜드의 관계를 적대적으로 만들고 역사가 남긴 원한은 여태껏 사람들 입에 오르내리고 있다.

섬들로부터 노르웨이 왕국의 영향을 물리치는 시기는 15세기까지 내려가야 한다. 그때는 이미 스튜어트왕조 시대에 들어섰고, 영어와 게일어라는 두 언어를 사용하면서 드디어 스코틀랜드인이라는 정체성을 지닌 어엿한 왕국이 성립했다(시노 p.110).

아일랜드도 군주들의 군웅할거가 이어졌다. 헨리 2세 시대에 잉글랜드 귀족이 이주하기 시작해 1171년에는 국왕이 스스로 배 400척을 이끌고 더블린(Dublin), 웩스퍼드(Wexford), 워터퍼드(Waterford)를 점령했다(p.70). '태곳

적부터 자유를 누리던 인민'이 이때 처음으로 잉글랜드 왕권에 엎드렸다고 한다. 1315년 스코틀랜드의 브루스(Bruce) 형제가 아일랜드에서 반영(反英) 동맹을 맺고 싸웠다. 이후 아일랜드 식민의 기세는 줄어들고 식민지는 더블린 주위의 페일(Pale)로 한정된다.

에드워드 1세와 의회

13세기 말 에드워드 1세와 의회를 그렸다고 보이는 그림이 전해진다(3장 속표지 그림). 온화하고 사랑스럽게 보이지만 지극히 정치적인 후세의 작품이다. 정면에 보이는 옥좌에 긴 다리 왕 에드워드가 앉아서 맞은편 왼쪽에 스코틀랜드 왕 알렉산더 3세, 오른쪽에 웨일스 공 르웰린(Llewelyn)을 거느리고 있다. 정면 왼쪽 끝에는 캔터베리 대사교, 오른쪽에는 요크 대사교가 앉았고, 방 안 왼쪽에는 고위 성직자(성계 귀족), 오른쪽에는 속계 귀족이 늘어서 있다. 한가운데 빨간 소파에는 사법 귀족이 앉았고 그 앞에 서기 두 명이 그려져 있다.

실제로 에드워드 긴 다리 왕과 알렉산더 왕과 르웰린 공, 이렇게 세 사람이 한자리에 모인 사실은 없다. 어디까지나 잉글랜드 왕에게 두 나라 왕이 복종하고, 에드워드 왕 발아래 브리튼 섬 성속의 귀족이 통합되었음을 표상하는 후세의 창작일 따름이다. 이 그림에는 아일랜드를 가리키는 대상도 없고 서민원(庶民院)[4] 의원도 없다. 귀족과 서민을 항시 소집하기에 이른 시기는 14세기였다.

아서 왕과 기사 이야기

고대 트로이에서 패배하여 몰락한 무사의 후예인 부르트(Brut)의 전설(p.13), 켈트 왕 아서(Arthur)의 무훈과 로마행, 원탁의 기사들, 성배, 마법사 멀린(Merlin), 랜슬롯(Lancelot)과 궁정의 사랑, 트리스탄과 이졸데(Tristan und Isolde) 같은 여러 주제가 어우러진 이야기(로망스)가 전해진다. 음유시인이 구술로 전하다가 몬머스의 제프리(Geoffrey of Monmouth) 등이 쓴 사본을 통해 전모가 밝혀진 것은 12~13세기이고, 전승의 시작은 5, 6세기 켈트 전투를 이야기한 구전이었던 듯하다.

이 전설은 영국의 창조 신화와 켈트의 자유로움, 중세 유럽을 종횡무진 누비는 아서 왕과 기사들의 사랑과 죽

___
4) 서민원 : 국민이 직접 선출하는 영국 의회의 하원 의원을 가리킨다.

음을 노래했는데, 정복왕조인 헨리 2세, 에드워드 1세, 에드워드 3세가 널리 퍼뜨린 주역이었다. 한마디로 앙주 왕조는 패자의 서사를 **횡령**해 창조 신화와 왕조가 유럽에서 번성하는 모습을 풍부한 상상력으로 표상했다. 나중에 튜더왕조, 근대 낭만주의, 나아가 오늘날의 가상 세계에서도 생생하게 다시 살아나는 불후의 영웅담이다.

3 백년전쟁과 흑사병

백년전쟁이란 무엇인가?

　1337년부터 1453년까지 현재 프랑스 땅과 그 주변을 무대로 오랜 분쟁이 이어졌다. 이 사태에 '백년전쟁'이라는 이름이 붙은 것은 19세기였다. 영국 왕국과 프랑스 왕국의 명운을 가르는 이 대규모 전쟁은 애국심이 부족한 프랑스 왕과 귀족 때문에 오래도록 시간을 끌다가 잔 다르크(Jeanne d'Arc)가 등장해 겨우 끝을 맺었다는 요약본이 떠돌고 있지만, 이는 근대인의 시대착오(anachronism)일 뿐이다. 백년전쟁 중에 '국가로 보이는 것'은 다만 가문에 지나지 않았고 영국이나 프랑스나 나라다운 나라는 백년전쟁 이후에 출현한다.

　백년전쟁을 다룬 전문서로 기도 다케시(城戸毅)의 『백년전쟁—중세 말기의 영불 관계(百年戦争—中世末期の英仏関係)』, 아사지 게이조(朝治啓三) 외 『중세 영불관계사 1066~1500 : 노르만 정복부터 백년전쟁 종결까지(中世英仏関係史 1066~1500: ノルマン征服から百年戦争終結まで)』가 나와 있으므로 여기서는 전쟁의 과정을 다루기보다 쟁점이 무엇이었는지 살펴보겠

다. 백년전쟁이란 무엇보다 아키텐 지방의 통치를 둘러싼 전쟁이자 프랑스의 왕위 계승을 둘러싼 전쟁이었다.

잉글랜드 왕과 프랑스 왕은 서로 대등한 국왕이지만 앙주(플랜태저넷) 가문은 앙주 백작이나 아키텐 공이어서 프랑스 왕보다 지위가 낮았다. 1259년 프랑스 왕 루이 9세에게 아키텐 공 헨리 3세는 신하의 충성을 맹세했으나 프랑스 왕이 아키텐 지방으로 실세를 확장하려고 하지 않으면 현실적으로 별문제가 없을 터였다.

그러나 카페왕조의 프랑스 왕은 대대로 조상의 땅인 일드프랑스를 넘어 영토를 확대하고 종주권자로서 아키텐 분쟁에 개입하는 바람에 1294년에 가스코뉴 전쟁이 일어났다. 앞에서 살펴본 대로 당시 에드워드 긴 다리 왕은 웨일스 정복에 이어 스코틀랜드 전쟁이라는 진흙탕에 발을 담그려고 했다. 이때 스코틀랜드와 프랑스는 '오랜 동맹'을 맺고 플랑드르(현재 벨기에)에 출병하는 등 벌써 백년전쟁의 전초전이 시작된 것이나 다름없었다.

요컨대 혼란 상태에 놓인 아키텐 지방의 중세 질서에 간섭하려는 두 왕권의 분쟁이야말로 백년전쟁의 첫 국면이었다. 아키텐 공으로서 아키텐 지역을 통치하려는 강한 의지를 분명히 내세운 에드워드 흑태자(에드워드 3세의

{장자)}는 맹렬한 기세로 전쟁을 벌였으나 뜻하지 않게 병사했다. 결국 발루아(Valois)왕조의 프랑스 왕권이 세력을 장악한다는 것이 백년전쟁의 제1막 결말이다.

왕위 계승 전쟁

왕위 계승을 보면 1328년 카페왕조에 남자 자손이 없어 대가 끊어져 발루아가의 필리프 6세_(Philippe VI, 재위 1328~1350년)가 왕위를 이었다. 이에 이의를 제기하는 이른바 프랑스 왕위 계승 전쟁이 백년전쟁의 두 번째 국면이다.

카페왕조의 아름다운 왕녀 이사벨라_(p.83)가 낳은 아들 에드워드 3세_(재위 1327~1377년)가 혈통의 정당성을 내세워 프랑스 왕위를 요구하며 군대를 끌고 들어와 1340년에 겐트_(강)에서 프랑스 왕으로서 즉위식을 거행했다. 나아가 1431년에는 잉글랜드 왕 헨리 6세_(Henry VI, 재위 1422~1461년, 1470~1471년)가 발루아왕조의 카트린_(Catherine)이 낳은 아들로서 프랑스 왕위를 주장해 파리에서 대관식을 열었다. 여성의 왕위 계승을 인정하지 않는 '살리카법_(Salic Law)'은 야만의 땅이 아닌 갈리아와 잉글랜드에 적용되지 않는다는 법학 문답이 셰익스피어의 작품『헨리 5세』첫머리에 나오는데, 이는 백년전쟁 당시 에드워드 3세와 헨리 6세가 프랑스 왕으로서 왕관 쓴 사실을 정당화한다. 실로 앙주 왕조 편에 선 플롯이라 하겠다.

한편, 잉글랜드의 왕권도 든든하지 못했다. 에드워드 2세와 리처드 2세(Richard Ⅱ, 재위 1377~1399년)가 재위 중에 구심력을 잃고 폐위당했다. 영국 왕과 프랑스 왕은 각각 내우외환에 시달리며 왕위의 정당성을 안팎으로 선포해야만 했던 것이다. 프랑스에서는 잔 다르크가 목숨을 바쳐 위기에 처한 발루아왕조의 샤를 7세(Charles Ⅶ)를 도왔다. 영국에서는 전쟁 초기에 에드워드 3세의 강력했던 왕권이 세기말에 들어 신망을 잃고 랭커스터(Lancaster) 왕조로 바뀌었는데 이 왕조도 약체를 면치 못했다.

잉글랜드(앙주 왕조)와 프랑스(카페왕조, 발루아왕조), 또 각 영방, 플랑드르, 부르고뉴, 스코틀랜드, 스페인, 그리고 교황청 등이 복잡하게 얽혀 있었다. 기도 다케시는 '샴쌍둥이'처럼 뒤얽혀 있던 여러 정치체제를 "이른바 단칼에 잘라내는 외과 수술을 감행한 사건"이 백년전쟁이었다고 한다. 아니, 쌍둥이라기보다는 다섯쌍둥이, 여섯쌍둥이를 떠올리는 편이 나을지도 모른다. 몇몇은 머지않아 정치체제의 생명을 잃고 잉글랜드와 프랑스는 근세국가 질서를 갖춘 정치사회로 이행한다.

진정한 쟁점은 포도주

앞에서 백년전쟁의 첫 번째 쟁점은 아키텐 지방의 통치라고 서술했는데, 포도주의 명산지인 아키텐 지역(가스코뉴Gascogne)은 일찍부터 잉글랜드에 포도주를 수출하고 곡물을 수입했다. 이를테면 쌩떼밀리옹(Saint-Émilion) 마을의 자치 특권을 기록한 가장 오래된 증서는 1199년 아키텐 공, 존 실지왕(p.74)이 발급한 것이다.

레드 와인은 미사를 드릴 때 예수의 피를 상징할 뿐 아니라 왕과 귀족의 만찬 식탁에 빠뜨릴 수 없었다. 이윽고 젊은 엘리트가 함께 생활하는 대학 기숙사나 법학원(Inns of Court)의 식탁에도 필요 불가결해진다. 그러나 브리튼 제도에서는 포도주를 생산하지 못한다. 중기 영어/고프랑스어로 클라레트(clarete), 즉 선명한 레드 와인이야말로 백년전쟁의 세 번째, 아니 진정한 원인이었는지도 모른다. 근대에 들어와 포도주는 품질 개량으로 바뀌어가지만 클라레트라는 말은 지금도 영국의 엘리트가 널리 사용한다. 이 용어는 품질을 통제하는 원산지(AOC) 쌩떼밀리옹이나 메독(Medoc)을 포함해 넓은 의미의 '보르도', 즉 향기롭고 진한 레드 와인을 가리키는 집합명사다.

결국 1453년 보르도는 함락당하고 잉글랜드 왕은 아키텐을 잃고 백년전쟁이 막을 내렸다. 이때 휴전협정이 맺어진 것이 아니었기에 그 후에도 영국의 프랑스 출병은 있었다. 그러나 100여 년을 끌고 나서야 겨우 프랑스 왕조는 왕권을 확립하고 잉글랜드 왕을 쫓아냄으로써 아키텐을 통치하기 시작했다. 아울러 부르고뉴 공국, 브르타뉴(Bretagne) 공국도 흡수한 프랑스는 근세 왕국으로 나아간다.

장미전쟁으로

한편 영국 왕은 '잉글랜드 왕이자 프랑스 왕'이라는 칭호를 1800년까지 유지하는데(p. 288), 프랑스로 건너가는 교두보 칼레(Calais)를 1558년에 잃는다. 저지(Jersey), 건지(Guernsey) 같은 노르망디 반도 끝 해협에 있는 섬들이 오늘날에 이르기까지 영국령이라는 점에서 이 역사의 자취를 볼 수 있다. 백년전쟁이 끝나고 프랑스와 단절하고 자립한 '샴쌍둥이'의 일원으로서 영국은 브리튼 제도 안에서 나라 만들기를 생각할 수밖에 없었다. 이 나라 만들기에는 잉글랜드 통치뿐 아니라 웨일스나 아일랜드의 재정복도 포함되었다.

그런데 백년전쟁이 끝난 해 32세가 된 헨리 6세는 치매 상태에 빠졌다가 겨우 의식은 회복했으나 심한 장애가 남았다. 이후 잉글랜드는 혈통과 귀족의 합의라는 양면에서 부족함 없는 왕위 계승자를 찾지 못하고 신의 가호를 입지 못한 채 30년이 넘게 내전을 치러야 했다. 왕의 폐위, 왕위 계승자의 살해가 이어지는 이 시기 피투성이 내전을 근대인은 '장미전쟁(1455~1487년)'이라고 부른다. 랭커스터가(빨간 장미)와 요크가(하얀 장미)의 다툼이었지만 각 가문 안에도 의심과 반목이 횡행했기에 셰익스피어가 『리처드 3세』 서두에서 말한 the winter of our discontent는 쉽사리 풀리지 않았다. 백년전쟁에 패배한 무사 집단이 귀향해 폭력과 사투가 한도 없이 이어지는 듯했다.

흑사병과 그 후

잠시 시간을 거슬러 올라가보자. 백년전쟁이 한창일 때 유럽 전역의 인구동태에 위기가 닥쳐왔다.

1300년이 넘어갈 무렵 에드워드 1세 치세 때 브리튼 제도의 인구는 약 800만 명이었는데, 그중 잉글랜드의 인구가 약 600만 명이었고 양이 1600만 마리 이상 있었다고 한다. 이 숫자는 중세 번영의 정점인 동시에 식량 공급의 한계이기도 했다. 1347년 규율대로 행동하는 민중이 곡물을 실은 배를 습격해 '그들이 정한 가격으로' 팔아버렸다. 뷰캐넌 샤프(Buchanan Sharp)에 따르면 영국 역사상 최초의 식량 봉기였다고 한다.

그다음 해 동쪽에서 흑사병(페스트)이 건너와 브리튼 제도에서는 1348~1350년에 대대적으로 유행했고, 그 후에도 소규모 전염이 되풀이되었다. 흑사병의 영향은 무지막지했다. 인구의 30퍼센트 이상이 사망하는 바람에 중세 사회는 장기간 정체와 변질을 겪어야 했다. 흑사병 이후 영국에 대해 다음과 같은 점을 지적하곤 한다.

무엇보다 인구가 격감했고 오랫동안 회복되지 않았다. 특히 도시인구의 감소가 뚜렷했는데 이때 소멸해버린 촌락도 있다. 누구나 저승사자의 저주를 받은 시대였다.

살아남은 자의 운명은 둘로 나뉘었다. 하나는 생산자 인구의 격감으로 농민이나 직인의 지위가 상대적으로 올라갔다. 씩씩하게 살아가는 민중이 고용주와 교섭하는 힘을 키웠기 때문에 이를 억제하기 위해 의회는 1351년 '노동자 규제법'을 제정하고 1363년에는 신분을 구별할 수 없는 복장을 금하는 '사치 금지법'을 제정했다(그렇지만 일하는 사람도 아는 중기中期 영어가 의회와 법정에도 보급되기에 이르렀다).

또 하나는 노동자가 줄었기 때문에 영주가 곤란해졌다. 이는 백년전쟁이 지지부진해진 이유이기도 했다. 영주는 전쟁 비용을 충당하기 위해 공납을 늘렸고 소년왕 리처드 2세는 의회가 제안한 대로 '인두세'를 부과했다. 이것이 1381년 농민봉기의 발단이 되었다.

1381년 봉기

1381년 5월 인두세를 징수하는 관리를 추방하거나 문서를 불태우거나 감옥을 쳐들어가는 불온한 동태가 보이기 시작했다. 특히 런던 남동쪽 풍요로운 켄트(Kent)주에서는 지도자 두 명의 인솔 아래 규율을 갖추고 농민운동을 벌였다. 사제 존 볼(John Ball)은 세상의 부패와 타락을 비판하면서 신분 차별을 폐하고 부를 공유하자고 주장했다. 또 다른 지도자인 와트 타일러(Wat Tyler)는 종군 경험이 있었던 듯하다.

6월 14일 봉기 세력은 런던 시외에서 리처드 2세와 만나 농노제 폐지, 노동과 생산물 판매의 자유, 일정한 지대 등을 요구했는데 전부 받아들여졌다. 이에 힘을 얻은 봉기 세력은 캔터베리 대사교와 고관, 외국인을 붙잡아 '처형'했다. 6월 15일 와트 타일러는 더욱 평등한 개혁을 요구하며 국왕과 단독으로 만났다. 그런데 군중과 떨어져 혼자 행동한 타일러를 런던 시장 윌리엄 월워스(William Walworth)가 급습해 찔러 죽였다. 지도자를 잃은 농민은 유순한 양처럼 해산했다.

이때 농민은 피폐한 아사 직전 상태가 아니었다. 만약 그랬다면 봉기를 일으킬 수조차 없이 그저 기도만 했을 것이다. 와트 타일러와 농민은 국왕에 대한 공경의 마음이 일치했고 비난의 대상은 오직 간신인 고위 고관뿐이었다. 왕을 향한 농민의 신뢰는 배신당하고 그들의 직접 행동은 성과를 거두지 못했으나 "아담이 밭을 갈고 이브가 물레를 돌리던 시절 도대체 누가 젠틀맨이었겠는가?"

하고 힘주어 말한 존 볼의 설교는 후세까지 의미 있는 전설로 남았다. 일하는 자의 임금은 그 뒤에도 높은 수준을 유지했다.

3-5 농민봉기. 무장한 농민을 이끄는 와트 타일러(왼쪽)와 말을 탄 존 볼. 그의 꿈은 19세기 말 윌리엄 모리스(William Morris)에 의해 되살아났다.

봉기의 영향을 받은 쪽은 오히려 왕권이었다. 리처드 2세와 귀족 사이에 불신이 커졌고 결국 1399년 의회는 '신하와 백성의 재산을 빼앗는 전제군주'라는 죄목으로 왕을 폐했다. 14세기의 국왕 폐위는 에드워드 2세에 이어 두 번째였다.

중세 말 잉글랜드

흑사병 이후 사회의 특징으로 비엘리트 계층으로 신앙이 퍼져나갔다는 점을 들 수 있다. 기독교는 예전처럼 왕과 귀족의 신앙에 머물지 않고 훨씬 폭을 넓혀나갔다. 캔

터베리의 순교자인 성 토머스 베켓(p.71)의 제단을 찾는 순례의 행진은 이미 오래전에 시작되었다. 제프리 초서(Geoffrey Chaucer, 1400년 사망)는 이 순례 여행 도중들은 즐거운 이야기를 중기 영어로『캔터베리 이야기』에 담았다.

3-6 케임브리지 킹스 칼리지(King's College)의 칼리지 채플. 영국 고딕양식의 채플 오른쪽에 18세기 펠로관. 캠(Cam)강의 바로 앞, 칼리지의 목초지에 소를 방목하고 있다.

역병과 전란으로 인한 불안한 시대에 사제의 수가 부족해지자 일반인이 장례식 등을 주재했다. 비성직자로서 중얼중얼 성경을 낭독하는 사람이라는 의미의 '롤라드(Lollard)' 운동이 세력을 키웠다. 존 위클리프(John Wycliffe, 1348년 사망) 후에도 수많은 사람들이 뒤를 이어 그때까지 금지했던 성서의 번역도 시도했다. 이는 보헤미아의 얀 후스(John Hus)까지 널리 영향을 미쳤다.

신앙과 무관하지는 않아도 학교를 비롯한 공익단체(charity)의 기부나 기금 창설도 활발했다. 이미 옥스퍼드와 케임브리지에 대학을 창설하고 칼리지(college)에서 성직자와 행정관을 양성하고 있었는데, 두 대학에 중견 칼리지를 설립하고 확충한 시기는 흑사병 이후다. 이 시기 스코틀랜드에서도 성 앤드루스(St. Andrews)대학과 글래스고(Glasgow)대학이 세워졌다. 또 소년 교육을 위해 잉글랜드의 윈체스터(Winchester) 학교나 이튼(Eton) 학교(나중에 퍼블릭스쿨)도 창설했다. 15세기부터 런던에 있는 법학원(Inns of Court) 네 군데가 법률 실무가를 양성하고 공급하는 동업자 조합(길드)의 기능을 독점했다.

중세 말의 시련을 딛고 살아남은 유산계급은 신과 죽음을 생각하며 무엇이든 공익을 위해 기부했다. 지방 교회의 건물이나 내부도 섬세한 수직선을 강조하는 영국 고딕양식과 스테인드글라스(stained glass)로 아름답게 장식했다. 이 양식으로 더욱 잘 알려진 건축으로는 케임브리지의 킹스 칼리지 채플(1446~1515년)을 꼽을 수 있다.

15세기는 누가 보더라도 폭력과 사투가 판치는 시대였다. 그렇지만 아라이 유키오(新井由紀夫)도 지적한 바 있듯, 패스턴(Paston) 가문을 비롯한 대지주 사람들이 주고받은 서한집을 읽어보면 세심하게 서로 배려하는 온후한 사람들의 심성이 엿보인다. 새로운 조건 아래 사회는 성숙을 향해 나아가려 했다.

제4강
긴 16세기

헨리 8세(한스 홀바인Hans Holbein 그림). 날쌔고 용감한 국왕
은 강한 주권국가와 정실이 낳은 왕자를 바라는 마음으로
차례차례 법을 제정했다. p.116.

1476	캑스턴(Caxton), 런던에서 활판인쇄를 시작. 근세 영어의 시작.
1485	헨리 7세(~1509). 듀크(Duke) 왕조 시작.
1497	존 캐벗(카보트John Cabot)가 뉴펀들랜드(Newfoundland)를 발견함.
1509	헨리 8세(~1547)
1517	루터의 종교개혁 시작
1519	카를 5세(Karl V), 신성로마 황제(~1556)
1533	상소 금지법에 따라 주권국가 선언
1534	국왕 지상법에 따라 국교회 성립
1536	웨일스 합동법(1543에도)
1538	교구 등록법
1541	아일랜드 왕위법
1542	[S] 메리 스튜어트(Mary Stewart, ~1567)
1547	에드워드 6세(~1553) 머지않아 공통 기도서, 신앙 통일법
1553	메리 1세(~1558) '피의 메리.' 머지않아 존 폭스(John Foxe)의 『순교자 열전』
1558	엘리자베스 1세(~1603). 국교회의 재확립
	[S] 이 무렵 존 녹스(John Knox)의 종교개혁
1567	[S] 제임스 6세(~1625)
1568	네덜란드에서 독립전쟁 시작
1580	프랜시스 드레이크(Francis Drake)의 세계 일주
1588	아르마다(Armada) 해전. 틸버리(Tilbury) 연설
1594	[I] 얼스터(Ulster)의 반란(~1603)
1600	윌리엄 애덤스(William Adams)가 표류하다가 일본 규슈에 도착해 도쿠가와 이에야스(德川家康)를 알현.
	동인도회사 설립. 셰익스피어 『햄릿』
1601	엘리자베스 빈민법, 구빈법
1603	제임스 2세(~1625), 스튜어트왕조 시작
1607	[I, A] 프로테스탄트의 얼스터 식민, 버지니아 식민
1611	『흠정역 성서』 완성, 전국 교회로 보급.
1613	동인도회사의 존 세리스(John Saris)가 제임스 왕의 친서를 갖고 도쿠가와 이에야스를 알현.
1618	30년 전쟁(~1648)
1623	암보이나(Amboyna) 사건. 이후 동아시아, 동남아시아 무역은 네덜란드가 독점.

※[A]는 북아메리카를 가리킨다.

---

* 흠정역 성서 : '황제가 친히 명령해 제정한 번역 성경'을 가리킨다. 영국 왕 제임스 1세의 지시로 대성경과 제네바 성경의 결점을 전면적으로 개정한 성경으로서 영역 성경의 금자탑이자 영문학사에도 대단한 영향을 미쳤다.

1 1500년 무렵, 세계와 영국

최초의 세계화

백년전쟁이 끝난 해와 같은 해인 1453년 오스만제국은 동로마(비잔틴)제국을 정복했다. 이 무렵부터 약 1620년까지 '긴 16세기'는 변화와 성장의 시대이자 대항해, 대교역, 대이동의 시대였다.

긴 16세기의 특징은 우선 르네상스, 특히 인문주의(humanism)다. 사람들은 그리스 라틴의 고전문헌을 알고 텍스트를 비판적으로 읽는 즐거움을 터득했다. 늘어난 수요에 대응해 활판인쇄가 급속하게 퍼졌다. 인문주의는 근세 학문과 신앙을 떠받치는 기초 지식이었으나 고대의 역사와 사상을 익히자 기독교의 가르침은 상대화되었다. '인간에 대한 인간의 한없는 관심' 때문에 비웃음을 살 때도 있었다.

그다음 특징은 신항로 개척이다. 아시아의 부를 독점한 베네치아에 대항해 포르투갈, 스페인, 제노바의 선원들이 대체 항로를 찾아 나섬으로써 대항해시대가 열렸다. 뒤처진 영국도 북쪽 바다를 서쪽으로 돌아가는 아시아 항로를 찾아 나섰다. 영국은 1496년 제노바 출생의 선원 존 캐벗(John Cabot)을 시켜 그린란드, 뉴펀들랜드를 탐험하게 했다.

물자와 사람, 특히 지식은 옛날부터 동서를 넘나들었다. 그러나 이런 일이 한때 지나가는 에피소드가 아니라 상승효과를 일으키며 온 세계를 구석구석 바꾸어놓는 세계화로 나아간 때는 바로 이 시기다. 중세가 막을 내리고 근세의 막이 올랐다.

오늘날 누구나 '세계화'라는 말을 입에 올리지만, 지구 규모의 일체화는 최근이 아니라 긴 16세기에 이미 닻을 올렸다. 1800년 전후 즉 산업혁명 시대에 제2의 세계화가 전개되었고, 현재 우리는 제3의 세계화를 맞이했다. 제1, 제2, 제3의 세계화에 영국은 다 적극적 요소였고 일본도 관여해왔다. 세 번에 걸친 세계화는 이 책의 구성에 결절점으로서 제4강, 제7강, 제10강에서 다룬다.

그런데 세계화가 지구 세계의 구조적 일체화라고 해서 이것으로 모든 것이 균질해지지는 않는다. 각 지역은 분업에 따라 편성되고 교류와 마찰도 늘어나 **나라와 나라**가 경쟁한다. 최초의 세계화 물결이 꿈틀거리는 가운데 중세 사회의 현안, 정체성, 질서 같은 문제가 16세기 방식으로 충돌하고 해결된다. 이때 종교개혁과 신앙, 주권국가와 국민 의식이 결정적이었다. 유럽은 중세보다 훨씬 내셔널한 조류가 강해지고 국내 질서와 국제 질서가

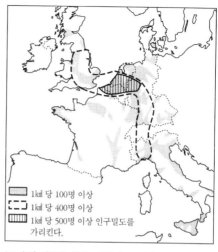

1㎢ 당 100명 이상
1㎢ 당 400명 이상
1㎢ 당 500명 이상 인구밀도를 가리킨다.

4-1 유럽 인구의 핵심. 인구밀도, 경제, 문화로 볼 때 근세~현대 유럽의 핵심은 넓은 의미의 라인란트에서 저지대 지방을 거쳐 잉글랜드 남부에 이르는 지대다.

동시에 편성된다. 세계화와 표리일체를 이루면서 '국가 (state) 시스템' 시대로 돌입한 것이다. 유럽 각지에서 일어난 일과 관련해 브리튼 제도의 사람들이 어떤 움직임을 보였는지, 2절과 3절에서 살펴보자.

중세로부터 물려받은 자산

그러면 긴 16세기가 출발한 시점에 영국인의 역사적 조건, 다시 말해 1500년 즈음 영국사의 자산 목록은 어떤

것이었을까. 이를 크게 네 가지로 정리할 수 있다.

제1 자산은 인구와 사회경제다. 1500년 잉글랜드와 웨일스의 인구는 추정하기에 260만 명, 브리튼 제도의 인구는 합해서 440만 명에 지나지 않았다. 한편 유럽 제일의 대국 프랑스의 인구는 약 1600만 명, 이탈리아반도의 인구는 1000만여 명, 이베리아반도의 인구는 900만여 명이다. 오늘날 영국, 프랑스, 이탈리아, 스페인의 인구는 각각 6000만 명 전후인데, 근세 초기 각지 국민의 노동력이나 재력은 완전히 달랐다.

유럽=커넥션은 해협을 사이에 두고 왕조가 있든 없든 존속했다. 프랑스인, 플랑드르인, 이탈리아인, 유대인, 한자 상인도 상업에 종사했는데, 오히려 라인강 중류 유역부터 저지대 지방(네덜란드, 광의의 라인란트Rhineland/구 로타링기아Lotharingia)의 관계가 중요하다. 쾰른(Cologne)이나 브루게(Bruges,=브뤼주Bruges)에 체재한 윌리엄 캑스턴(William Caxton)은 활판 인쇄술을 습득해 1476년 런던으로 돌아와 출판업에 착수했고, 로테르담의 에라스뮈스는 1499~1514년 사이에 영국을 세 번 방문했다. 이들은 인적 교류의 예를 보여준다.

런던은 템스강을 50킬로미터 남짓 거슬러 올라간 내륙

도시이자 조수 간만의 영향을 받는 항구도시다. 런던시(the City of London)는 브리튼 제도에서 가장 오래된 자유도시라는 특권을 인정받아 시민이 수십에 이르는 길드(동업자 조합)에 속해 있었다. 1500년의 인구는 약 4만 명으로 나폴리, 베네치아, 밀라노, 파리 같은 당시 인구 10만의 도시에는 미치지 못하나 북해의 제1 도시로서 16세기에 급속히 성장한다. 런던에서 직선거리로 파리까지 350킬로미터, 안트베르펜(Antwerpen/Antwerp)까지 320킬로미터, 에든버러까지 520킬로미터, 더블린까지 470킬로미터와 비교하면, 런던은 남동쪽에 치우쳐 있고 대륙을 향해 있다.

경제를 살펴보면 시장 마을을 중심으로 지역의 생활권이 성립해 있었다. 도시와 농촌과 바다를 잇는 상품은 식량, 양모, 모직물이었다. 중세 말 영국의 제1위 수출 품목은 양모에서 모직물로 바뀌었다. 나아가 무거운 방모 직물(woolen fabric)에서 가벼운 소모 직물(worsted fabric)을 생산하는 기술혁신에 성공함으로써 영국은 원료 공급지에서 기간제조업 국가로 변신했다. 모직물은 1802/1803년까지 수출품 중 단연 1위였다. 양모와 모직물은 에드워드 1세 이후 관세(p. 79)의 원천이기도 했다.

양모와 모직물을 수출하는 주요 대상은 플랑드르(현재 벨기에)였다. 안트베르펜, 브뤼셀, 브루게, 겐트(Gent, =강 Gand) 같은 도시와 맺는 관계가 영국의 사회경제에 얼마나 중요한지는 강조할 필요도 없다. 지금도 고급 신사복 옷감의 상표 중 런던과 브뤼셀을 아우르는 상회가 있을 뿐 아니라 직물업으로 영광을 누린 19세기 맨체스터나 로치데일(Rochdale)의 시청 건물이나 외국 상점에 근세 플랑드르 도시 건축의 영향이 새겨져 있다.

영어와 코먼웰스와 교회

제2의 자산은 통일왕국의 국어인 영어다. 앞에서도 서술한 1500년경의 다언어 분포를 지도(4-2/p.110)로 제시했다. 영어를 쓰는 국민(English)이 서부 켈트계 언어(웨일스, 콘월, 게일) 지역을 복속하려고 했다. 인문주의와 활판인쇄와 함께 '근세 영어(Early Modern English)'가 정착하는 등 기반이 있었기 때문에 영역 성서가 간행되고 셰익스피어가 활약한 것이다.

제3의 자산은 왕권을 둘러싼 정치문화, 정치 이념이다. 위르겐 하버마스(Jürgen Habermas)가 말한 대로 중근세의 권력 및 공공성은 왕과 귀족이 대표하고 구현하고 표상했다. 왕권은 이미 신성불가침하지 않고 폭군을 쫓아내거나 군주제를 제한하는 이론도 마련되었다. 이를테면 『잉글랜드의 통치(The Governance of England)』를 저술한 존 포테스큐(John Fortescue, 1477년 사망)에 따르면 대륙에는 '왕의 통치', 잉글랜드에는 '정치공동체와 왕의 통치'가 있다고 한다. 대륙의 전제정치와 대조적인 잉글랜드 고유의 공동 통치란 근세사가 헬무트 쾨니히스베르크(Helmut Königsberg)가 비판한 대로 잉글랜드인의 자화자찬에 지나지 않지만, 정치공동체 즉 현인회/의회(parliament)는 성속 귀족 및 주와 도시의 평민을 대표했다. 의회는 근세사의 격동 속에서 왕과 귀족과 평민이 교섭과 합의로 각축을 벌이는 무대(arena)인 동시에 통치 계급의 의지를 결정하는 기관이었다.

시몽 드 몽포르의 의회에서는 '왕국 공동체'를 논의했지만, 16세기에는 코먼웰스(commonwealth)라는 말이 인구에 오르내린다. 이 말은 라틴어의 '공공선(res publica)'을 영어로 옮긴 것인데, 국가, 정치공동체, 공화제이기도 하다. '공(publica)'은 공사(公事), 국체 같은 권력을 상기시키는 뜻이 있으므로 '인민선(人民善)'이라는 라틴어를 사용한 예

도 있었다. 영어의 코먼웰스에는 두 가지 뜻이 있다. 글자 그대로는 '공동의 복리'이고, 라틴어를 public good 이라고 영어로 옮기면 '공공재'이기도 하다. 이 말은 영국 및 영어권의 역사를 관통하는 핵심

4-2 브리튼 제도의 다언어 분포. 1500년경 일상언어 분포를 나타낸다. 성직자와 지식인은 유럽의 공통어인 라틴어를 사용했다.

어 중 하나다.

　의회가 대표하지 않는 민중도 1347년, 1381년 이래 봉기와 같은 직접 행동을 반복하고 1450년에는 잭 케이드(Jack Cade)의 반란, 16세기에는 신구 종교를 둘러싼 봉기가 있었다. 이는 옛날부터 고통을 호소하고 구제를 바라는 '청원'의 권리를 인정한 것을 재차 확인하는 계기가 되었다. 17세기 '권리청원'과 '권리장전'도 옛날부터 내려온

국가 체제의 성문화였다.

제4의 자산은 교회와 신앙이다. 중세의 교회는 로마교황을 정점으로 보편적 신앙공동체와 성직의 위계 제도로 이루어져 있었다. 브리튼 제도의 남녀는 특별히 신앙심이 깊었다고 하나 교회와 성직자가 사람들의 생활과 심리를 완전히 장악한 것은 아니다. 존 위클리프(John Wycliffe)나 위클리프파의 교도 롤라드(Lollard)의 심성이 살아 있어 머지않아 종교개혁을 밑에서 지지한다. 또 네덜란드에서 라인강 중류의 '경건한 사람들'과의 교류가 중요했다. 인쇄문화나 프로테스탄티즘도 넓은 의미로 라인란트(Rhineland)/구 로타링기아에서 건너왔다.

2 주권국가와 국교회

튜더 왕권과 근세

튜더(Tudor) 왕조는 헨리 7세(재위 1485~1509년)부터 엘리자베스(Elizabeth, 재위 1558~1603년)까지 3세대 다섯 명의 군주가 118년 동안 군림했다. 기나긴 전란과 사투 후에 성립한 통일 정권에는 개성 강한 국왕과 인물이 속속 등장했는데, 이 시기는 유럽사의 '긴 16세기'와 거의 겹친다.

여기서 영국사와 일본사를 잠시 비교해볼까 한다. 긴 16세기는 전국시대의 혼란을 끝내고 천하를 통일한 오다 오부나가(織田信長), 도요토미 히데요시(豊臣秀吉), 도쿠가와 이에야스(德川家康)에 의해 근세가 열린 시기와 비슷하다. 또한 여러 남녀가 등장한 국민 전설도 나왔다. 해외 교섭, 종교의 고조, 내전을 거친 국가 통일이라는 점도 양국의 역사가 나란하다. 두 나라 사람들이 직접 교류하기 시작한 해도 1600년이다.

헨리 7세는 리처드 3세(재위 1483~1485년)를 제압하고 피비린내 나는 장미전쟁을 종결했으나 무력만으로는 통일 왕조를 유지하기 어렵다는 사실을 잘 알고 있었다. 옛 원수인 요크 가문의 엘리자베스 공주를 왕비로 맞이해 내전 재발의 싹을 자르고 빨간 장미와 하얀 장미가 어우러진 문장(紋章)을 만들었다. 더구나 튜더 가문이 웨일스 출신이라는 사실과 아서 왕 전설을 끼어맞춰(p.85) 장남의 이름을 아서라 짓고 아서를 통해 유럽 군주의 상징을 구현하고자 했다. 국제 관계도 고려해 왕세자 아서와 아라곤(Aragon, 스페인)의 캐서린(카탈리나) 공주의 혼사를 성사시켰다. 장녀 마거릿은 스코틀랜드 왕 제임스 4세와 결혼했고, 차녀 메리는 프랑스 왕 루이 12세와 결혼했다.

헨리 7세는 '지나치게 강한 신하'나 지역 특권을 견제하고 근검과 자산 축적에 힘썼다. '왕은 자신의 수입으로 살아가야 한다'는 원칙을 세우고 왕의 영지 경영을 확대해 재정을 확충했다. 국고와 왕의 가산은 일치했는데 왕이 손수 이를 점검했다. 그는 게으름을 피우지 않는 실무가였다.

튜더왕조의 연구는 20세기 후반 케임브리지대학의 제프리 엘턴(Geoffrey Elton)에 의해 전환점을 맞이했다. 그는 영국 근세사의 시작이 장미전쟁의 종결과 헨리 7세가 아니라(이때는 중세에 속함) 1530년대 종교개혁과 통치 혁명이었다고 한다. 무슨 말인지 구체적으로 살펴보자.

잉글랜드의 종교개혁은 세속적이고 불순했다고들 말한다. 물론 왕가의 형편에 따른 점이 두드러지지만 경건한 신자의 움직임은 과연 없었을까. 국교회와 국가 왕권은 서로 떼어낼 수 없지만, 루터(Luther), 츠빙글리(Zwingli), 칼뱅(Calvin)의 종교개혁도 신성로마제국의 왕권 문제와 표리일체를 이루었다. 애당초 인쇄 혁명이 일어나지 않았다면 종교개혁의 지도자들은 중세의 후스처럼 화형을 당했을 것이다. 신앙과 정치와 문화가 어우러졌기에 종교개혁의 실현은 가능했다.

헨리 8세

헨리 7세의 차남 헨리 8세(재위 1509~1547년)는 부친이 마련해둔 든든하고 안정적인 재원과 외교 관계와 요절한 형 아서가 남긴 왕비를 물려받았다. 17세 나이에 즉위해 24세 처녀인 왕비 캐서린과 결혼했다. 헨리 8세는 부친과 대조적으로 놀기를 좋아하고 사냥, 춤, 음악, 여성을 사랑한 쾌활하고 허영심이 강한 '르네상스 군주'였다. 인문주의 교육을 착실하게 받은 덕분에 에라스뮈스(Erasmus)와 토머스 모어(Thomas More)를 존경했다.

헨리 8세는 감정 내키는 대로 행동하는 성격이었으나 곁에서 유능한 성직자와 행정관이 보좌했다. 우연히도 충신 네 명의 이름이 다 토머스였다. 옥스퍼드의 권세 등등한 성직자 토머스 울지(Thomas Wolsey)는 교황청과도 가까운 관계로 1515년 추기경과 대법관이 되었다.

헨리는 즉위한 지 얼마 되지 않은 1513년 '오랜 동맹'(p.82)을 맺은 스코틀랜드와 프랑스에 출정했다. 1515년에 즉위한 프랑스의 위대한 왕(Grand Roi) 프랑수아 1세(Francis I, 재위 1515~1547년)는 키가 2미터에 이탈리아에서 전투를 벌인 20세 무장이자 문화와 여성을 사랑한 르네상스 군주였다. 그보다 세 살 많은 헨리 8세는 대항하려는 마음을 드러내며 이탈리아 전투에 참전했고, 1519년에는 토머스 울지 추기경의 도움으로 몸소 신성로마 황제 선거에 나간다. 합스부르크(Habsburg) 왕가의 카를 5세(Karl V, 카를로스)와 발루아 왕가의 프랑수아 1세의 일대일 승부로 알려진 이 선거에서 잉글랜드 국왕은 설 자리가 없었다는 점을 고려하면, 그의 허영심을 충분히 알 수 있다.

헨리 8세는 루터를 논박하는 책을 썼다는 공적을 인정받아 1521년 교황 레오 10세에게 '신앙 수호자(defender of the faith)'라는 칭호를 받는다.

결혼 문제

캐서린 왕비는 사산을 거듭하다가 이윽고 왕녀 메리를 낳았다. 그러는 동안 혼외자 남자아이가 태어나자 대를 이을 왕자를 얻을 수 있다는 희망도 생겼다. 헨리 8세는 불린(Boleyn) 가문의 자매에게 끌렸는데, 특히 프랑스로 돌아가려던 앤 불린은 눈이 지적 매력으로 넘치며 반짝였다. 이때 왕의 나이는 30대 후반이었다(속표지 그림/p.101). 20대 후반인 앤 불린을 애인이 아닌 왕비로 삼아 적자를 낳고 싶다는 열망으로 교황청에 캐서린과 이혼하겠다고 청원했다. 가톨릭 왕의 이혼은 선례가 있었는데, 1498년에도 프랑스 왕 루이 12세가 교황에게 혼인 해소를 허가받은 바 있었다. 그러나 교황청은 캐서린 친정의 황제 카를 5세(캐서린의 조카, 재위 1519~1556년)를 배려해 헨리의 청을 들어주지 않았다.

교황청과 교섭이 전혀 진전하지 않자 사태를 타개하지 못한 토머스 울지 추기경=대법관은 실각하고 후임 대법관으로 토머스 모어(1478~1535년)가 취임했다. 에라스뮈스의 친구이기도 하고 신분제와 사적 소유의 폐해를 웃음거리로 삼은 『유토피아』로 유명한 그는 '인문주의를 뛰어넘은 인문주의자', 서민원의 의장이었다. 헨리 8세는 그와 지적이고 즐거운 좌담을 나누느라 시간 가는 줄 모를 정도였지만, 토머스 모어 자신은 행복하고 가정적인 사람이었다. 그는 왕에게 캐서린 왕비와 화해하라고 한 간언이 받아들여지지 않자 대법관을 사임했다.

결혼은 당사자 두 사람이 '평생 변치 않는 사랑'을 맹세하면 성립했다. 영국에서 결혼식에 사제의 입회를 요구하는 시점은 1753년이다. 중혼은 허용되지 않는다. 유산자라면 상속 문제에는 적자인가 아닌가가 결정적이었다. 왕가라면 아시아와 달리 왕비의 지위가 높아 왕자를 낳기 위해 후궁(harem)을 설치하는 관행이 없었다. 또 '살리카 법'이 적용되지 않는 영국에서는 공주에게도 왕위 계승권이 있었다. 다만 군의 총수로서 건강한 남자가 바람직하다고 여겼을 뿐이다.

크롬웰과 상소 금지법

이때 두각을 나타낸 인물이 토머스 크롬웰(Thomas Cromwell, 1485~1540년)이다. 토머스 울지 추기경만큼 권세도 없고 토머스 모어 대법관만큼 학식도 없는 온건한 프로테스탄트, 실무가, 결단을 내리는 사람이자 잉글랜드 왕국을 무엇보다 먼저 생각한 유능한 관리였다. 서민원 의원, 비서장관, 재무대신 등을 역임했다. 17세기 혁명가 올리버 크롬웰의 먼 일가이기도 하다. 그가 보기에 헨리 8세의 과제는 약육강식이 벌어지는 국제 경쟁에서 아직 힘이 없는 잉글랜드 왕국의 왕권을 확립하는 것이었다. 이를 위해서는 적자로 얻은 왕자, 합법주의, 충분한 재원이 필요했다.

1531년 11월 국왕과 앤은 '사적으로', 즉 입회인 없이 결혼해 다음 해 1월에 임신했으므로 공식 이혼과 재혼을 서둘러야만 했다. 의문의 여지없는 적통의 왕자로 삼기 위해 크롬웰이 기초하고 4월에 의회에서 '상소 금지법'을 성립시켰다. 이 법률에 따르면 '계약이나 혼인 등에 관한 다툼이나 상소'가 있으면 로마교황청 등 해외에 상소할 것이 아니라 국내에서 해결해야 한다. 왜냐하면 문헌 조사로도 분명히 알 수 있듯, 예전부터 잉글랜드 왕국은 '임파이어(empire)'이기 때문이다. 임파이어란 라틴어의 임페리움(imperium, 명령권, 지상 권력이 미치는 범위)과 근대 영어 Empire 중간에 있는 근세 영어다.

1533년에 성립한 상소 금지법은 임파이어라는 말 때문에 조숙한 제국 선언이라고 해석하기도 하는데, 이는 잘못이다. 오히려 성속의 다툼이 생기면 교황청이나 외국에 휘둘리지 말고 국내에서 해결해야 한다는 말은 잉글랜드가 지상 권력(imperium)이 구석구석 미치는 왕권 국가라는 뜻이었고, 그만큼 결사적인 주권국가 선언, 즉 로마에 대한 독립선언이었다. 디아메이드 맥클로흐(Diarmaid MacCulloch)의 최근 연구에 따르면 이 법안의 초고는 이미 11월 '사적 결혼' 때 완성했다고 한다. 그만큼 이 사안에 대한 헨리 8세의 의지는 뚜렷했고 가능한 만큼 측근 인재를 활용했다. 이 상소 금지법에 따라 곧바로 헨리와 캐서린의 혼인은 무효가 되고 왕비 앤의 대관식과 축하연이 열렸다.

이어 1534년 크롬웰이 기초한 '수장령(국왕 지상법)'이 성립해 잉글랜드 교회는 로마를 벗어나 자립했고 국교회의 수장을 국왕으로 삼았다. 임파이어의 형용사 imperial을 사용해 국외의 권위에 굴하지 않는 왕과 교회의 주권을 선언하고 상소 금지법을 보완한 법률이다. 주권국가와 국교회가 밀접하게 맺어졌음을 선언하고 1555년 '아우크스부르크(Augsburger)화의'에 따른 영방 교회 제도에 앞서 종교 국가가 성립했다.

주권국가와 국교회와 왕실

중요한 결정은 전제군주의 단독 발표가 아니라 법률 즉 국왕과 의회의 공동선언으로 정했다. 행정관, 의원, 성직자가 목숨을 건 사안은 국왕의 바람기가 아니라 국가와 교회의 장래였고 적통을 이은 왕자였다. 크롬웰은 선전 책자와 홍보지를 대량으로 인쇄해 배포하고 로마교회의 미신과 면죄부를 공격하면서 교황청에서 독립하자고 호소했다. 주권국가와 종교개혁은 인쇄 혁명의 PR 제일선으로 나섰다.

이러한 때 토머스 모어의 흔들림 없는 보편주의는 방해가 되었다. 헨리 8세의 종교는 가톨릭 그대로인 채 교황청의 의견과 대립할 뿐이기 때문에 더욱 그러했다. 단지 적통 왕자를 원한다는 점만 제외하면 토머스 모어의 주장이 정당했다. 결국 국왕의 지상권을 부인한 토머스 모어는 처형당했다. 헨리 왕의 벗 토머스의 처형을 안 사람들은 1170년 헨리 2세와 토머스 베켓을 떠올렸다

(p.71). 헨리 6세는 캔터베리 대성당의 성 토머스 제단을 부수고 '순교자 토머스' 예찬의 확대재생산을 막으려고 했다.

그러나 이렇게 번다한 일을 벌이고도 공주가 태어났고 왕과 왕비, 충신들은 낙담했다. 모친을 닮아 아름다운 공주에게는 엘리자베스라는 이름을 붙였다. 앤은 유산과 사산을 반복하는 동안 국왕은 궁녀 제인 시모어(Jane Seymour)에게 관심을 돌렸고, 앤은 억울하게 죄를 뒤집어쓰고 처형당했다. 헨리 8세는 제인과 결혼해 1537년 고대하던 왕자 에드워드를 낳았다. 하지만 국왕과 충신의 기쁨은 곧 사라졌다. 제인이 갑자기 죽어버렸기 때문이다.

그 후 헨리는 차례로 왕비를 바꾸어 자포자기한 인간처럼 보였지만 여섯 번째 왕비 캐서린 파(Catherine Parr)만은 안온한 가정을 꾸렸다. 결혼할 때 국왕은 52세에 비만증이 있는 병든 몸이었다. 32세의 캐서린 파는 왕자를 낳지 못했으나 메리, 엘리자베스, 에드워드의 양육에 힘써 아름답고 총명한 왕비이자 어미로서 한때나마 왕실에 평화를 가져왔다.

통치 혁명과 젠틀맨

헨리 8세의 전통적 신앙심과 국교회와 국민의 경건한 신앙 사이를 올바르게 이끈 사람은 네 번째 신하 토머스 크랜머(Thomas Cranmer, 1489~1556년)였다. 케임브리지대학을 졸업하고 라인강 중류 지역에서 프로테스탄트와 교류하던 그는 이미 상소 금지법이나 수장령을 위한 문헌 조사(p.119)에 두각을 나타낸 학자였다. 크랜머는 1533년부터 캔터베리 대주교로서 행정관 크롬웰과 이인삼각으로 개혁을 추진했다. 점진주의자인 그는 성서 영어본의 출판조차 신중하게 생각했다.

수도원의 부와 반-개혁성에 착안한 크롬웰은 크랜머의 전국적 실태 조사를 바탕으로 1536년부터 수도원을 접수해 왕령으로 삼은 다음 조금 있다가 민간으로 넘겼다. 수도원으로 거둔 매상은 가산 국고의 재원이 되었고 수도원을 구매한 귀족과 지주는 개혁을 강력하게 지지했다.

1536~1537년 잉글랜드 북쪽에서 '은총의 순례'라는 반란이 일어났다. 이는 크롬웰과 크랜머의 개혁, 다시 말해 수도원과 가톨릭 문화의 해체, 런던에서 시작한 개혁에 대해 지방의 반감을 드러냈다. 진압 과정에서 처형자가 178명에 달했다.

1530년대에 시작한 전국적 통치제도 중 주 장관/총감 (Lord Lieutenant)이 있다. 이것은 중세 이래 지방 권력으로 변한 주 봉행(Sheriff) 위에 새로이 둔 지위인데, 주에서 왕권을 대신하고 치안과 군대를 총괄하는 우두머리 치안판사였다. 주 장관은 귀족이지만 주 봉행, 치안판사, 서민원 의원은 부유한 평민이 맡았다. 모두 다 무급 명예직이다.

이리하여 영국 근세의 정치사회는 토지를 소유한 명망가 즉 젠틀맨(gentleman)이 공공정신을 바탕으로 끌고 나갔다. 젠틀맨이란 프랑스어에서 유래한 '좋은 가문에서 태어난 사람'이라는 뜻이다. 귀족도 포함하지만 엄밀하게는 작위 귀족(공작, 후작, 백작, 자작, 남작) 아래에 있는 평민 상층으로 지대 생활자(노동하지 않는 계급)를 가리킨다. 젠트리(gentry)는 젠틀맨의 집합명사로 '향신(鄕紳)'이라는 번역어로 정착했다. 특히 공적이 있는 자는 국왕에게 Sir라는 칭호를 수여받는다(Sir는 평민의 최상위를 가리키며 귀족을 뜻하는 경Lord이 아니다). 진국의 귀족(nobleman)과 젠틀맨은 수도원 재산을 손에 넣고 법의 운용에 따라 지역에서 국가 운영을 담당했다. 이로써 막스 베버(Max Weber)가 말한 '명망가의 지배'를 16~18세기 영국에서 볼 수 있다. 이리하여 1530년대부터 잉글랜드는 중세와 다른 왕국 국가/종교 국가/명망가 사회가 되었다.

복합국가의 절대 군주?

중세까지 현안이었던 브리튼 제도의 정체성과 질서 문제도 헨리 8세 시대에 근세적 모습을 갖춘다.

아일랜드에는 페일(p.84)을 지배하는 잉글랜드인의 의회가 있었는데 1494년에 정한 법률로 잉글랜드 왕권에 종속되었다. 이는 곧바로 문제로 떠오르지는 않았지만 1530년대 총독 킬데어(Kildare) 백작(피츠제럴드FitzGerald 가문)이 크롬웰 개혁(통치 혁명)에 반대해 반란을 일으킴으로써 아일랜드 유력 귀족의 불온한 움직임이 표면으로 드러났다(처형자 75명). 이후 1541년 '잉글랜드 왕을 아일랜드 왕으로 정하는 법'을 제정해 잉글랜드 왕이 아일랜드를 지배하는 근거를 마련했고 아일랜드 왕권 및 국교회의 수장이 누구인지 명시했다. 동시에 게일 씨족장이 작위를 얻어 더블린 의회의 의석을 얻었다.

웨일스는 애초에 튜더왕조가 살던 곳이었는데, 1536년과 1543년의 합동법으로 잉글랜드 왕국에 병합되었다. 웨일스는 언어와 문화의 독자성을 유지했는데도 왕권을 상실했다. 한편, 주권국가 스코틀랜드 왕국은 스튜어트 왕조 아래 잠시나마 잉글랜드와 프랑스 사이에서 절묘하게 균형을 잡았다.

헨리 8세는 영국사 최초의 '신앙 수호자', '국교회 수장', '아일랜드 왕'이다. 이때부터 종래의 각하나 전하 대신 폐하(His Majesty)라는 존칭을 쓰기 시작했다. 호화로운 왕궁을 몇 군데나 소유하고 부왕에게 물려받은 재원을 탕진했다. 수도원을 팔아넘겨 막대한 수입을 올렸으나 이마저도 다 써 없앴다. 왕비와 충신, 크롬웰조차 죽음으로 몰아넣었다. 마지막에 그를 보살핀 크랜머 대주교와 캐서린 왕비조차 한때 미움을 받아 생명이 위태로울 정도였다. 하늘이 베푼 자산을 이토록 탕진하고 영국사를 이토록 뒤흔든 군주는 전무후무하다. 이런 의미에서 기존의 연구는 헨리 8세를 절대주의 군주라고 정의했다.

그러나 그의 정치를 실행한 주체는 성속의 신하와 의회와 전국의 명망가였다. 관료제나 상비군 같은 것은 없었다. 의회와 법과 공공정신, 그리고 국교회에 기초한 헨리의 통치는 포테스큐가 말한 '정치공동체와 왕의 통치'를 직접 실행한 데 지나지 않는다. 이를 **절대**주의라고 지칭하려면 확대해석이 필요할 것이다. 전문가에게 묻고 싶다. 절대주의란 기껏해야 '근세 군주제 주권국가'라는 뜻이 아닐까?

에드워드 6세와 크랜머

헨리 8세와 충신이 미래를 맡긴 사람은 에드워드 6세(재위 1547~1553년)였고, 그의 대관식을 주재하고 기름을 부어준 사람은 크랜머 대주교였다. 최초의 프로테스탄트 왕이 치른 대관식에서는 로마풍을 배제하고 신과 왕이 직접 이어지고, 왕은 백성에게 평화와 정의/중재를 약속했다. 즉위 당시 왕은 인문주의 교육을 받은 똑똑하고 오만한 9세 소년이었다.

에드워드 왕과 섭정의 당면 과제는 첫째 신앙 교의의 개혁, 둘째 결혼을 통한 적통 계승자의 확보, 셋째 사회 경제의 진흥이었다.

첫 번째 과제인 프로테스탄티즘은 에드워드 6세 때 급속하게 이루어졌다. 넓은 의미의 라인란트 즉 유럽 개혁파의 중심과 영국 사이를 오가던 경건한 신자들이 중요한 역할을 해냈다. 젊은 크랜머 자신도 그중 한 사람이었다. 영역 성서를 간행한 윌리엄 틴들(William Tyndale)은

1536년 안트베르펜에서 화형을 당했어도 마일스 커버데일(Miles Coverdale), 존 녹스(John Knox) 같은 그의 벗들이 귀국해 활약했다. 독일의 개혁자 마르틴 부처(Martin Bucer)는 케임브리지대학의 신학 교수로 초빙받았다. 마침 황제 카를 5세가 프로테스탄트를 탄압하자 잉글랜드는 유럽 개혁파의 피난처 같았다.

크랜머는 '공통 기도서'를 정해 예배의 언어를 라틴어에서 영어로 바꾸고, 1549년 의회를 통해 '신앙 통일법'을 성립시켰다. 전국 교회의 기도 방식을 의회에서 정한 것이다. 모범 설교집도 간행했다. 구교파와 과격 개혁파에게는 불만이 남는 절충식이었으나 공통 기도서와 설교집은 아름다운 중세 영어의 표현으로 국민의 마음을 사로잡았다. 또한 성직자의 결혼을 합법화했다. 이미 사적으로 결혼한 크랜머도 가정을 꾸렸다.

두 번째 과제인 왕의 결혼과 계승자를 살펴보자. 스코틀랜드의 메리 여왕과 혼담을 강력하게 추진했으나 성사되지 않은 채 에드워드가 요절했다. 왕의 죽음 직후 잠시 혼란스러웠지만 결국 누이 메리가 왕위를 이어받아 남은 현안을 실현해나갔다.

3 여왕의 전설 등

피의 메리

　이로써 스코틀랜드의 스튜어트왕조의 메리 여왕(재위 1542~1567년)과 동시기에 잉글랜드에는 튜더왕조 메리 여왕(재위 1553~1558년)이 출현했다. 이름이 헷갈릴 듯하면 뒤에 왕조 이름을 붙이기로 하자. 두 사람 다 로마 가톨릭 신자였다. 메리 튜더는 37세에 즉위했다. 거의 수녀처럼 신을 섬기며 운명을 견디어온 메리에게는 불행하게도 정치 경험이나 감각도 없고 기댈 만한 세속의 조언자도 없었다. 이는 국민의 불행이기도 했다.

　메리 여왕의 제1 과제는 로마 보편 교회의 부흥이었다. 국왕 수장제와 영어의 공통 기도서를 부정하고 라틴어 미사를 부활하고 프로테스탄트 성직자의 권한을 중지함으로써 모친과 자신의 정당성을 보증하려 했다. 로마 교회의 부흥이란 일반 국민이 잘 아는 아름다운 영어 기도의 폐지이자 모처럼 결혼을 공인받은 성직자와 가족의 슬픈 이별이자 수도원 영지를 구입한 지주의 재산 반환을 뜻했다. 가톨릭의 복고를 환영한 국민은 적었다.

트리엔트(Trient)공의회(1545~1563년)를 이끌어온 교황청의 총아라고 할 레지널드 폴(Reginald Pole) 추기경이 머지않아 귀국해 이단 심문과 화형을 시작했다. 프로테스탄트 성직자에게는 케임브리지 관계자가 많았는데 그들은 옥스퍼드로 소환되어 이단 심문 끝에 화형을 당했다. 크랜머 대주교도 예외는 아니었다. 전국의 잔혹한 화형 실태를 전한 글은 존 폭스의 『순교자 열전』이다. 라틴어와 영어로 출간했다가 생생한 삽화를 넣어 증쇄했다. '가톨릭의 만행'을 전한 프로테스탄트의 고전으로 19세기까지 롱셀러였다.

여왕의 제2 과제는 결혼과 왕위 계승자의 출산이다. 스페인의 왕자 펠리페(나중에 국왕 펠리페 2세)와 혼담이 성사해 1554년 여름 펠리페가 영국으로 건너와 식을 올렸다. 신부를 처음 본 신랑은 "전혀 귀엽지 않구나. 옷 입는 감각도 떨어지고, 심한 근시에 마치 성녀 같다"고 느꼈다. 메리 여왕과 잉글랜드는 합스부르크가의 가톨릭 전략, 네덜란드 지배의 일환으로서만 대접받았다.

여왕의 제3 과제인 사회경제의 진흥은 눈에 띄는 성과를 올리지 못하고 다음으로 넘겨졌다.

결국 메리의 치세 5년은 역설적이게도 프로테스탄티

즘을 깊고 넓게 뿌리 내리도록 했다는 의의가 있었다. 잉글랜드인은 국민적 재난을 공유하고 『순교자 열전』을 통해 그

4-3 '피의 메리'에 의한 박해와 화형. 이 판화에는 1556년 크랜머 대주교가 이단 심문을 받고 화형을 당하는 장면을 그렸다.

기억을 남기고 재생산했다. '피의 메리(bloody Mary)' 전설을 통해 잉글랜드 국민은 확신에 찬 프로테스탄트가 되었다. 잉글랜드 왕가의 종교개혁은 바다 건너 돌아온 지식층의 종교에서 국민의 경건한 믿음으로 변했다.

헨리 8세의 적자 엘리자베스

여왕 엘리자베스(재위 1558~1603년)는 남동생 에드워드와 마찬가지로 인문주의 교육을 받았다. 25세의 여왕은 언니와 달리 아름답고 총명한 프로테스탄트로서 아버지를 닮아 쾌활하고 사교의 요령을 알고 있었다.

엘리자베스 여왕 치세의 제1 과제는 선왕 두 사람과 마찬가지로 종교 문제였다. 메리와 정반대로 로마 보편 교회를 벗어나 국교회를 회복시켜야만 했다. 그렇지 않으면 그녀 자신이 앤 불린의 혼외자가 되어 왕위 계승의 정당성이 위태로워진다. 엘리자베스는 매사에 자신이 부친 헨리 8세의 정당한 계승자라는 점을 강조했다.

개혁파 중에도 순수한 성서 원리주의자를 가리키는 Puritan(마음이 순수한 무리)이라는 말은 처음에 비꼬는 뜻으로 쓰였다. 국교회의 지도권은 캔터베리 대주교 매슈 파커(Matthew Parker)가 잡았다(재직 1559~1575년). 그의 신중한 지도로 국교회는 가톨릭(미사)과 퓨리턴(영역 성서)의 '중도'를 취했고, 이 방식을 헨리 8세 이래 의회의 입법을 거쳐 실행에 옮겼다.

에드워드 6세의 신앙 통일법과 공통 기도서를 개정해 재발행하고, 미사(Missa)라는 말을 배제했으며, 성찬에 쓰는 빵과 포도주가 예수의 피와 살이라는 화체설(化體說)을 부정하고, 이미 여러 판이 나와 있는 영역 성서를 정리하고 개정해 1568년 출판했는데, 이는 개혁파가 해낸 일이다. 그러나 성직자가 흰옷(surplice)을 입고 교회가 장로제가 아닌 위계제를 취하는 등 퓨리턴은 인정할 수 없는 가톨릭 요소도 남았다. '39개조'의 신앙고백으로 정해놓은 절충식 중도 노선은 매슈 파커 대주교와 엘리자베스와 의회의 선택이었다.

종교 문제는 곧 주권 문제이기도 하다. 독일(신성로마제국)에서는 종교와 정치 전쟁을 거쳐 1555년 아우크스부르크화의가 성립했고, 스코틀랜드, 네덜란드, 프랑스에서는 신앙과 국가 주권이 싸움을 벌이기 직전이었다. 엘리자베스가 표방한 '중도'는 프랑스의 위그노전쟁(Huguenots Wars, 1562~1598년) 와중에 태어난 국가 이성파(politic)를 앞질러 실현한 것이라 할 수 있다.

여왕의 칭호, 등

엘리자베스 여왕은 헨리 8세와 비슷하게 주위에 인재를 거느린 군주였다. 온건한 프로테스탄트인 충신 윌리엄 세실(William Cecil, 벌리Burghley 경, 1520~1598년)은 국무대신으로서 부왕을 섬긴 크롬웰과 마찬가지로 굳은 결의로 중대한 문제에 임했다. 엘리자베스 여왕은 부왕과 달리 깊이 생각하지 않은 채 즉시 결정하지 않았다. 그녀의 우유부단함을 꼬집은 20세기 평론도 있지만 곤란한 때 노련하게 보류하는 결정은 합리적인 선택이다.

왕의 칭호에 '등(et cetera)'을 붙이는 표기가 그 일례다. 1544년 헨리 8세는 군주의 정식 칭호를 '신의 가호에 따른 잉글랜드, 프랑스, 아일랜드의 왕, 신앙 수호자, 지상 국교회의 수장'이라 정했는데, 에드워드 6세도 이를 이어받았다. 엘리자베스가 소집한 1559년 1월 30일 최초 의회의 기록을 보면 의회 소집장에 여왕의 칭호가 '국교회의 수장'으로 적혀 있지 않은 점에 대해 논의가 벌어졌다고 한다.

실은 남존여비 생각을 지닌 퓨리턴 지도자 녹스가 망명지 제네바와 프랑크푸르트에서 잉글랜드와 스코틀랜드의 두 메리 여왕을 공격해, "성서는 여자 군주도, 여자 교회 수장(지상의 왕)도 인정하지 않는다"고 공언한 바 있었다. 엘리자베스 여왕의 칭호를 헨리/에드워드 시대로 되돌리는 데 이를 무시할 수 없었다.

이 난제를 풀기 위해 윌리엄 세실 대신이 '신의 가호에 따른 잉글랜드, 프랑스, 아일랜드의 여왕, 신앙 수호자 등(etc.)'이라는 칭호를 고안해냈다. 백년전쟁은 아직 정식으로 판가름 나지 않았기에 '프랑스 여왕'은 양보할 수 없다. '아일랜드 여왕'과 '신앙 수호자'는 헨리 8세의 정당한 계승자임을 나타내기에 생략할 수 없다. 하지만 국교회의 수장은 '등(etc.)' 표기로 암시함으로써 완고한 녹스의 남성우월주의에 그런대로 대응했다. 생략이 아니라 암시였다. '등'을 붙인 국왕의 칭호는 상징적인 의미를 띠고 1800년까지 역대 국왕이 답습한다(p. 288).

이렇게 대응했음에도 뿌리 깊은 남성우월주의 퓨리턴이었던 녹스는 여왕을 군주로 인정하지 않았고 엘리자베스 여왕은 그의 잉글랜드 거주를 허락하지 않았다. 녹스는 에든버러로 이주해 신앙과 젠더라는 두 가지 이유로 가톨릭 여왕 메리 스튜어트를 공격하고 제네바 식으로 종교개혁을 추진한다.

여러 국가 시스템 속 잉글랜드

엘리자베스 여왕의 제2 과제는 결혼이었는데 이것도 곧 주권 문제와 연관된다. 연애 상대는 부족하지 않았으나 결혼에는 신중했다. 연애 상대를 추궁당했을 때 '잉글랜드와 결혼했다'고 대답한 적도 있었다. 윌리엄 세실은 신뢰할 만한 유능한 신하일 뿐 연애 상대는 아니었다. 여왕과 세실이 레스터(Leicester) 백작 로버트 더들리(Robert Dudley), 프랜시스 월싱엄(Frances Walsingham)과 손을 잡고 오랫동안 격동 시대의 국가를 이끌고 나갔다. 세실의 충성심은 아들 로버트 세실(Robert Cecil, 1563~1612년)에게도 이어졌다. 결혼하지 않은 몸으로 엘리자베스는 잉글랜드의 주권을 굳건히 지켜나갔다고 할 수 있다.

그러나 스코틀랜드 문제, 말하자면 엘리자베스의 친척 메리 스튜어트를 어떻게 대우할지는 골치 아픈 문제였다. 메리의 모친은 프랑스의 가톨릭 명문가 기즈 가문의 공녀 마리 드 기즈(Marie de Guise)였다. 메리는 생후 엿새째 스코틀랜드 여왕으로 즉위해 16세에 프랑수아 1세(재위 1559~1560년)와 결혼했다. 프랑수아 1세가 세상을 뜨자 메리 여왕은 에든버러로 돌아와 재혼해 왕자(나중에 제임스 6세)를 낳았다. 하지만 곧 귀족의 정쟁이 얽힌 연애 놀음 중 남편의 암살에 관여했고, 녹스의 종교개혁을 따돌리기 위해 잉글랜드로 피신한 몸으로 연금당했다. 모친의 애정을 받지 못한 채 제임스 6세(재위 1567~1625년)는 스코틀랜드에 머물며 개혁파의 인문교육을 빚었다.

네덜란드와 프랑스에서 내전이 일어나자 레스터 백작은 네덜란드의 독립을 지원하고 월싱엄은 프랑스의 개혁파와 손을 잡았다. 유럽 전역이 종교전쟁을 벌이는 가운데 1570년 로마교황이 엘리자베스를 파문하고 국내에서 가톨릭 음모가 끊이지 않는 등 엘리자베스의 생명이 위험에 처했다. 1587년 엘리자베스는 자신을 암살하려는 가톨릭의 계책에 메리가 관여했다는 증거를 보고 메리의 처형을 결단할 수밖에 없었다.

메리가 처형당하자 바로 다음 해인 1588년에 스페인의 아르마다(Armada) 무적함대가 쳐들어왔다. 유럽 종교전쟁과 여러 국가 시스템의 한복판에서 국가가 그야말로 존망의 위기에 처한 것이다. 8월 틸버리(Tilbury) 평원에 결집한 장병 앞에 백마를 타고 나타난 여왕은 이렇게 연설했다.

"나는 그대들과 함께 살고 함께 죽기 위해 전투의 한가운데인 이곳에 왔노라. 신을 위해, 왕국을 위해, 인민을 위해 이 목숨을 던지기 위해 이곳에 왔노라. 내 몸은 비록 연약한 여자의 몸일지라도 내 심장과 간은 국왕의 것, 잉글랜드 국왕의 것이다. ……스스로 무기를 들고 군의 총사령관으로 이곳에 서서 그대들의 모든 무훈에 보상할 것이다."

연극과 같은 여왕의 장렬한 모습과 '신의 가호로 불어온 바람'으로 영국은 아르마다를 물리치고 국민은 강고하게 단결했다.

대항해와 국민의 산업

엘리자베스가 물려받은 제3 과제는 사회경제 문제, 즉 대항해와 무역, 산업의 진흥과 사회문제의 해결이었다.

영국의 대항해는 15세기 세바스티안 카보트(Sebastian Cabot, 서배스턴 캐벗) 이후 잠잠했다가 엘리자베스 시대에 활발해진다. 희망봉 경유와 마젤란해협 경유라는 두 항로를 대신할 만한 아시아로 가는 제3의 북양 항로를 찾아 북대서양(북아메리카) 해안선과 북동 태평양 해안선을 탐험했다. 또 스페인, 프랑스, 네덜란드의 치열한 경쟁에 러시아 회사(1555/1566년), 이스트랜드 회사(1579년), 레반트 회사(1581/1592년), 동인도회사(1600년) 등 왕이 허가한 무역 법인이 설립했다. 탐험가, 식민자, 모험 상인으로는 드레이크(Françis Drake), 해클루트(Richard Hakluyt), 롤리(Walter Raleigh), 윌리엄 애덤스(William Adams, pp. 146~150)가 잘 알려졌을 것이다. 『대항해시대 총서(大航海時代叢書)』(이와나미서점)에 오치 다케오미(越智武臣)의 편역으로 '영국의 항해외 식민'(1·2)이 들어 있다.

1565년 토머스 그레셤(Thomas Gresham)이 런던에 왕립 거래소(Royal Exchange)를 설립했다. 그레셤은 '악화가 양화를 구축한다'는 그레셤 법칙으로 유명하다.

근세 영국의 주요 수출품은 모직물이다. 모직물 산업은 목양업, 토지 소유, 제조업, 상업, 심지어 선술집까지 널리 산업의 연관이 폭넓기에 국민의 복리에 기여하는 '국민 산업'으로 인식하고들 있었다. 덧붙여 도시 길드를 떠나 농촌의 공업을 통해 성장한 모직물 업자를 통해 '뛰어난' captains of industry의 진취적 기상을 발견한 사람은 일본의 퓨리턴 오쓰카 히사오(大塚久雄)였다. 그는 전시 중 『근대 구주 경제사 서설(近代欧州経済史序説)』(1944년)이라는 저서를 집필했는데, 대항해시대의 세계사를 설명하면서 '국민 생산력'과 '민중의 부'를 논하고 대동아공영권을 비판했으며 패전 후 프로테스탄트 정신과 닮은 일본 국민의 '근로정신'을 뒤에서 받쳐주는 경전이 되었다.

산업은 직업별, 지역별로 보호와 규제를 받았는데, 1563년(엘리자베스 치세 제5년)에 나온 '직인 규제법'은 포괄적으로 태만과 부랑을 금하고 임금률을 정하며 고용주와 노동자는 주종 관계라고 정했다. 또한 상공업에서는 고용살이 기간을 끝낸 도제만 장인의 통제 아래 직인으로 일할 수 있고, 농업에서는 노동자가 한 해 계약으로 일하고 추천장이나 소개장 없이 돌아다니는 자는 부랑자로 몰려 처형당한다고 정했다. 이렇듯 이 법률의 목적은 가

부장적 질서 유지였다. 오카다 도모요시(岡田与好)의 『영국 초기 노동 입법의 역사적 전개(イギリス初期労働立法の歴史的展開)』는 흑사병 시기부터 애덤 스미스 시대에 걸친 노동법의 전개를 논하고 있다.

교구의 구빈

이제 사회문제를 살펴보면, 수도원의 해체에 따라 빈민과 버려진 아이를 수도원이 보살펴줄 수 있는 길이 끊어졌기에 이를 대체할 만한 세속의 방책을 찾아내야 했다. 사정이 이러했기 때문에 구빈 또는 빈민 대책을 위한 법률(poor law)이 엘리자베스 시대에 여러 번 의회 심의에 올랐다. 1601년(엘리자베스 치세 제43년)에 드디어 '빈민법/구빈법'이 구빈 방침의 집대성으로 제정되었다. 타지 사람과 부랑자를 교구에서 쫓아내고 혼외자의 인지(認知)를 판정하며 크리스마스와 부활절에 자비를 베푸는 일에 필요한 경비나 관리자 고용을 교구의 세금(특정 목적세)으로 충당한다는 점에서 이 법률은 교구를 전제로 삼았다.

교구는 주민의 신앙생활을 관리하는 핵이자 이웃 공동체로서 근세부터는 세속 통치의 지역 단위이기도 했다.

지역별로 차이는 커도 전국 만 개쯤 되는 교구의 인구는 평균 잡아 약 수백만이었고 주민은 서로 얼굴과 이름을 잘 알았다. 교구 교회에는 사제가 부임했고 주민들은 교구 모임에 나가 세속의 안건을 협의했다. 중요한 안건은 도로와 다리의 유지, 빈민과 혼외자의 조치였다. 지역사가 윌리엄 테이트(William Edward Tate)는 교구의 모임을 이웃의 '작은 의회'라고 부른다.

이미 1538년 교구 등록법은 교구 사제가 주민의 세례, 결혼, 매장을 기록하라고 정해놓았는데, 한 번으로는 실행이 불충분했고 엘리자베스 시대에 같은 취지의 법안을 거듭 보급한 결과 정착했다. 오늘날 연구자에게 '교구 등록부/부책(簿冊)'은 주민 대장도 없고 국세(國勢) 조사도 없던 시대에 인구동태를 알 수 있는 귀중한 사료다. 모든 주민의 세례, 결혼, 매장 등 세 차례의 일평생 대사를 기록해놓았기에 데이터베이스로 삼아 분석하면 인구사나 가족사의 실태를 상당히 밝혀낼 수 있기 때문이다(p. 207).

채리티

빈민법/구빈법과 관련해 간과할 수 없는 것이 1601년

‘채리티 용익법(Statute of Charitable Uses)’이다. 이것은 빈곤 구제, 교육과 종교 진흥, 기타 커뮤니티의 이익을 위해 설립해 기금이나 토지 수익을 운용하는 공익단체(charity)의 법적 근거를 마련해주었다. 오늘날 ‘자선법’에 이르기까지 그 ‘정신과 참뜻’이 이어지고 있다. 근대사가 조안나 이네스(Joanna Innes)는 영국의 사회정책 특징을 세(稅, 행정)와 채리티[1](민간)이라는 두 기둥으로 이루어진 ‘복지의 복합체’라고 말했는데, 위의 두 가지 법안이 이의 바탕을 이룬다.

두 가지 중 빈민법의 교구주의는 1834년에 폐지되어 근본적으로 바뀐다. 채리티 용익법은 교구와 관계없이 영국 민간 공공사회에 400년 남짓 자선 문화와 활발한 민간 금융을 법적으로 뒷받침했다. 이 점은 제8강에서 자세히 들여다보자.

아일랜드 문제

엘리자베스 여왕의 제4 과제는 헨리 8세 이래 브리튼

---

1) 영어 채리티(charity)는 보통 ‘자선’으로 이해하거나 번역하는데, 이 책에 따르면 채리티와 자선은 다르다. 따라서 이 책의 번역에는 채리티라는 말을 그대로 쓰기로 한다.

제도의 근세 질서, 정체성을 정립하는 문제였다. 스코틀랜드 문제에 대해서는 존 녹스와 메리 스튜어트와 관련해 이미 기술했다(pp. 132~134).

근세 아일랜드 문제의 핵심은 첫째 중세 시대 브리튼섬에서 이주한 영주들이 지역 권력(Old English)으로 자리 잡아 게일계 영주와 함께 16세기 통치 혁명을 반대하여 영국에 대항하는 세력이 되었다는 점이다. 둘째 16세기 후반부터 들어온 프로테스탄트 식민(New English) 세력과 앞의 세력 사이에 신앙과 민족성이 뒤얽힌 대립이 벌어졌다는 점이다.

킬데어(Kildare) 백작의 반란(p. 124)에 이어 1570년대에는 남서부 유력가 데스먼드(Desmond) 백작의 반란이 있었다. 더블린에 '자유 학예의 면학, 덕과 신앙의 육성'을 위한 트리니티대학을 설립한다는 문치 정책도 시행하기도 했으나, 1594년 북부 얼스터(Ulster)에서 티론(Tyrone) 백작(오닐O'Neill 가문)을 중심으로 반란이 일어났고 이를 평정하기까지 9년이나 걸렸다.

얼스터 지방은 그때까지 게일 씨족이 강고하게 지배했으나 9년 반란에 패한 씨족장들이 망명하고 토지와 권력을 몰수당하자 주로 스코틀랜드에서 퓨리턴이 이주해왔다. 런던시도 이와 같은 주민의 이주를 지원했다. 반란 전후로 얼스터의 모습은 눈에 띄게 변했다. 이리하여 종파와 정체성 문제가 응축한 아일랜드, 특히 얼스터 지방은 17세기와 20세기 역사의 아킬레스건이 된다.

극장 국가의 아이콘

여왕을 그린 초상화는 실로 많은데 1588년 이후 작품은 특히 상징성이 강해지고 아르마다 해전, 세계를 나타내는 지구본, 총명한 통치자인 여왕을 강조했다. 그림 4-4(p.144)는 〈무지개의 여왕〉이라는 제목으로 오른손으로 붙잡은 무지개 위에 라틴어로 '태양이 없으면 무지개도 없다'고 쓰여 있다. 폭풍이 지나간 뒤 평안을 상징하는 무지개는 태양 즉 엘리자베스 여왕이 있어야만 하늘에 나타난다. 여왕은 의상에 수를 놓은 듯 온몸에 눈과 귀를 가졌고, 무지개의 지혜를 지닌 전지적이고 총명한 군주로 그려졌다.

이 같은 표상(아이콘)은 여왕의 즉위 기념일인 11월 17일의 축하연이나 가두 행렬, 에드먼드 스펜서(Edmund Spenser)의 『요정 여왕(The Faerie Queene)』에 반복하여 쓰였

4-4 극장 국가의 엘리자베스 여왕. 전지전능한 여왕을 기리기 위해 비문에 '태양[여왕]이 없으면 무지개도 없다'고 쓰여 있다.

다. 엘리자베스 여왕은 영화 〈셰익스피어 인 러브 (Shakespeare in Love)〉에서 주디 덴치(Judi Dench)가 연기한 모습처럼 템스강 남쪽에 있는 극장을 좋아하여 잠행으로 궁을 빠져나갔는데, 실로 고문관 회의에서나 의회에서나 틸버리 들판의 장병 앞에서나 그녀의 언동은 매우 연극적이었다. 엘리자베스는 부왕과 마찬가지로 '르네상스 군주'였고 인민도 그러한 행위를 환영했다. 엘리자베스의 정치를 문화인류학자 클리퍼드 거츠(Clifford Geertz)는 '극장 국가'라고 부른다. '긴 16세기'의 후반은 크리스토퍼 말로(Christopher Marlowe), 윌리엄 셰익스피어(William Shakespeare), 프랜시스 베이컨(Francis Bacon)이 재주를 꽃피운 시대이기도 했다. 스코틀랜드 스튜어트왕조의 제임스 6세(재위 1567~1625년)는 엘리자베스의 연속성을 강조하고 잉글랜드 왕 제임스로서 즉위(재위 1603~1625년)하고 나서도 여왕의 충신 로버트 세실을 중용했을 뿐 아니라 '좋은 여왕 베스'라는 전설을 기념 축하 행사와 함께 재생산했다.

결국 엘리자베스는 세계사의 격동기를 맞이하여 45년 치세 동안 내전이 벌어지지도 않았고 왕위 계승을 둘러싼 혼란도 일으키지 않은 채 세상을 떠났다는 점에서 행운의 군주였다. 내우외환은 끊이지 않았으나 다행스레 장기적 성장 국면이기도 했다. 국제적으로는 1598년 스페인의 펠리페 2세가 죽고 같은 해 프랑스에서는 앙리 4세가 국가 이성파(p.132)의 입장에서 '낭트(Nantes) 칙령'을 포고하여 종교전쟁을 종결했다. 네덜란드에서는 네덜란드연방공화국이 실질적으로 독립하고 17세기에 황금기를 맞이했다.

4 그레이트브리튼의 제임스 1세

제임스의 친서와 안진 애덤스

때는 1600년 봄 엘리자베스의 치세 제42년(게이초慶長 5년)이었다. 규슈(九州)의 분고(豊後)에 네덜란드 배 '데 리프더 호(De Liefde)'가 표착했다. 얀 요스텐(Jan Joosten) 등 승무원 24명의 선장 윌리엄 애덤스(1564~1620년)는 오사카성에서 도쿠가와 이에야스를 알현했다. 세키가하라(関ヶ原) 전투2) 직전 긴박한 정세 속에서도 이에야스는 털이 붉은 이 잉글랜드인이 마음에 들었던 모양이다. 같은 해 런던에서 '동인도회사'가 설립했는데, 윌리엄 애덤스는 그것과 무관하게 2년 전 네덜란드 선단의 일원으로 로테르담에서 동아시아를 향해 출항했다. 주요한 뱃짐은 모직물이었다. 도쿠가와 가문의 중용으로 미우라 안진(三浦按針)이라는 이름을 얻은 그는 가정을 꾸렸고, 조선업과 동남아시아 무역 방면에서 활약한 것으로 유명하다.

영국 동인도회사가 일본과 교섭한 시기는 1613년이 되

---

2) 세키가하라(関ヶ原) 전투 : 1600년 10월 21일 일본 천하를 판가름하는 전투라 불리는 세키가하라 전투를 계기로 도쿠가와 가문이 일본을 200년 넘게 지배함으로써 평화를 가져왔다.

어서였다. 일본은 은과 동의 산지로서 최초의 세계화에 걸맞은 매력적인 목적지였다. 이때 상선대장 존 세리스(John Saris)가 가져온 제임스 왕의 친서와 통역을 맡은 애덤스가 문제를 선명하게 드러낸다. 순푸(駿府, 지금의 시즈오카靜岡)에서 이에야스가 받은 친서는 "납지(蠟地), 폭 2척, 길이 1척 5촌"이었는데, 이것은 소실했다(일본 측은 양피지parchment를 납지라고 이해했다). 그 대신 "글이 남만자(南蠻字)로 쓰여 있어 읽을 수 없기에 [미우라] 안진에게 가나[일본] 글자로 쓰게 했다"는 기록이 교토국립박물관에 「이국(異國) 일기」로 남아 있다(그림 4-5). 또한 같은 시기 일본의 군주 앞으로 보낸 제임스의 친서 비망록이 영국도서관(BL)의 '독일 부문'에 있는데, 거의 비슷하므로 대조하며 살펴보자.

제임스의 친서는 양국 사이의 수호 통상을 바라는 공문서로 장식도 있고 '날인'도 찍혀 있다. 그 영어 문장을 그대로 직역해보면 발급자는 "제임스, 전능한 신의 가호로 그레이트브리튼, 프랑스, 아일랜드의 왕, 기독교 신앙의 수호자 등"이다.

이를 미우라 안진은 "제임스 제왕…… 천도(天道)의 보살핌으로 브리튼 나라, 프랑스 나라, 아일랜드 나라, 이

세 나라의 제왕"이라고 번역했다. 또 친서 말미의 서명은 "대브리튼 나라의 왕, 거주하는 성은 웨스트민스터, 제임스 제왕 렉스(Rex)"라고 되어 있다. 왕(Rex)을 제왕이라고 옮기고, 칭호 중 '기독 신앙의 수호자 등'이 엘리자베스 여왕 이래 정식 호칭의 중요한 부분인데도 이를 생략했다. 일본은 유럽의 여러 국가 시스템 바깥에 있었으므로, 21세기 연구자들처럼 제(帝)와 왕(王)을 두고 고집스럽게 다투는 것이 아니라 내실을 전하기 위해 용감하게 일본어로 번역한 셈이다.

서명은 영어를 그대로 옮기면 "일본의 고위, 강력한 군주, 엠퍼러"가 된다. 엠퍼러는 원래 로마의 최고사령관 (imperator)＝황제에서 유래한 영어인데 헨리 8세가 말하는 '임파이어'의 주권자다. 이것을 미우라 안진이 '일본 장군님'이라고 번역하고 **황제**가 아니라 정이대장군(征夷大將軍)이었던 도쿠가와 이에야스에게 친서를 보낸 것은 적절한 판단이라고 할 수 있다.

나라는 하나, 이름은 둘

그러나 안진 애덤스에게도 재차 확인해야만 안심할 수

있는 일이 있었다. 그것은 영국의 국명이었다. 「이국 일기」 한 페이지에 실린 기사에 잉카라테이아(이가라타이라)가 두 번, 대브리탄야(게레호로탄)이 세 번 보인다. 각각 근세 동아시아 해역의 공통어였던 포르투갈어인 잉그라테라 및 그란브리타냐에서 온 말이다. 「이국(異國) 일기」의 표기는 가타카나와 히라가나가 섞여 있고 탁점은 있기도 하고 없기도 한다. 또 '잉글라테라 출신 사람'과 '영어를 말하는 사람'을 구별하지 않고 잉글레스 또는 에게레스라고 불렀다.

제임스 제왕의 나라를 어떻게 이해할지가 문제였다. 안진은 마지막에 주석처럼 덧붙였는데 "지금 이 백성을 찾아온 나라는 이가라타이라 또는 게레호로탄이라고 부른다. 둘 다 나라는 하나, 이름은 둘"이라고 한다. 잉글랜드일까, 아니면 그레이트브리튼일까? 과연 안진이 이에야스와 자신에게 들려주듯 기록한 대로 '나라는 하나, 이름은 둘'이라는 것일까? 발급지 칭호에 나타난 '프랑스 나라'는 그렇다 치더라도 '아일랜드 나라'는 어떨까? 이것은 남잉글랜드에서 태어나 1598년 나라를 떠났지만, 1603년에 성립한 그레이트브리튼 왕국의 '제임스 제왕'이 보낸 사자를 이국에서 맞이한 애덤스 한 사람의 의문

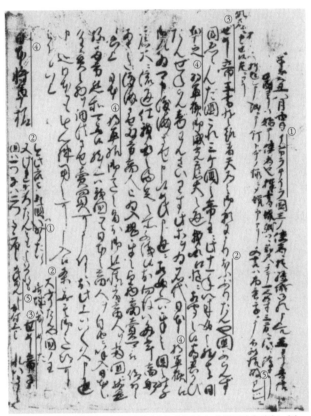

① 잉카라테이아, 이가라타이라 ② 오후부리탄야, 대브리탄야, 게레호로탄 ③ 제임스 제왕
④ 일본 장군님 ⑤ 안지, 안지

4-5 '그레이트브리튼, 프랑스, 아일랜드의 왕' 제임스가 '일본 장군님'에게 보낸
친서를 애덤스 안진이 일본어로 번역한 글. '이 백성'의 나라는 '이가라타이라'
또는 '게레호로탄'이라고도 하며 '나라는 하나인데 이름은 둘'이라고 해석하고
있다.

에 그치지 않는다. 이는 이후에도 17세기 본국을 뒤흔드

는 커다란 문제였을 것이다.

150

제임스 제왕

제임스 왕은 모친 메리 스튜어트의 폐위로 한 살 때 스코틀랜드 왕으로 즉위하고 인문주의자 조지 뷰캐넌(George Buchanan)에게 충실하게 교육을 받고 프로테스탄트로 성장했다. 모친의 처형을 결정한 엘리자베스 여왕을 존경하고 1603년에는 잉글랜드 왕위를 기쁘게 계승해 제임스 1세가 되었다. 모친의 애정을 받지 못했을 뿐 아니라 모친이 부친 살해에 관여한 사실도 분명했기 때문에(p.135) 마음속에는 갈등이 있었다. 그는 27세가 될 때까지 여성을 사랑할 수 없었는데 그도 그럴 만하다.

제임스는 잉글랜드 왕국와 스코틀랜드 왕국의 **동군연합**(同君聯合)을 넘어서 그레이트브리튼의 **통일왕국**을 완성하고자 했을 뿐 아니라 아일랜드 왕국으로 프로테스탄트 이민자를 보내 브리튼 제도의 프로테스탄트 연합왕국을 세우려고 했다. 제임스 제왕은 튜더왕조부터 스튜어트왕조로 이어지는 연속성을 대표하고 구현하는 존재였다. 즉위 후 최초의 의회에서 왕의 정식 칭호를 '신의 가호로 그레이트브리튼, 프랑스, 아일랜드의 왕, 기독교 신앙의 수호자 등'으로 정하자고 한 발의는 제임스에게 아주 자연스러웠다.

그러나 잉글랜드인이 차지한 웨스트민스터 의회는 '대브리튼 국왕'의 제안을 받아들여지지 않았고 정식 칭호는 여전히 엘리자베스 시대의 '여왕'을 '국왕'으로 바꾸고 거기에 스코틀랜드를 더했을 따름이었다. 그런데 제임스는 국새나 외교문서에 그레이트브리튼이라고 썼다. 동인도회사의 존 세리스가 일본에 가지고 온 친서도 그러했기 때문에 이에야스와 미우라 안진은 '대브리튼 나라의 왕 제임스 Rex'라는 발령자 서명을 본 것이다.

제임스 제왕은 인문주의와 르네상스가 유럽 전역으로 퍼져나가는 가운데 발언했다. 근세 유럽 사상을 관통하는 하나의 계기는 시민적 인문주의다. 군주의 '덕'(공공성을 지닌 남자다움)을 갖춘 마키아벨리(Machiavelli)와 더불어 카스틸리오네(Castiglione)는 '궁정인'의 예의를 논했다. 또한, 토머스 엘리엇(Thomas Elyot)은 '통치자'를 논하고 제임스의 스승 조지 뷰캐넌은 '폭군 추방'을 논했다. 본인이 보기에 제임스는 인문주의의 정수를 체현하고 엘리자베스의 '중도'를 계승하는 솔로몬 왕이었다. 1603년 에든버러에서 런던의 웨스트민스터로 거처하는 궁을 옮기는 길은 르네상스의 표상으로 꾸미도록 연출했다.

기존 학교 교육에서는 왕권신수설을 '절대주의' 이데올

로기라고 가르쳤으나 애초에 중세 국왕 중에 신에게 자신의 왕권을 부여받았다고 생각하는 사람은 없었다. 왕권은 신수(神授)이기 때문에 신의 앞에서 기름 붓는 의례를 거행한 것이다. 제임스가 왕권신수설을 설파한『자유로운 군주국의 참된 법(The True Lawe of Free Monarchies)』및 『왕의 선물(Basilikon Doron)』은 고전에서 인문주의에 이르는 소양과 자부심이 드러난 저작이다. '르네상스 군주' 제임스에 대해 1605년 1월 5일 가이 포크스(Guy Fawkes) 등 로마 가톨릭 행동파는 지나친 기대를 품었다가 환멸을 느꼈다.

성서와 셰익스피어

'근세 영어'는 인쇄 출판한 두 가지 규범적 텍스트에 의해 국어로 정착하여 보급되기 시작했다. 첫째, 제임스는 즉위하자 곧 성서학자 54명을 임용해 모든 선행 판본을 뛰어넘는 정확하고 아름다운 영어의 흠정역 성서를 준비하라고 명했다. 1611년에 완성된 결정판 성서는 스코틀랜드, 아일랜드를 비롯해 전국의 모든 교회에 놓아두도록 결정했다. 성서는 정관사가 붙는 '책(the Book)', 사람들이 매주 한 번 이상 꺼내 보는 텍스트가 되었다.

In the beginning wa the word,

and the word wa with God,

and the word wa God.

그래서 위와 같은 시적 표현으로 가득한 흠정역 성서를 모든 영국인과 비국교도, 식민지인이 듣거나 읽거나 암송하는 시대가 열렸다.

둘째, 극작가 윌리엄 셰익스피어(1564~1616년)는 창작 전반부에 거의 왕조의 어용 작가로 여겨질 만큼 왕위에 관한 사극을 줄곧 제작했다. 사람들은 다들 역사에 준거해 생각하고 행동했다. 창작 후반부에 그는 비극과 희극을 좀 더 자유롭게 창작했다.

그렇다고 해도 아버지(왕)를 살해한 남자와 재혼해 아무렇지 않게 살아가는 어머니(퀸)를 바라보며 번민에 휩싸이는 『덴마크 왕자 햄릿의 비극』은 과연 제임스 6세와 모친 메리 스튜어트의 생애와 무관한 이야기일까. 제임스는 덴마크의 공주 앤을 왕비로 맞이했다. 또 11세기 에드워드 고백왕의 모친 엠마는 왕의 사후 적장 카누트와 재혼해 덴마크 왕비가 되었다(pp. 52~55). 1603년 무대 위에 오른 우유부단한 지식인 왕자 햄릿은 대학 친구 호레이쇼를 향해 "하늘과 땅 사이에는 자네 학문을 가지고 상상할 수 없는 일이 있는 법이네" 하는 장면이 있다. 그런가 하면 혼자 있을 때는 이렇게 읊조린다.

To be, or not to be, that is the question.

마치 20세기 실존주의 철학자 같은 독백이다.

긴 16세기의 성숙한 근세 영어는 영감(inspiration)을 자극하고 아름답게 기억에 남는 텍스트를 국민에게 제공했다. 흠정역 성서와 셰익스피어는 시대를 뛰어넘는 고전이 되었고, 이것을 공유하는 언어 커뮤니티가 브리튼 제도를 넘어 넓은 세계로 확장함에 따라 영어는 근현대 글로벌 언어/공공재라는 자산이 된다.

이제 윌리엄 셰익스피어가 고향 스트랫퍼드어폰에이번(Stratford-upon-Avon)으로 돌아가 세상을 떠난 해는 도쿠가와 이에야스가 죽은 해와 같은 1616년이었고, 그의 전집이 폴리오(folio)[3] 판으로 세상에 나온 해는 1623년이었다. 동갑인 윌리엄 애덤스(미우라 안진)는 1620년 히라도(平戸)에서 죽었다. 그 무렵 영국과 네덜란드의 관계는 별로였는데 곧이어 1623년 암보이나(Amboyna) 사건을 계기로

───────────────
3) 폴리오 : 4절판으로 된 책으로 초창기 유럽에서 인쇄한 대형 책을 말한다.

네덜란드에 패한 영국은 동아시아, 동남아시아에서 물러난다. 1620년은 퓨리턴의 지리적 확대를 상징하는 순례의 조상(Pilgrim Fathers)의 해이기도 하다.

근세사가 제프리 파커(Geoffrey Parker)에 따르면 유럽 대륙은 이미 '최후의 종교 대전'에서 '최초의 세속 대전'이라고 할 30년 전쟁(1618~1648년)에 돌입했다. 긴 16세기는 끝나고 혁명의 17세기가 다가온 것이다.

제5강
두 가지 국가 제도의 혁명

합동 군주 윌리엄과 메리. 1689년 혁명, 즉 네덜란드 군대가 제압하고 실현한 국가 체제 · 외교 혁명이다. 루이 14세에게 대항하는 프로테스탄트의 중심 세력을 위해 기원하는 판화. p.198.

1625	찰스 1세(Charles I, ~1659)
1638	[S] 국민 맹약. [I] 웬트워스(Wentworth) 총독 '뿌리 뽑기' 정책
1639	주교 전쟁(다음 해 제2차 주교 전쟁)
1640	4. 단기의회. 11. 장기의회(~1660), '퓨리턴 혁명' 개시
1641	5. 웬트워스(스트래퍼드Strafford 백작) 처형. 10~. 아일랜드 '대학살'의 소식
1642	1. 왕의 쿠데타. 8. 내전 시작
1643	[S] 엄숙한 동맹과 맹약
1645	신형군(New Model Army) 편성
1647	퍼트니(Putney) 토론(군대 간부와 수평파의 논쟁)
1649	1. 특별 법정에서 찰스 1세 유죄, 처형. 5. 잉글랜드 공화국. 8. [I] 크롬웰, 아일랜드 출정
1650	[S] 크롬웰, 스코틀랜드 출정
1651	[S] 에든버러에서 장로파가 찰스 2세 대관식 이 무렵 홉스 『리바이어던』
1652	네덜란드와 전쟁(1674년까지 끊어졌다 이어졌다 반복)
1653	통치 장전에 따라 크롬웰은 호국경, 브리튼 제도는 단일 공화국으로
1660	왕정복고(국교회, 세 왕국도 부활), 찰스 2세(~1685)
1661	프랑스에서 루이 14세 친정(~1715)
1665	런던에서 페스트 대유행. 왕립학회(Royal Society)의 『학술 회보』 창간
1666	런던 대화재
1679	이 무렵부터 의회에서 토리(Tory)와 휘그(Whig)가 대립
1685	제임스 2세(~1688). 이해 루이 14세가 낭트칙령을 발표해 위그노 난민 발생
1688	9년 전쟁(대동맹 전쟁, 팔츠Pfalz 계승 전쟁, ~1697) 6. 왕세자 탄생, '명예혁명' 시작. 11. 오라녀(Oranje) 공 윌리엄 3세(William III) 상륙. 12. 제임스 2세 망명
1689	2. 권리선언, 윌리엄 3세(~1702) & 메리 2세(1694). 관용법. 12. 권리장전. 로크 『통치론(Two Treatises of Government)』. [S] 에든버러에서 권리의 요구
1690	[I] 제임스 2세와 윌리엄 3세의 다툼
1692	[S] 글렌코(Glencoe)의 대학살

1 논쟁적인 17세기

교과서의 줄거리

17세기 역사는 논쟁적이다. 17세기를 살았던 사람들도 싸웠으나 후대 역사가도 이 세기를 어떻게 볼 것인가에 대해 오랫동안 논쟁을 벌여왔다. 18세기와 함께 영국 근현대를 어떻게 이해하느냐가 핵심 논점이다.

우리가 익히 배워온 교과서의 줄거리는 다음과 같다. 1603년 에도(江戸) 막부가 출발할 때 튜더왕조가 끝나고, 스코틀랜드 왕 제임스 6세(재위 1567~1625년)가 잉글랜드 왕위를 계승해 제임스 1세(1603~1625년)가 됨으로써 스튜어트왕조가 시작된다. 하지만 제임스는 잉글랜드 고유의 국가 체제를 무시하고 왕권신수설을 외치며 절대주의를 실현하여 신앙이 깊은 사람과 민주주의자를 박해했다. 그의 압정을 피하려고 '순례의 조상'이 대서양 거친 물결을 헤치고 신천지로 건너갔을 정도였다. 제임스의 아들 찰스 왕(재위 1625~1649년)도 전제정치를 실시했다. 1640년에 소집한 의회는 국왕과 결별하고 내전/내란이 일어났다. 이때 의회와 군대를 올바른 방침과 신앙심으로 지도한 올리버 크롬웰(Oliver Cromwell)이 승리하고 1649년 폭군을 처형했다. 이로써 퓨리턴의 시민혁명이 일어나 공화제를 실현했다.

그러나 공화제는 크롬웰의 사후 마비 상태에 빠지고 1660년 왕정과 국교회가 부활했다. 도량이 넓은 찰스 2세(재위 1660~1685년)는 솜씨 좋게 통치했으나 동생 제임스 2세(재위 1685~1688년)는 국민에게 로마 가톨릭을 강제했다. 가톨릭은 즉 반동이기에 성속의 통치 엘리트는 다같이 이에 반대했다. 결국 1688~1689년에 명예혁명이 일어나 드디어 전제정치가 패배하고 프로테스탄티즘과 의회제 민주주의가 승리를 굳혔다. ―교과서에는 이렇게 쓰여 있었다.

두 가지 진보 사관의 수정

19세기 자유주의자가 만들어낸 이러한 줄거리는 이윽고 학계에서도 통용되어 학교 교육에 침투했다. 이는 의회제 민주주의나 자유주의의 진보 같은 관점을 통해 국민의 역사를 이해하기 쉽게 기술한 내용이기도 하다. 이 내용을 퍼뜨린 주체는 휘그당(Whig Party)이나 자유당(Liberal Party)의 지지자였으므로 '휘그 사관'이라는 별칭으로 불린다. 휘그 사관은 다른 시대에도 적용했으나 17세기 역사에 가장 빨리 나타났다.

자유주의 진보 사관을 비판한 마르크스주의는 정치·문화와 경제·계급을 하나의 사회구성체라고 논하고 역사 발전의 필연성을 주장했다. 절대주의는 반드시 붕괴하고 시민혁명이 일어나며, 그 후 자본주의가 전면적으로 발전하다가 자기모순 때문에 파탄을 맞이하면, 이윽고 사회주의 공동체가 실현된다고 했다. 휘그 사관과 마르크스주의 사관의 목적은 다를 뿐 아니라 필연성을 내세우느냐 아니냐도 매우 다르지만, 그 이외에는 뜻밖에도 무척 닮았다. '정향 진화'라는 핵심도 공통적이고. 다만 자유주의적인지 교조주의적인지 하는 차이가 있을 뿐이다.

두 가지 진보 사관에 따르면 17세기 역사는 스튜어트 왕조 4대에 걸친 국왕들이 연이어 전제정치와 파멸의 길을 걸었고, 퓨리턴과 의회는 자유와 민주와 생산력을 대표하는 것처럼 보인다. 둘 다 잉글랜드 외부의 과정을 보태는 것을 불순한 듯 취급했다. 교실에서는 지금도 이런 줄거리를 가르치고 있지 않을까.

최근 영미 학계는 이러한 잉글랜드 중심의 진보 사관을 백인 남성 중심의 가치관 또는 퓨리턴 사관이라는 이유로 부인하고 의문을 제기해왔다. 그러면 새로운 연구는 17세기 역사를 어떻게 수정했을까. 사실 개별 비판과 분석은 셀 수 없이 많지만 대체로 역사의 복잡함과 정황에 덜미가 잡혀 명쾌한 견해를 내놓지 못하고 있는 듯하다.

다만 브리튼 제도의 질서와 정체성이라는 관점에서 케임브리지대학의 존 모릴(John Morrill)이 내세우는 '세 왕국 전쟁'론이 설득력이 있어 보인다. 존 모릴은 『옥스퍼드 국민전기 사전(Oxford Dictionary of National Biography)』(ODNB, 전 60권, 여러 차례 경신)의 17세기 책임 편집자이기도 하다.

이미 이 책은 1603년 왕조 교체보다 '좋은 여왕 베스'부터 '제임스 제왕'으로 이어지는 연속성, 찰스 1세로는 이어지지 않은 비연속성을 중시하고 두 가지 진보 사관과 다른 관점을 취했다.

유럽사라는 관점으로 보면 네덜란드연방공화국의 글로벌 상업 패권, 30년 전쟁(1618~1648년), 17세기 중반 유럽 전체의 정체, 세기 후반 루이 14세의 지배가 결정적으로 중요하다. 인문주의에서 계몽으로 나아가는 지성의 역사를 고려한다면 더욱더 세계적인(cosmopolitan) 문맥을 도외시할 수 없다.

동군연합 즉 복합 군주제

제4강에서 살펴보았듯 브리튼 제도에는 잉글랜드, 스코틀랜드, 아일랜드라는 세 왕국이 어깨를 나란히 했는데 1603년 세 왕국이 제임스 스튜어트라는 군주에 의해 연결되었다. 로마도, 윌리엄 정복왕도, 에드워드 긴 다리 왕도, 헨리 8세도 이루지 못한 결합을 아주 손쉽게 실현해버린 것이다. 그렇지만 이 결합은 단지 동군연합일 뿐 하나의 국가로 합체한 것은 아니었다. 런던, 에든버러, 더블린, 세 수도에 각각 고문 회의 혹은 총독부와 의회가 있었다.

동군연합이란 만세일계(萬世一系)[1]를 믿고 싶은 사람에게는 특이하게 보일지 모른다. 하지만 중세 카누트 왕이나 앙주 왕조 같은 선례도 있는 만큼 근세 유럽에서는 그다지 특별하지 않다고 할 수 있다. 이를테면 1600년 전

---

1) 만세일계: 일본 천황의 혈통이 한 번도 단절된 적 없이 2000년 이상 이어져 왔다는 뜻이다.

후에 스페인 왕 아래 포르투갈 왕국, 나폴리왕국, 브라반트 공국(Duchy of Brabant) 등 합스부르크가의 가산국가(家産國家)[2]가 연결되어 있었고, 위그노전쟁을 종결한 것은 나바라(Navarre) 왕이자 프랑스 왕 앙리 4세였다. 신성로마 황제는 로마 왕, 보헤미아 왕, 오스트리아 대공, 합스부르크 백작 등을 겸했다.

　이렇듯 유럽 국가 체제가 거쳐온 역사를 통찰하고 나서 쾨니히스베르크(런던대학)와 존 엘리엇(John Huxtable Elliott, 옥스퍼드대학)은 '복합 군주제'라는 개념을 주장했다. 군주제뿐 아니라 공화제 국가도 있었으므로 '복합국가'라고 부를 수 있다. 복합의 부분을 이루는 정치사회는 왕국, 영방, 도시 등 규모와 성격이 다양했기에 하랄드 구스타프손(Harald Gustafsson, 룬드대학교)은 '역암(礫岩)[3] 같은 국가(conglomerate state)'라고 부른다. 역암은 지질학 용어인데, 오늘날 국제 복합기업처럼 비균질적이고 다양하고 가소성[4]을 드러내는 연결이라는 점에 주목한 개념이다.

---

2) 가산국가 : 영토와 국민을 군주의 소유물로 간주하여 국가의 재정과 군주의 재정 사이에 구별이 없는 국가를 말한다.
3) 역암 : 둥근 자갈들의 사이를 모래나 점토가 메우고 굳어버린 콘크리트 같은 암석이다.
4) 가소성 : 외부의 힘으로 변한 물체가 그 힘이 없어져도 원래의 형태로 돌아오지 않는 물질의 성질.

황제 카를 5세나 스페인 왕 펠리페 2세를 본받아 제임스 제왕도 세계의 으뜸가는 '보편 군주'가 되고자 했으나 '복합/역암 군주'가 되어야만 가능한 일이었다.

근세의 복합국가/역암 정치체제의 수장은 각지의 다양한 고유성을 인정하고 비상시에 지혜롭고 적극적으로 지휘할 것을 요구받았다. 종교전쟁과 직결한 시대이기에 정치사회와 종교는 불가분했고, 종파를 뛰어넘는 보편성을 주장하려면 신과의 직접 연결(왕권신수설)을 주장할 수밖에 없다. 앞에서 본 대로 중세와 근세에 공공성을 대표로 구현한 주체는 왕과 귀족이다. 1625년 즉위한 찰스 1세는 과연 성속이 어우러진 세 왕국의 역암 같은 공공성을 떠맡아 슬기롭게 통치하는 도량을 갖추었을까.

2 세 왕국 전쟁과 퓨리턴 공화국

찰스 왕의 과제

찰스는 '제임스 제왕'의 차남이다. 11세 때 형 헨리가 병사하자 스튜어트 복합/역암 국가의 정치와 종교 소용돌이에 휩쓸려 들어갔다. 노력으로 선천적 장애를 이겨 낸 극기의 인간이다. 국왕으로 1625년 3월(재위 1625~1649년)에 즉위했다.

찰스 국왕의 제1 과제는 결혼으로 적통을 잇는 일이었다. 30년 전쟁 중 프랑스의 부르봉왕조와 뜻이 일치해 1625년 5월 루이 13세(재위 1610~1643년)의 누이 앙리에트 마리 드 프랑스(Henriette Marie de France)와 결혼했다. 왕비를 위해 로마 가톨릭 예배당도 건설했기 때문에 퓨리턴에게는 꽤 의심스러운 결혼이었다. 소심한 24세 국왕과 아직 어린 15세 왕비의 신혼 생활은 걱정스러웠으나 찰스의 정치 생활이 힘들어질수록 두 사람의 사적 관계는 매우 친밀해졌다.

찰스 국왕의 제2 과제는 유럽 주권국가들에 대한 경쟁 전략이었다. 찰스의 손윗누이 엘리자베스 스튜어트는 팔츠 선제후 프리드리히 5세에게 시집갔는데(p. 196), 프리드리히 5세 겨울왕이야말로 프로테스탄트인 보헤미아 귀족을 대표하는 우두머리로서 30년 전쟁의 실마리를 제공했다. 프랑스는 가톨릭이지만 황제(합스부르크가)와 적대하기에 우군이고 왕비의 친정이었다. 네덜란드는 프로테스탄트지만 경제적 경쟁자로서 1632년 암보니아 사건을 계기로 관계가 결렬했다.

찰스 국왕의 제3 과제는 종교였다. 국교회 안에 칼뱅주의(Calvinism)의 예정설·장로주의[5]와 알미니안주의(arminianism)의 은총 보편설·자유의지론이 대립했다. 알미니안주의는 예정설을 부정하고 제례를 중시한바, 이를 가리켜 퓨리턴은 가톨릭과 비슷한 '교황 짓거리(Popery)'[6]라고 공격했다.

외교 전략과 국교회는 상호적이다. 제1대 버킹엄 공작 조지 빌리어즈(George Villiers, 1st Duke of Buckingham, 1592~1628년)가 이 어려운 임무를 맡았다. 부왕 이래 충신으로서 키가 크고 잘생긴 현실 정치가인 그를 찰스는 전폭적으로

---

5) 장로주의 : 장로란 『신약성서』에 나오는 감독(bishop)·장로(elder)와 같은 뜻으로 장로주의는 이들이 교회를 다스리고 신도를 가르친다는 원칙을 가리킨다.
6) 교황 짓거리 : Popery는 영국에서 가톨릭교의 어떤 교리나 종교 전례를 반대하는 뜻으로 쓰이는 경멸의 용어다.

믿었다. 버킹엄 공작은 공격당하는 프랑스의 프로테스탄트 항구도시 라로셸(La Rochelle)을 구하는 데 실패하여 탄핵당했고, 원

5-1 찰스 1세의 가족(반 다이크 그림). 왼쪽에 치마를 입은 남자는 후일 찰스 2세가 된다. 왕비 품에는 메리 공주(후일 윌리엄 3세의 모친)가 안겨 있다. 1632년 무렵 왕가의 초상.

한을 품은 장교에게 암살당했다.

경애하던 버킹엄 공작을 잃고 고독하고 고지식한 찰스는 신과 왕비에게 마음을 돌렸다. 반 다이크(Anthony Van Dyck)가 그린 거대한 가족 초상화(그림 5-1)는 친밀한 공간에 드러나는 왕의 고독을 표상한다. 찰스는 미술의 좋은 후원자였지만 질서와 형태를 고집하는 등 도량이 좁았다. 엘리자베스 여왕이나 제임스 왕의 '중도'에는 다양성을 포용하는 품이 넉넉했으나, 찰스는 알미니안주의를 수용할 뿐 다른 것은 인정하지 않았다. 선대와는 다른 노선이었다.

퓨리턴 대 가톨릭교

1628년 전쟁 비용을 징수하기 위해 소집한 의회는 세출을 인정하는 대신 '권리청원'을 제출했다. 논쟁을 벌인 안건은 모두 올바른 신앙인가 가톨릭인가, 자유인가 전제인가 하는 대립의 울타리 안에 있었다. 왕은 신경에 거슬리는 의회를 참지 못하여 1629년에 의회를 중단하고는 2년 동안 소집하지 않았다. 이러한 왕의 친정을 '신기축(innovation)'이라고 비판하는 동시에 '임시세' 등 과세와 성실청(星室廳)[7], 고등 종무관 법정 등 대권 재판소를 향해 존 빔을 비롯한 퓨리턴 의원은 선전지와 책자로 공격하고 이를 교황이나 하는 짓거리라고 선전했다. 이미 이즈음 공공 영역에서는 출판 정보의 상업화에 따라 종이 싸움(paper war)이 벌어졌다.

우리 현대인은 신기축 즉 혁신이란 좋은 일이라고 생각한다. 그러나 전통사회에서는 '오래된 국가 체제'를 지키는 것이 옳고 새롭고 신기한 생각은 의심의 대상이었다. 오래된 국가 체제는 코먼로(common law)라고 바꾸어 말하기도 하고 포테스큐의 통치론이나 '좋은 여왕 베스'

---

7) 성실청 : 14세기 이후 영국 런던의 웨스트민스터 궁전의 성실에서 열리던 특별 재판소인데, 1641년에 장기의회에 의해 폐지되었다.

의 선례를 가리키기도 했다. 퓨리턴과 찰스 왕이라는 관용 없는 극단 가운데서 양식파를 지지해준 것은 바로 막힘없이 통하는 오래된 국가 체제였다.

퓨리터니즘과 국왕의 이른바 '교황 짓거리'는 사사건건 대립했다. 찰스는 일찍이 부왕 제임스가 낸 '스포츠 선언(Declaration of Sports/Book of Sports)'을 다시 지정하고 일요일에는 한바탕 놀아야 한다고 주장했으나 금욕적인 퓨리턴이 보기에 이는 '신의 날'에 대한 모독이었다. 연극(무대 예술)도 부도덕하다고 여겨 결국 1642년 장기의회는 연극을 모조리 금지했다.

그렇지만 더욱 심각한 분쟁의 씨앗이 스코틀랜드와 아일랜드에 있었다.

스코틀랜드 장로파의 불복종

제임스 6세/1세의 궁정에는 언제나 스코틀랜드를 왕복하는 자가 있어 복합 군주제의 정보와 이익 제공(patronage)도 게을리하지 않았다. 찰스 국왕은 스코틀랜드에 세 번 행차했는데 그의 정보망은 막히기도 하고 치우치기도 했다. 1633년 에든버러에서 거행한 대관식에는 스코틀랜드의 정치문화나 장로파의 신앙도 개의치 않았기에 귀족과 퓨리턴의 의심은 더해만 갔다.

왕과 캔터베리 대주교 윌리엄 로드(William Laud, 재직 1633~1645년)는 스코틀랜드 교회에 잉글랜드와 같이 주교 제도를 정하고 1637년에 스코틀랜드 공통 기도서를 공표했다. 기도서에는 우상숭배의 낌새가 엿보이고, 사제가 예배드릴 때 신자에게 등을 돌리고 제단을 바라보라고 정해놓은 것은 교황 놀음을 강요한다고 여겨져 계속 거부당했다. 다음 해 초에는 귀족, 지주, 목사가 '국민 맹약(covenant)'을 맺었다. 장로주의와 스코틀랜드인의 민족의식이 합쳐진 불복종이었다. 그런데 속 좁은 찰스는 이를 자신에 대한 선전포고라고 여기고 군대를 끌어모아 제재하려 했다. 이로써 '주교 전쟁'과 '세 왕국 전쟁'이 막을 올렸다.

아일랜드 프로테스탄트의 불만

아일랜드 통치는 더블린의 총독(왕을 대신하는 관리)이 맡았는데, 1633년부터 토머스 웬트워스(Thomas Wentworth, 1640년부터 스트래퍼드 백작)가 부임했다. 그의 첫 번째 임무는 재정 적자의 해소였다. 그는 신식민자의 이익을 짜내는 이른바 '뿌리 뽑기'라는 정책을 실시한 결과 아일랜드 재정이 흑자로 돌아섰다.

토머스 웬트워스의 두 번째 임무는 다수파 가톨릭에 대한 대책이었다. 그는 프로테스탄트였으나 가톨릭을 박해하여 지하활동으로 숨어들게 하는 것은 바람직하지 않다고 보고 관용의 정책을 취했다. 또 아일랜드 공통 기도서에 의해 장로파를 아일랜드 국교회에서 배제했다. 새로 이주한 프로테스탄트 지주는 자유주의 총독을 증오하고 다수파 가톨릭 주민을 종교적인 공포(terror)로 지배하라고 요구했다.

유능한 토머스 웬트워스가 1639년 분쟁에 휘말린 국왕의 부름을 받고 런던으로 소환되자 권력의 공백이 생긴다. 불안정한 상황을 틈타 프로테스탄트가 민족(ethnic) 테러/포그롬(pogrom)[8]을 저지를 듯하다고 예상할 수 있었다.

1640년 두 개의 의회

---

8) 포그롬 : 유대인 등에 대한 조직적인 약탈과 학살을 의미하는 러시아어.

1640년 4월 국왕은 스트래퍼드(Strafford) 백작 토머스 웬트워스의 조언을 듣고 의회를 소집했다. 그런데 존 핌(John Pym)을 비롯한 퓨리턴 의원이 곧바로 교황 짓거리와 국왕 대권에 대한 '불만 안건'의 심의를 요구하며 왕을 규탄하자 왕은 의회를 해산했다. 이를 '단기의회'라고 한다. 기민하게 움직인 스코틀랜드 군대는 8월 잉글랜드 북동부 뉴캐슬(Newcastle)에 2만 명이 주둔한 채 의회에 배상 지불을 요구하며 물러나지 않았다.

또다시 찰스는 원하지 않는 의회를 소집할 수밖에 없었다. 퓨리턴의 공세와 마음 약한 국왕의 우매함과 허물이 상승효과를 일으켜 위기는 파국으로 굴러떨어지기 시작했다.

1640년 11월 소집한 의회는 스코틀랜드군의 배상 요구를 받아들이고, 의회를 해산하려면 동의가 필요하므로 3년마다 총선거를 치르기로 결의했다. 형식적으로 1660년까지 이어진 이 의회를 '장기의회'라고 부른다. 이른바 '퓨리턴 혁명'의 주요 무대라고 할 수 있다.

장기의회는 성실청이나 고등 종무관 법정 등을 폐지하고, 추밀 고문관을 경질했으며, 스코틀랜드 문제를 포함한 종무의 책임자로서 윌리엄 로드 대주교를 탄핵하고,

아일랜드 문제를 포함한 정무의 책임자로서 스트래퍼드 백작을 탄핵했다. 특히 '간신' 스트래퍼드 백작은 대역죄의 혐의로 다음 해 1641년 5월 런던탑에서 처형당했다. 속죄의 희생양(scapegoat)인 셈이다.

이렇게 상황이 갑자기 변한 까닭은 스코틀랜드 주둔군의 압력, 이들과 내통한 장로파 의원, 종이 싸움, 런던 군중 때문이었다. 군중이 의회와 궁정을 포위하고 요구 사항을 외치자 존 핌 의원은 원외 압력을 바탕으로 급진적인 정책을 실현해나갔다. 약 150년 후 프랑스혁명 당시 언론과 상퀼로트(Sans-culotte)[9]의 봉기를 바탕으로 행동에 나선 혁명파 의원이 떠오른다. 이런 현상을 왕의 전제보다 질이 나쁜 인민의 전제라고 보는 사람도 있지만, 고관의 처형은 중세부터 선례가 있었다. 의원 대다수는 '신기축'을 비판하고 간신을 배제해 오래된 국가 체제로 돌아가고자 했다.

---

9) 상퀼로트 : 프랑스혁명 때 혁명을 추진한 사회 계층으로, 주로 수공업자, 장인, 소상인, 근로자 등 파리의 빈곤층을 말한다. 원뜻은 반바지를 입지 않는 사람들을 말한다.

학살 사건과 군 지휘권

1641년 11월 초, 아일랜드에서 가톨릭 반란이 일어났다는 소식이 런던으로 전해졌다. 원래는 퓨리턴 식민자가 테러/포그롬을 일으킬 것 같은 위협이 느껴졌으나 위기감을 느낀 가톨릭 주민이 폭력 예방을 빌미로 먼저 습격해 수천 명을 죽였다. 이 테러가 '신앙이 올바른 자 수십만 명의 대학살' 사건이라고 알려지자 퓨리턴은 곧장 반응했다. 혼란스럽게 상황이 돌아가는 틈을 타 웨스트민스터 의회는 진압군의 지휘권을 획득했다.

국왕을 대신해 의회가 군의 통수권을 장악하는 것은 오래된 국가 체제에 어긋나는 결정이다. 국가 체제를 지키려는 양식파가 '의회의 전제'를 멀리하고 국왕을 지지하는 편으로 돌아설 만한 기회였다.

그렇지만 찰스 왕은 얄팍한 수에 손을 뻗었다. 1월 4일 존 핌을 비롯한 급진파 의원 다섯 명을 체포하려고 스스로 의회를 급습했다. 왕의 쿠데타 정보를 들은 다섯 의원은 바로 직전에 퇴장했기 때문에 국왕과 수하 병사들은 체면도 잃고 신임도 잃었다. 국왕이 서민원에 들어온 일은 전무후무했고, 더구나 찰스는 병사와 함께 무장하고 있었다. 의원에게는 엄연히 불체포특권이 있는데도 국왕 자신이 오래된 국가 체제를 짓밟아버린 셈이었다.

1642년 세 왕국이 전쟁으로

다섯 의원을 몰래 숨겨준 것은 런던시였다. 중간파가 떠나는 바람에 급진파 뜻대로 움직이는 의회와 수도 런던을 떠나 국왕은 지방에서 군사를 모았다. 찰스가 1642년 8월에 노팅엄(Nottingham)에서 거병함으로써 잉글랜드는 내전으로 돌입한다. 왕당파 사령부는 옥스퍼드에 있었다.

왕당파와 의회파 사이에서 사람들은 어느 편을 선택했을까. 예전에는 '시민혁명'이라고 일컬었으나 실은 귀족과 평민, 지주와 상공업자와 직인이 양쪽에 다 속해 있었다. 계급이 아니라 종교에 의해 입장이 나뉘었고, 각각 국가 체제에 대한 관점과 인간관계(sociabilité)가 달랐다.

스코틀랜드 장로파는 잉글랜드의 정치에 적극적으로 개입했고, 1643년 두 왕국의 연방을 요구하여 잉글랜드 의회와 '엄숙한 동맹과 맹약(league & covenant)'을 맺었다. '웨스트민스터 의회'(1643~1649년)는 브리튼 제도에 '장로파 교회'가 퍼지기를 바랐다. 아일랜드에서는 토머스 웬트워스 이전의 프로테스탄트 식민자의 권력이 부활해 가톨릭 동맹과 대립했다. 이제 세 왕국 전쟁으로 전투가 벌어졌다. 스코틀랜드 장로파, 잉글랜드 의회군, 복합 군주 찰스 사이의 역관계에 따라 전투의 향방은 정해질 것이었다.

1642~1646년에 벌어진 전투를 하나하나 살펴보지는 않겠지만 후반으로 접어들면서 중요한 전투에 계속 승리를 거둔 쪽은 잉글랜드 의회군이었다. 스코틀랜드 귀족의 아들 토머스 페어팩스(Thomas Fairfax, 1612~1671년) 대장과 케임브리지 선출 의원 올리버 크롬웰(Oliver Cromwell, 1599~1658년) 중장이 지휘하는 '신형군(New Model Army)'이 사기, 규율, 병참 면에서 우월했던 것이다. 경제와 금융의 중심 런던시를 장악한 것도 승리에 결정적이었다.

크롬웰이라는 인물은 16세기 유능한 관리 토머스 크롬웰의 먼 친척으로 지방의 퓨리턴 지주였으나 장로파의 독재에 반대하고 군과 의회의 분열을 피하려고 노력했다. 또 그는 에드워드 긴 다리 왕의 유대인 추방령(p. 80)을 철폐하고 유대인을 맞아들였다.

국왕은 왕비의 오빠 루이 13세에게 자금을 원조받았으나 전쟁이 길어질수록 국왕군은 재원이 바닥나고 사기

5-2 크롬웰. 겉치레하지 않은 퓨리턴 공화국의 호국경.

를 잃었다. 사령관 루퍼트 공(Prince Rupert)의 투항에 이어 찰스도 투항했다. 그는 의회군에게 넘겨져 연금당했다. 의회와 군은 교황 짓거리를 배제하고 순수한 국가, 교회를 다시 세우고자 했으나 이 시점에는 군주제 폐지를 생각하지 않았다. 패배한 군의 사령관을 처형하는 움직임도 없었다. 국왕도 교섭의 상대였을 뿐 독서, 면회, 외출이 자유로웠다.

유산자 혁명과 수평파

제1차 내전은 끝났으나 평시에도 제대하지 않는 의회군, 즉 신형군은 영국사 최초의 상비군이 되었다. 병사 중 평등주의를 주장하는 수평파(Levellers)가 세력을 얻어 남자 보통 선거권이나 입회권의 회복을 요구했다. 1647년 가을에는 그들의 '인민협정'을 둘러싸고 런던 근교에 있는 퍼트니(Putney) 교회에서 크롬웰과 그의 사위 헨리 아이어턴(Henry Ireton) 등 군 간부와 수평파의 대표가 연일 토론회를 열었다.

퍼트니 토론 중 전반부 사흘의 기록이 남아 있다. 수평파의 대표 토머스 레인버러(Thomas Rainborough) 연대장이 잉글랜드에서 태어난 자(남자)의 생존권, 정치적 발언권에 대해 의견을 표명했다. 반면 헨리 아이어턴은 정치 참여는 자연권이 아니라 '생업이 있는 자(남자)'만의 권리라고 되풀이해 말했고, "국가 체제는 재산의 기초를 이룬다"고도 말했다. 수평파의 에드워드 섹스비(Edward Sexby)가 "생업 있는 자가 아니면 이 나라에 권리를 가질 수 없다면 우리는 용병에 지나지 않았다는 말인가?" 하고 말했다. 이어 레인버러가 노기를 띠며, 그러나 냉정하게 발언했다. "이제까지 병사는 무엇을 위해 싸워왔단 말입니까! 부유한 자, 지주에게 권력을 주고 자신을 노예로 삼기 위해서였습니까!"

결국 나라의 형태에 대해 논의한 퍼트니 논쟁은 관계의 결별로 막을 내렸다. 1649년 봄에도 수평파는 반란을 일으켰다가 진압당했다. 퓨리턴 혁명이란 반-자연권 사상에 근거한 유산자 혁명이다. 물론 이 시대 간부와 수평파에게는 남녀평등이라는 발상이 없었다.

국왕 재판과 처형

교섭을 어떻게 하느냐에 따라서 현 찰스 국왕은 폐위 또는 퇴위를 당하고 찰스 2세는 제한군주제을 실시한다는 식으로 결판이 났을지도 모른다. 그러나 왕은 타협하지 않았다. 의회, 군, 장로파, 스코틀랜드가 각각 관점이 달랐고, 왕당파는 스코틀랜드와 손을 잡고 1648년 3월 또다시 전쟁을 일으켰다. 제2차 내전은 수개월 만에 끝났으나 왕당파에 대한 처분은 현저하게 엄했다.

1648년 12월 군은 쿠데타를 일으켜 우유부단한 중간파와 독선적인 장로파를 의회에서 숙청하고(purge), 잔당 (Rump) 의원만으로 국왕 재판을 위한 특별 법정을 구성했다. 특별 법정의 재판 인원은 135명이다. 이 중 67명이 1월 27일 판결에 출석했다. 국왕 찰스 스튜어트는 구약성서에 의해 '신의 백성을 살육하여 신의 복수를 받아야 하는 자'가 되었다. '폭군, 배신자, 모살자, 공공의 적' 찰스의 사형 집행 명령서에 서명하고 날인한 사람은 59명이다(나중에 국왕을 시해한 자regicide라고 불린다).

1649년 1월 30일 극한의 추위 속 화이트홀에 설치한 처형 단상에서 도끼가 찰스의 목을 내려쳤다. 영국사에서 국왕의 살해는 처음이 아니라고는 해도 이때까지는 전투나 불의의 습격 때문이었다. 법정 판결을 받고 공개 처형당한 왕은 전에도 후에도 없었다.

공화국과 아일랜드, 스코틀랜드

잔당 의회는 1649년 3월에 잉글랜드와 아일랜드의 왕정과 귀족정을 폐하고 5월에 잉글랜드를 '국민(nation)이라는 최고 권위에 의해 통치하는 공화국(commonwealth)이자 자유로운 국가'라고 선언했다.

크롬웰과 군은 잉글랜드의 수평파를 체포하고 왕령의 토지와 왕당파의 토지를 매각했다. 또 그해 8월부터는 아일랜드로 출정했고 다음 해인 1650년 8월에는 스코틀랜드로 출정했다. 퓨리턴 유산자의 공화제 혁명과 세 왕국의 국민 정체성을 둘러싼 전쟁이 한 덩어리가 되었다.

1649년 아일랜드 왕국과 국교회는 소명하고 아일랜드로 출정 나간 크롬엘 군은 가차 없이 살육과 몰수를 자행했다. 개중에도 드로이다(Drogheda) 살육이 유명하다. 군이 지배하는 가운데 유례없는 규모로 토지소유자가 바뀌었다. 아일랜드 사회·경제·정치혁명에 격변이 일어난 1650년대였다.

잉글랜드와 결별한 스코틀랜드 장로파는 다시 찰스 2세와 '엄숙한 동맹과 맹약'을 맺고 그가 스코틀랜드 국왕으로 즉위했음을 선언했다. 1651년 1월 장로파가 대관식을 거행했다. 민족의식이 강하게 드러난 장면이다. 잉글랜드 공화국은 이를 인정하지 않고 진군하여 왕당파와 장로파 귀족이 구성한 스코틀랜드군과 싸웠다. 스코틀랜드군은 잉글랜드를 쳐들어갔다가 9월 우스터(Worcester) 전투에서 패했다. 찰스 2세는 떡갈나무 거목 아래 몸을 숨겨 간신히 추격대를 따돌렸고 스코틀랜드는 잉글랜드 공화국에 흡수당했다.

같은 해 프로테스탄트 공화국인 네덜란드와 동맹을 맺을 수 있는지 교섭이 벌어졌는데 '항해법'으로 두 나라 해상의 이해관계가 충돌하는 바람에 1652년부터 영국-네덜란드 전쟁으로 돌입하고 말았다.

민중의 폭력과 종파

내전 중 퓨리턴 전사의 파괴 활동은 그야말로 과격하기도 했다. 사회문화사가 존 월터(John Walter)는 가톨릭교도라고 의심받은 지주에게 행사한 민중의 힘에서 퓨리턴

다운 '민중의 윤리'와 치안 유지권(police)을 끌어낸다. 또 오늘날 일리 대성당(Ely Cathedral)을 찾는 사람은 성인상과 아름다운 장식에 남아 있는 '우상파괴'의 흔적을 보고 섬뜩한 느낌에 주춤할 것이다. 장로파 스코틀랜드에서는 내전부터 왕정복고까지 마녀사냥이 빈번했다. 퓨리턴의 뉴잉글랜드(세일럼Salem 등)에서도 마녀사냥이 매우 성했다.

1649~1660년 '공위 기간'에 잉글랜드 국교회는 해체되었고 주교제나 공통 기도서도 없어졌으나 성서주의는 그대로 각 교구의 자치에 맡겨졌다. 장로파, 독립파(회중파/조합파), 침례교(baptist), 퀘이커교(Quakers), 그리고 천년왕국을 꿈꾸는 온갖 급진 종파(宗派) 커뮤니티가 세력을 얻었다. 위아래가 '휙 뒤집힌' 세상이 되었다는 감각이 퍼져 나갔다.

호국경 체제

1653년 12월 성문헌법인 '통치 장전'이 제정되고 크롬웰이 호국경으로 취임하자 가산 왕국이었던 세 나라는 소멸하고 단일한 '잉글랜드 · 스코틀랜드 · 아일랜드 공

5-3 획 뒤집힌 세상(1649년 판화). 사람이 물구나무를 서서 걷고 물고기가 하늘을 날며 쥐가 고양이를 몰아대고 토끼가 개를 뒤쫓는다.

화국'이 되었다. 의회의 정원은 잉글랜드·웨일스·채널제도를 합해 400명, 스코틀랜드 30명, 아일랜드 30명, 도합 460명으로 정했다. 브리튼 제도의 긴 역사를 통틀어 1653~1660년에만 '군주 없이 의회 하나, 법 하나'의 공화국을 실현했다. 이것은 공화제, 중앙집권, 성문헌법이라는 세 가지 점에서 영국사의 특별한 순간이었다.

국가원수인 호국경의 지휘 아래 전국을 11구로 나눈 입헌 군사정권은 1658년 크롬웰이 죽자 작동을 멈추고 말았다. 혼란한 정국 속에서 1660년 2월 정치와 무관한 군정관 조지 멍크(George Monck) 장군이 런던시 당국자와 회담을 나누고 숙청하기 이전의 '장기의회'를 재소집하자고 결정했다. 장기의회는 스스로 해산하고 자유로운 총선거, 즉 20년 동안 혁명의 종식을 결의했다(p.173). 이에 호응하듯 네덜란드에 망명 중인 찰스 2세는 '브레다

(Breda) 선언'을 발표하고 의회의 결정을 받아들여 형사 면책(amnesty), 재산권 보장, 신앙의 자유를 약속했다.

홉스가 말하는 질서 문제

정치철학 분야의 코페르니쿠스 또는 갈릴레오라고 비유하는 토머스 홉스(Thomas Hobbes)의『리바이어던(Leviathan)』(1651년)은 내전 시대의 산물이다. 이탈리아의 과학 혁명과 프랑스의 합리주의 철학을 보고 배운 홉스는 '만인에 대한 만인의 투쟁'과 절대적 국가권력을 대치시키는 데 머물지 않는다.

우치다 요시히코(內田義彦)나 미즈타 히로시(水田洋)도 이구동성으로 지적하듯, 홉스는 개인의 정념을 실마리 삼아 인간은 어떻게 시민/교회의 질서, 코먼웰스를 형성하는지 논하고, 존 로크(John Locke)의『통치론』(1689년)을 준비했다. 홉스는 자연 상태(부질서)나 코먼웰스(국가)냐 하는 양자택일에 머물렀고, 아직 존 로크와 같은 분권 정부는 생각하지 못했다. 그렇지만 개념으로 구축한 학문으로서 정치철학은 마키아벨리를 거쳐 홉스에서 시작한다. 18세기 윤리 철학의 선구라고 할 수 있다. '홉스가 말

하는 질서 문제'가 우치다 요시히코의 『사회 인식의 행보 (社会認識の歩み)』를 필두로 이 책까지 이어지는 모든 정치사 회론의 라이트모티프(Leitmotiv)[10]임은 이미 여러분이 주지하는 바일 것이다.

퓨리턴 혁명과 프랑스혁명

여기에서 영국과 프랑스의 혁명을 비교해보자. 첫째, 국왕 재판과 처형은 1793년 1월 프랑스에서도 영국과 비슷한 일이 벌어지긴 하나 차이가 있다. 1649년 영국에서는 국왕 재판과 처형 후 3월에 왕정과 귀족원을 폐지하고 5월에 공화제를 선포했다. 프랑스에서는 1792년 여름에 왕권 정지와 공화제를 선언하고 다음 해 국왕의 재판과 처형이 이어졌다. 두 나라 다 활발하게 토론을 벌이고 제대로 기록을 남겼다는 점은 같지만 17세기 영국에서는 인적 책임 추궁이 선행하고 국가 체제 원리의 전환이 뒤를 따랐다.

둘째, 영국에는 외국의 간섭 전쟁이 없었다는 점이 다

---

10) 라이트모티프 : 악극이나 표제음악 등에서 곡 중의 주요 인물이나 사물, 특정한 감정 등을 상징하는 동기, 즉 주제적 동기를 취하는 악구(樂句)를 이르는 말.

르다. 공화제 프랑스에 대해 열강이 간섭 전쟁을 벌였고 조국을 방어할 필요가 있었기에 혁명정권과 상퀼로트는 급진 세력으로 변했다. 크롬웰도 공화제 영국에 대한 열강의 간섭 전쟁을 우려했지만, 30년 전쟁 직후 유럽 열강에는 그럴 만한 여력이 없었다. 무엇보다 왕비의 모국 프랑스는 프롱드(Fronde)의 난(1648~1653년)에 휘말려 부르봉 왕조 자체가 위태로웠다. 1653년 프랑스와 스페인은 호국경 정권을 승인하기에 이른다. 영국의 혁명가는 브리튼 제도만 생각하면 되었다. 1652년부터 네덜란드와 전쟁을 시작했으나 이는 해외에서 벌어진 상업 전쟁이었다.

셋째, 무엇보다 중요한 양국 혁명의 차이는 시대가 달랐다는 점이다. 17세기 아직껏 종교전쟁 중이었던 시대의 퓨리턴 혁명과 18세기 계몽을 바탕으로 '제2의 세계화' 가운데 일어난 프랑스혁명은 역사적 조건이 전혀 달랐다. 17세기 영국에 보편석이고 달기독교적 인권선언, 사단(社團)의 부정, 산악파 같은 혁명 지도자 집단이 나타나지 않았다는 이유로 영국의 혁명이 불완전하다고 규정한다면, 그것은 시대착오일 따름이다.

그런데 1640~1660년 정치 과정의 복합성/역암성을 이유로 '혁명'이라고 부르지 않는 연구자도 있는데, 이는 지엽 말단에 얽매인 오류(fallacy)다. 프랑스혁명이 18세기 방식으로 복합적이었듯 영국의 혁명은 17세기 방식으로 복합적이었다. 세 왕국 전쟁 중에 가산국가는 해체되고 퓨리턴 유산자의 공화주의 혁명이 실현되었다가 1660년에 자멸한 것이다.

3 왕정·국교회·의회의 재건

오래된 국가 체제의 부활

1660년 5월 29일 찰스 2세는 서른 살 생일에 런던 다리를 건너 런던시와 웨스트민스터로 당당하게 걸음을 옮겼다. 이날은 법률에 따라 19세기까지 국민의 경축일이었다. 1661년 잉글랜드 왕·아일랜드 왕의 대관식이 열렸다(법제적 허구에 의해 재위 1649~1685년이 된다). Restoration을 왕정복고라고 하는데 왕정뿐만 아니라 귀족원, 국교회, 세 왕국도 복고/부활했다. 다시 말해 '오래된 국가 체제'와 가산국가가 살아난 것이다.

내전 이후 국왕이 재가하지 않은 포고는 효력을 잃고 1642년 1월 이전에 성립한 법률은 효력을 유지했기 때문에 성실청, 고등 종무관 법정 같은 사법기관, 의회가 승인하지 않은 특별 보조금 등은 복원되지 않았다. 합법주의는 지켜지고 전제정치는 부활하지 않았다.

국교회는 1662년 신앙 통일법으로 엘리자베스/제임스 시대의 중도로 회귀했다. 부왕 찰스 1세는 국교회의 '성찰스 순교자(martyr)'로서 성인의 반열에 올랐다.

즐거운 군주

왕정복고 시기의 정치사회를 규정한 요인은 네 가지쯤 있다. 첫째, 루이 14세의 친정(1661~1715년) 전반기에 해당하는 국제적 조건이다. 루이 태양왕은 네덜란드, 프랑스, 영국이 산업 패권을 다투던 시대에 콜베르(Jean Baptiste Colbert) 재무총감과 함께 영국과 긴밀한 관계를 맺었다. 찰스 2세는 사촌 형제인 프랑스 왕에게 지원금뿐만 아니라 애인 포츠머스(Portsmouth) 여공작도 기쁜 마음으로 받았다. 1670년에는 비밀조약도 맺었다. 이후 1688년까지 영국의 국왕은 돈, 여자, 군을 일체 태양왕에게 원조받았다.

둘째, 찰스 2세의 개성이다. 부왕과는 정반대지만 조부 앙리 4세를 닮아 사교적이고 개방적인 '즐거운 군주(merry monarch)'는 1649년 국왕을 시해하려는 자가 아니면 누구와도 어울리는 성격이었다. 국왕을 죽인 크롬웰, 아이어턴 등은 무덤을 파헤쳐 시체를 참형하고 효수하는 한편, 생존자 아홉 명은 붙잡아 처형하고 국외 망명자의 추적을 멈추지 않았다. 하지만 국왕 시해에 관여하지 않은 크롬웰의 아들이나 페어팩스 대장은 천수를 누렸고 군정관 조지 멍크는 장군으로 다시 임용했다.

대법관으로 임명된 충신 에드워드 하이드 클래런던 백작(Edward Hyde, 1st Earl of Clarendon)은 오래된 국가 체제와 합법주의를 신조로 삼았다. 클래런던 백작은『영국의 반란과 내전의 역사(History of the Rebellion and Civil Wars in England)』를 쓴 저자이기도 하다. 그의 딸 앤은 왕의 동생 요크 공작과 결혼했으나 1671년 자식 둘을 남기고 죽었다(이 두 자식은 나중에 연이어 여왕이 된다).

셋째, 의회의 위상이다. 의회는 왕실 재원을 승인하고 권력 분산을 요구했다. '기사 의회'라는 별명을 붙이기도 하나 오히려 의원 다수를 차지하는 국교도 젠트리가 튜더왕조 이래 내려온 명망가의 지배를 다시 확정했다고 보아야 할 것이다. 프랑스와 달리 상비군이 아니라 민병이 치안유지를 맡았다. 중앙 관료를 파견하지 않은 지방 자치단체가 충성한 요인은 합법주의와 국교회 심사(test)였다.

넷째, 정치보다는 장기 경제에 걸린 권익이다. 1662년 찰스 2세가 결혼한 포르투갈=브라간사(Bragança) 왕조의 공주 카타리나(Catarina, 캐서린)는 고액의 지참금뿐 아니라 아프리카의 탕헤르(Tangier) 항구, 인도의 봄베이(Bombay) 항구, 나아가 브라질과 인도와 교역할 수 있는 자유

5-4 찰스 2세의 초상. 배가 나온 즐거운 군주는 사촌 형제 루이 14세와 교분을 더욱 쌓았다.

무역권을 가져왔다. 포르투갈의 권익(그리고 브라질과 인도)이 이후 영국에 가져다준 이득은 헤아릴 수 없다.

'즐거운 군주'가 보여준 종교적 관용과 친프랑스 노선에 사람들은 기대를 품기도 하고 환멸을 느끼기도 했다. 왕정복고 시대는 '획 뒤집힌 세계' 다음에 다가온 다양성의 시대였다. 퓨리턴의 금욕주의에 대한 반동으로 연극과 문학도 꽃을 피웠다. 새뮤얼 버틀러(Samuel Butler)가 지은 유명한 저작으로 장로파 기사 휴디브라스(Hudibras)를 비웃은 『돈키호테』 비슷한 서사시가 널리 읽혔다(졸저 『민중의 윤리(民のモラル)』, p.40). 존 밀턴(John Milton), 존 버니언(John Bunyan), 리처드 백스터(Richard Baxter) 같은 퓨리턴 작가와 전도사의 저서 대다수도 왕정복고 시대에 출간했다. 신앙 통일법에 따라 퓨리턴은 국교회의 성직에서 배제당했는데 '장로파 사제' 헨리 뉴컴(Henry Newcome)처럼 이웃 젠트리가 사교 직을 허용한 예가 있다. 그의 일기에는 자신

의 '올바른 신앙'과 즐거운 민중문화, 때로는 폭력적 박해가 마찰을 빚는다는 기사가 들어 있다.

'없는 것이 없는' 시대의 수도를 1665년에는 페스트, 1666년에는 대화재가 덮쳤다. 경건한 사람들은 이 재난을 신의 분노나 가톨릭의 소행이라고 받아들였다. 아무튼 성 폴 대성당과 87개 교구의 교회가 불타버렸던 것이다(p. 231).

토리와 휘그

찰스 2세는 혼외자를 17명이나 낳았는데도 카타리나 왕비 사이에 적자를 낳지 못해 동생 요크 공 제임스가 왕위를 계승할 것이 확실했다. 루이 태양왕의 중재로 요크 공은 두 번째 왕비로 모데나의 마리아(Mary of Modena) 공주를 맞이한다. 마리아뿐 아니라 요크 공도 가톨릭이라는 사실이 명백해짐에 따라 의회에 두 집단이 나타난다. 그들은 서로 상대를 매도하면서 요크 공의 왕위 계승을 인정하는 의원은 토리(아일랜드의 도둑, 게릴라), 요크 공의 왕위 계승권을 인정하지 않는 의원은 휘그(스코틀랜드의 장로파, 반역자)라고 불렀다. 시간이 흘러 매도하는 뜻은 사라지고 칭호로 쓰인다.

일찍이 토리는 왕권당, 휘그는 민권당으로 번역하기도 했으나 실은 둘 다 왕권을 존중하고 내전을 꺼리는 국교도였다. 느슨한 파벌 집단으로 시대에 따라 성격도 바뀌어간다. 핵심 이데올로기를 보자면, 토리는 왕권에 무조건 복종하고, 국교회의 권위와 젠트리의 가부장 지배를 으뜸으로 여기는 질서파라고 할 수 있다. 휘그는 공공선, 자유 같은 이념에 기울어 상대적으로 엘리트 성향의 국가 이성파라고 할 수 있다. 샤프츠버리(Shaftesbury)와 존 로크가 잘 알려져 있다.

교황 짓거리와 전제정치의 부활?

1685년 요크 공이 제임스 2세/7세(재위 1685~1688년)로 즉위하자 찰스 2세의 서자 몬머스(Monmouth) 공이 프로테스탄트의 맹주로 나서 봉기를 일으킨다. 하지만 그를 따르는 자가 겨우 한 줌이었기에 참패를 면치 못하고 처참하게 처형당했다.

원래 해군 장관이었던 제임스 2세는 친프랑스, 반네덜란드 성향으로 의회의 제약을 혐오했다. 즉위하자마자

판사, 대신, 주 장관을 다 경질하고, 자치도시의 칙허장(勅許狀)[11]을 취소하며, 의원 선거권도 제멋대로 주무르려고 했다. 또 로마 가톨릭을 국민에게 강요하고 국교회의 주교 일곱을 기소했다. 그렇지만 54세인 제임스 2세의 장래는 그리 길지 않고 조만간 왕비 앤의 장녀이자 국교도인 메리(나중에 2세)가 왕위를 계승할 테니까 조금만 더 참아보자고들 생각했다.

그런데 1688년 6월 마리아 왕비가 왕자를 낳아 가톨릭 세례를 받자 생각이 바뀌었다. 또다시 '피의 메리'(p. 130) 시대, '교황 짓거리와 전제정치'가 부활하는 것이 아닐까.

명예혁명 전쟁=루이 14세에 대항하는 전쟁

사태를 타개하기 위해 토리와 휘그 양파와 국교회의 현인들은 쿠데타를 꾀하고자 했다. 국교도 메리 여왕과 결혼한 네덜란드의 총독 오라녀 공 빌럼(오렌지 공 윌리엄, Willem III van Oranje / William III) 3세를 왕으로 세우려는 목적이었다. 부부가 모두 스튜어트 가문의 적자(찰스 1세의 손자)인데다 손색없는 프로테스탄트였다.

---

11) 칙허장 : 서양에서 군주가 권위나 권리를 수여하던 공식 문서를 말한다.

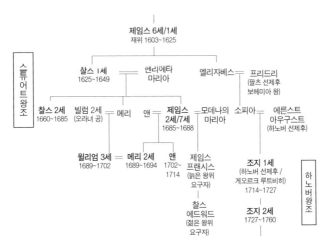

5-5 왕위 계승도. 명예혁명은 스튜어트왕조 안의 쿠데타(왕위 계승 순위의 이동)다. 1701년 왕위 계승법에 따라 하노버왕조가 왕위를 계승하기로 결정했다.

상업의 나라 네덜란드는 유럽에서 해운, 금융, 정보의 중심지였다. 공화제 시기에는 왕당파, 왕정복고 시기에는 공화파의 망명지였다. 이미 공화제 시기부터 1674년까지 영국과 네덜란드는 상업 전쟁이 벌어지고 있었다. 그런데 루이 14세 태양왕의 패권주의가 강해지자 육지로 이어져 있는 네덜란드는 이것에 대비해야 했다. 17세기 말 인구를 보면 네덜란드가 200만, 브리튼 제도가 900만인 데 비해 프랑스는 2000만 명이었다. 산업, 군사, 국제정치, 문화 등 모든 분야에서 유럽 제일의 대국이기에 어느 나라도 단독으로 프랑스에 대항하기는 불가능했다. 네덜란드는 우군이 필요했다. 영국도 만약 친프랑스 성향의 제임스 2세의 퇴위가 닥쳐오면 전략을 전환하겠다는 각오가 필요했다. 어제의 적은 오늘의 아군이 될 수 있다.

　오라녀 공 빌럼 3세는 토리와 휘그의 부름에 응답해 네덜란드군을 이끌고 1688년 11월 5일 '가이 포크스(Guy Fawkes)의 날'[12]이자 자신의 38세 생일 다음 날에 잉글랜드 서남 해안에 상륙했다. 잉글랜드인이 보기에는 오래된 국가 체제를 회복하기 위한 쿠데타지만, 빌럼 3세에게는 마침 딱 들어맞게도 프랑스에 대항하는 프로테스탄트 중심 세력을 구축할 기회였다.

　루이 14세는 1685년에 개혁파(위그노)를 허용하던 낭트 칙령(p.145)을 폐지함으로써 전 유럽에 위그노 난민(디아스포라) 문제를 파급시켰다. 때마침 1688년에 개시한 '9년 전쟁'(또는 대동맹 전쟁, 팔츠 계승 전쟁)은 명예혁명 전쟁=윌리엄 왕 전쟁, 즉 '영국 계승 전쟁'이자 루이 14세에 대항하

---

12) 가이 포크스의 날 : 1605년 11월 5일 의사당을 폭파하고 제임스 1세와 일가족을 시해하려 한 가톨릭교도들의 화약 음모 사건이 미수로 끝난 것을 기념하는 날이다.

는 '위그노 디아스포라 전쟁'이라는 의미를 띠었다.

의회 군주제와 프로테스탄트 인재

빌럼의 군대가 런던을 향해 진군하는 동안 실의에 빠진 제임스 2세의 일가는 망명했다. 1689년 2월 임시 의회에서 '권리선언'을 수락한 윌리엄 3세(재위 1689~1702년)와 메리 2세(재위 1689~1694년)가 잉글랜드의 합동 군주로서 함께 즉위했다(속표지 그림/p.157). 이 입헌 혁명을 통해 프로테스탄트 왕위 계승, 매년 열리는 의회, 의회주의/입헌군주제의 규칙이 정해졌다.

12월 의회에서는 '권리장전'이 성립했다. 법의 원칙을 알기 쉽게 나타낸 격언으로 나타내면 King(Crown) in Parliament라고 하겠는데, '의회의 협조가 있어야 왕권도 있다,' 또는 '왕의 재가가 있어야 의회주의도 있다'는 원칙을 확정했다고 볼 수 있다. 다시 말해 '왕, 귀족원, 서민원' 세 요소로 이루어진 혼합 정치체제가 성립한 것이고, 중세 말 포테스큐가 주장한 '정치공동체와 왕에 의한 통치'가 법으로 제정된 것이다(p.109). 이 국가 체제의 원칙은 수정을 거치고 무게중심을 옮기면서 오늘날까지 내려

오고 있다.

1688~1689년의 역사를 휘그 사관은 Glorious Revolution이라고 일컫는다. 교황 짓거리와 전제정치의 위협을 무혈 쿠데타로 물리치고 의회 군주제를 실현한 '빛나는/훌륭한 혁명'이라는 가치 평가를 담은 표현으로 명예혁명이라고 번역한다. 이는 모두 네덜란드 주둔군이 수도를 제압한 가운데 실현되었지만 말이다.

이 혁명에 사회계약과 저항권이라는 사상을 부여한 사람도 있으나 존 로크 등 소수에 불과하다. 권리선언도 그렇고 권리장전에도 그러한 사상을 명시한 표현은 없다. 명예혁명을 이끌고 나간 주체는 장로파나 퓨리턴이나 공화주의자나 사회계약론자가 아니라 '오래된 정치체제'를 신뢰한 토리와 휘그였다. '피의 메리'와 세 왕국 전쟁과 공화제의 기억이 오래된 국가 체제를 선택하도록 이끈 것이다.

명예혁명의 또 다른 기둥은 '관용법'이다. 이로써 비국교도 프로테스탄트의 각 종파는 예배와 교육의 자유를 누렸다. 윌리엄 3세 및 혁명정권은 위그노와 네덜란드인을 포함한 프로테스탄트 비국교도를 적극적으로 등용하고 활약하도록 했다. 특히 위그노는 공병(工兵)[13], 견직물, 시계 등 첨단 공예를 맡았다. 17세기 말 범세계적(코스모 폴리탄) 지식과 인재를 의도적으로 활용하면서 명예혁명의 제도와 가치가 작동하기 시작했다.

세 왕국의 유혈 혁명

명예혁명은 루이 14세의 패권주의를 둘러싼 유럽 국제 정치, 바꾸어 말하자면 9년 전쟁의 중요한 일환이었다. 그렇기 때문에 일단 프랑스로 망명한 제임스 2세/7세는 루이 태양왕이 펼치는 전략의 일익을 떠맡기 위해 아일랜드에 상륙해 더블린에서 의회를 소집하는 동시에 윌리엄의 군대를 격파한다.

애초에 세 왕국은 1660년에 부활했다. 1689년 켈트 계열의 두 왕국에는 입헌적 합의로 움직이는 잉글랜드와 달리 긴박한 상황이 이어졌다.

왕정복고 시대에 아일랜드의 통치는 유력한 프로테스탄트 귀족에게 맡겼는데, 문제는 가톨릭과 토지였다.

---

13) 공병 : 축성(築城), 가교(架橋), 건설, 측량, 폭파 같은 임무를 맡은 군인을 가리킨다.

1690년 제임스 2세의 '재커바이트(Jacobite)'[14] 군대와 윌리엄 3세 군대의 전투는 윌리엄 군이 승리했다. 보인(Boyne) 강의 전투는 오늘날까지 인구에 회자된다. 1691년 리머릭(Limerick) 휴전 조약이야말로 아일랜드에서 명예혁명의 제도와 가치에 획을 그었다.

아일랜드인이 보기에 크롬웰과 윌리엄(오렌지 공)은 연속성이 있고 프로테스탄트가 우세한 정권은 오렌지 깃발로 표상된다. 아일랜드 인구의 80퍼센트는 가톨릭, 10퍼센트는 국교도, 10퍼센트는 장로파 등 비국교도 프로테스탄트였는데, 가톨릭의 토지 소유율은 1640년에 59퍼센트였다가 1660년 22퍼센트, 1690년대에는 10퍼센트까지 줄어들었다(p. 181).

스코틀랜드도 왕정복고 시대에 유력 귀족에게 통치를 맡겼으나, 장로파의 신조, 민족 의식, 각 씨족의 정체성이 얽히고설켜 성 앤드루스(St Andrews) 대주교가 살해당할 만큼 대립 양상이 험악했다. 1689년 에든버러의 임시 의회는 제임스 7세의 왕위를 몰수한 다음 윌리엄과 메리에게 '권리 요구(claim)' 승인하는 조건으로 왕위를 제공했

---

14) 재커바이트 : 명예혁명 이후 영국과 아일랜드에서 스튜어트왕조의 복위를 주장하던 정치 세력이다. 제임스(James)의 라틴어 이름인 야코부스(Jacobus)에서 유래한 말이다.

다. 잉글랜드 정치와 달리 스코틀랜드 장로파의 주체적 선택으로 두 사람을 국왕으로 맞이했다는 점에서 선거 군주제, 또는 거의 사회계약이라고 할 수 있다.

그런데 종전의 씨족 대립은 해소되기는커녕 1692년 산악 지방(highland)인 글렌코(Glencoe) 계곡에서 맥도널드(Macdonald) 씨족을 살육하는 사건이 일어났다. 산지 지방이나 도서 지방에서는 제임스 7세와 그의 직계비속이 복위하기를 기대하는 '재커바이트' 심성이 오랫동안 변함없이 지켜진다.

결국 17세기 브리튼 제도의 북쪽과 서쪽에 있는 두 왕국에서는 거의 민족 청소 같은 씨족 살육을 동반한 전투가 벌어지고 나서야 혁명적인 해결(revolution settlement)이 이루어졌다. 1689년 전후 유럽에서는 잉글랜드=네덜란드를 중심으로 독일 연방이나 스페인이 연맹을 맺고 루이 14세의 패권주의에 도전하는 양상으로 전선이 형성되었다. 휘그 사관이 찬미한 빛나는 '무혈 혁명'은 어디까지나 잉글랜드 국내에만 해당하는 이야기일 뿐, 브리튼 제도와 유럽에서는 유혈 혁명이었고 전쟁이었다.

선거 군주제의 결말

여기서 1660년, 1685년, 1689년 왕위 계승을 통해 중세 이래 왕위의 정당성을 보장하는 세 요소(p. 50)를 확인해 두자.

1660년 찰스 2세의 경우는 ① 혈통의 정당성, ② 현인회 즉 의회(와 런던시)의 합의, ③ 신의 가호 즉 국교회의 의향, 이 세 가지 조건이 모두 다 완벽했다.

1685년 제임스 2세와 몬머스 공을 비교하면, ① 혈통으로는 제임스가 왕의 동생이고 몬머스 공은 서자이므로 왕위 계승 자격의 몫이 없다. ② 현인회 즉 의회는 토리와 휘그로 나뉘어 다투었지만, 목숨을 걸고 몬머스 공을 옹립할 근거는 희박했다. 어느 정도 추이를 관망하고 있으면 왕위는 프로테스탄트의 장녀 메리에게 돌아갈 터였다. ③ 국교회의 판단도 이와 같았다. 무엇보다 내전/공위 기간의 기억이 사람들을 억눌렀다. 그러나 1688년 뜻하지 않은 일이 벌어지기 시작했다.

1688~1689년 혁명의 경우, ① 혈통을 보자면 메리와 빌럼은 둘 다 제임스보다 계승 순위로는 뒤진다 해도 정통 스튜어트왕조의 왕위 계승권자였다. ②③ 임시 의회와 국교회도 제임스의 통치를 용인하지 않고 프로테스탄

트 군주로서 메리와 빌럼을 맞이하고자 했다. 더구나 신의 가호는 네덜란드 주둔군이 보증해주는 바람에 제임스는 사기를 잃었다.

한마디로 이러한 happy settlement(행복한 왕위 계승/결말)은 혈통보다 성속 현인들의 결단을 우선한 '선거 군주제'라고 볼 수 있었다. 그러므로 '권리선언'의 조인뿐 아니라 성문헌법 같은 '권리장전'의 제정을 빠뜨릴 수 없었다. 새 국가는 가산의 성격이 약해진다. 윌리엄 3세는 네덜란드 총독을 사임하지 않고 자주 양국을 오고 가며 프로테스탄트 '역암 정치체제'의 적극적인 수장=장군으로서 통치를 게을리하지 않으면서 루이 14세에게 대항했다.

제6강
재정 군사 국가와 계몽

근대철학과 물리학의 아버지 뉴턴은 정치가이자 연금술사이기도 했다. p.230.

1689	명예혁명 정권 시작. 제2차 백년전쟁 시작(1815까지 단속적으로 이어짐)
1692	최초의 국채 발행
1694	잉글랜드 은행
1701	왕위 계승법. 스페인 계승 전쟁(~1713), 캘리코(calico) 논쟁
1707	잉글랜드와 스코틀랜드의 합동(그레이트브리튼 왕국 성립)
1714	조지 1세(~1727), 하노버(Hanover)왕조 시작.
1715	소요법, 늙은 왕위 요구자(Old Pretend)와 재커바이트 반란
1720	남해 회사의 거품 사태
1721	오퍼드 백작 로버트 월폴(Robert Walpole, 1st Earl of Orford) 수상(~1742)
	이 무렵 대니얼 디포(Daniel Defoe), 조너선 스위프트(Jonathan Swift), 버나드 맨더빌(Bernard Mandeville), 신문 잡지, 커피하우스가 활황을 이루고, 시민 공공권이 꽃을 피운다.
1740	오스트리아 계승 전쟁(~1748)
1745	젊은 왕위 요구자(Young Pretend)와 재커바이트 반란, 다음 해에 참패
1755	새뮤얼 존슨(Samuel Johnson)『영어 사전』 근대 영어의 확립
1756	7년 전쟁(~1763). [A] 1755년부터 프렌치인디언전쟁(French and Indian War)
1759	영국 박물관(The British Museum) 개관. 애덤 스미스『도덕 감정론(The Theory of Moral Sentiments)』
1775	[A] 13 식민지의 독립 전쟁(~1783)
1776	애덤 스미스『국부론(The Wealth of Nations)』. 에드워드 기번(Edward Gibbon)『로마제국 쇠망사(The History of the Decline and Fall of the Roman Empire)』. 토머스 페인(Thomas Paine)『상식(Common Sense)』

1 장기 변동 속 16~18세기

근세의 장기 변동과 인구동태

제4강과 제5강에서는 16~17세기 정치사회의 질서 문제에 입각해 생각을 전개했다. 그런데 16~18세기에 걸쳐 장기적으로 사회경제를 보면 근세는 어떤 시대였을까. 1절에서는 학술적 데이터에 근거하여 잉글랜드의 인구동태, 광역 유럽의 곡물 가격이 근세 유럽 경제사 안에서 어떤 의미를 지니는지 두 가지로 살펴보자.

17세기 후반으로 들어서면 윌리엄 페티(William Petty)의 '정치 산술'[1]을 비롯해 인구통계에 관한 관심이 높아진다. 인구는 병력, 나아가 국력의 기초라고 여겼을 뿐 아니라 인구 증가와 식량 공급의 균형을 둘러싼 불안과 공포가 있었기 때문이다. 그렇지만 영국 전체를 통해 최초로 국세 조사가 이루어진 것은 1801년이므로, 그 이전의 인구동태는 제4강(p. 142)에서도 언급했듯 교구 등록부를 이용한 케임브리지대학의 '인구·사회구조의 역사' 집

---

1) 정치 산술 : 17세기 영국 시민혁명 때 나타난 국가 사회에 대한 수량적·경험적 연구 방법이다.

단의 연구밖에 없었다. 그들의 눈부신 업적을 정리한 앤서니 리글리(Edward Anthony Wrigley)와 로저 스코필드(Roger Snowden Schofield) 공저에 나오는 그래프(6-1)를 살펴보자.

이 그래프를 보면 1540년대 잉글랜드의 인구는 300만이 안 되고 1650년 즈음에 520만을 넘기는데, 그 후 주춤하여 1680년대 480만 명으로 거의 최저점까지 줄어들었다. 이후에는 완만하게 증가하다가 18세기 후반 들어 급속하게 증가했고 1800년을 넘길 무렵 1000만 명에 달하고 19세기까지 그대로 증가세를 유지한다. 그래프는 로그눈금[2]이므로 증감률이 그대로 기울기나 변화의 폭으로 드러난다.

연간 성장률을 산출해보면 1550년대, 1560~1570년대, 1720년대 세 기간에는 마이너스다. 연령층 별로 보면 전체 중 0~4세 어린이의 비율도 같은 기간에 10퍼센트까지 내려갈 만큼 아주 낮다. 출생과 영유아에게 나쁜 요인, 즉 인구동태의 위기가 있었던 것이다. 특히 17세기 후반은 인구 역사에 '제자리걸음' 상태 같았다.

---

2) 로그눈금 : 기준점으로부터의 실제 거리가 눈금에 매겨진 값의 로그 값이 되도록 정한 눈금.

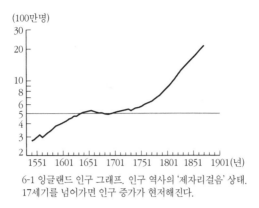

6-1 잉글랜드 인구 그래프. 인구 역사의 '제자리걸음' 상태.
17세기를 넘어가면 인구 증가가 현저해진다.

유럽의 밀 가격

다음으로 페르낭 브로델(Fernand Braudel)과 프랭크
스푸너(Frank Spooner)의 가격 변동 연구를 살펴보자.
1450~1750년 유럽의 다섯 군데 밀 가격을 집계한 연구
를 통해 그래프 '말의 옆얼굴'(6-2) 모양으로 대표적인 도
시 가격 변동을 보여주고 있다. 각지의 도량형과 화폐 단
위가 달랐기 때문에 집계와 비교가 가능하도록 100리터
당 밀 가격을 은의 중량으로 나타내어 로그눈금으로 나
타냈다.

유럽의 밀 가격이 눈금이 그려진 띠 안에 있는데 각 시
점의 최고치가 띠의 위쪽 끝이 되고 최저치가 띠의 아래
쪽 끝이 된다. 유럽 경제의 심전도라고 비유할 수 있는

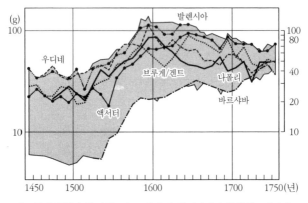

6-2 근세 유럽의 밀 가격. 16~18세기, 유럽 시장권이 형성되는 과정에서 영국(액서터)의 위치가 상대적으로 올라간다.

그래프다. 상세한 내용은『이와나미 강좌 세계 역사』제16권(1999년)의 「근세 유럽」을 보기 바란다. 결론은 이러하다.

첫째, 로그눈금이기 때문에 띠의 모양이 중세 말부터 근세 말 '유럽 시장'의 성립에 이르는 300년의 변화를 뚜렷이 보여준다. 15세기 각지의 곡물 가격은 다 달랐는데 최고치(약 40그램)과 최저치(5~6그램)의 차는 6~8배였다. 16세기 전 유럽에 인플레이션(가격혁명)이 일어나고 전체적으로 3~4배로 가격이 올랐다. 그렇지만 1600년 최고치 143그램과 최저치 20그램의 차는 약 7배이므로, 인플레이션이었음에도 띠의 폭은 변하지 않았다. 17세기 최고치는 약간 내려가고 최저치는 상승했으며, 18세기에는 가격 차가 갑자기 수렴한다. 1750년 최고치 75그램과 최저치 38그램의 차는 1.79배였다.

가격 차가 2배 미만으로 줄어든 까닭은 교통과 상업의 발달로 가격의 평준화가 이루어지고 유럽 전역이 실질적으로 하나의 시장권으로서 기능하기 시작했다는 징조다. 가격 분포의 띠 모양은 왼쪽에서 오른쪽으로 말의 어깨, 그다음 머리와 얼굴, 코끝까지 옆으로 본 얼굴 형상을 띤다.

둘째, 이 그래프는 '17세기 위기'와 연관이 있다. 여기에는 1590년 전후로 말의 귀처럼 약간 튀어나온 곳이 두 군데 있어 유럽 최고치의 정점을 이루고 난 다음, 17세기부터 18세기 전반까지 최고치는 완만하게 내려간다. 최저치를 보면 16세기 말에 일단 상승이 멈추고 18세기 다시 상승해 말의 코끝을 향한다. 유럽 전체에 인플레이션이 일어난 16세기, 하나의 시장권이 되는 18세기, 이렇게 성격이 뚜렷한 두 세기에 끼어 17세기에는 어떤 의미 있는 변화가 일어났다. 바로 위기, 즉 전환점, 결정적인 국면이 그것이다.

광역 경제 시스템 속의 영국

셋째, 이 그래프는 지역적 패턴을 보여준다. 중세 말에는 그래프의 띠 안에서 높은 위치에 있던 지중해 지역이 17세기부터는 답보한다. 이와 대조적으로 북프랑스, 네덜란드, 잉글랜드의 도시들은 낮은 위치에 있다가 17세기에 상대적으로 위치가 올라간다. 유럽 상업 성장의 중심이 지중해에서 북유럽으로 북진한다는 '상업혁명'의 테제를 그대로 보여준다.

한편, 바르샤바와 발트해 남부는 지중해와 북서 유럽의 가격 선이 교차하는 것과 전혀 관계없는 듯한 움직임을 보여준다. 이 지역의 곡물 가격은 항상 유럽의 최저치였음에도 16세기 중반부터 뚜렷하게 상승세를 보임으로써 18세기 전반까지 유럽 곡물 가격의 최저 수준을 끌어올린다. 프로이센이나 폴란드의 농장 영주(Gutsherr)는 북서 유럽에 팔기 위해 곡물을 생산하고 북서 유럽의 모직물, 공예 사치품, 도서 등을 구입했다. 여기에 대응한 집단이 이스트랜드 회사 등 무역 상인이었다(p. 137). 북서 유럽을 중심으로 광역 경제 시스템이 통합을 이룬 일이 이 지역 곡물 가격의 상승으로 나타났는데, 18세기 이 시스템의 정점에 올라선 나라가 영국이다. 이것이 바로 후지세 히로시(藤瀬浩司)가 말하는 '자본주의 세계 체제', 이매뉴얼 월러스틴(Immanuel Wallerstein)이 말하는 '근세 세계 시스템'이다.

넷째, 이 그래프는 이른바 농업혁명을 보여준다. 17세기 말부터 18세기에 네덜란드, 프랑스, 영국에서는 배수 관리와 농법 개량으로 농업 생산력이 높아져 농공 분리, 도시화가 가능해졌다. 그러나 식량 수요에 즉효를 발휘한 대응책은 발트해 남쪽에서 식량을 수입하는 것이었다. 값싼 수입 밀이 쏟아져 들어오자 북서 유럽은 농업 경영에 분발해야 한다는 압력을 받았다. 발트해의 밀이 없었다면 농업혁명은 일어나지 않았을 것이다.

17세기라는 전환기

인구란 원래 기후, 역병, 위생, 가족제도, 성(性) 문화에 따라 좌우되는 현상이고, 사회경제를 예측하는 요인이기도 하다. 곡물 가격은 기후, 역병, 농업기술, 영업 관행, 교통 같은 공급 요인, 또 인구, 사회적 분업, 음식 문화 같은 수요 요인에 따라 복합적으로 결정된다. 그렇기 때문에 곡물 가격은 중요하다. 16세기 유럽 인구와 가격은 늘어나거나 올라가고 17세기에는 정체하는데, 지역마다 인구 현상도 다르고 가격 라인도 달라진다. 영국의 공화제, 왕정복고, 명예혁명 시대에 인구와 곡물 가격은 느리지만 대대적으로 전환 국면을 맞이한다.

이와 같은 사회경제 국면에서 영국인은 시행착오를 겪은 끝에 1689년 명예혁명 정권을 탄생시켰다. 이는 루이 14세가 지배하는 유럽 정치 안에서 찰스 2세, 제임스 2세와 다른 종교적, 국가 체제적, 국제적 정권 즉 프로테스탄트 네덜란드와의 동맹을 선택한 것이다. 명예혁명에 이어 '루이 14세에 대항하는 전쟁'이라는 전략에 전념함으로써 영국의 혁명적인 해결은 열매를 맺었다.

오늘날의 역사 지식으로 통찰하건대 17세기 유럽 경제의 구조 변화가 최종 국면을 맞이한 그때, 명예혁명에 의해 상업 패권, 인재, 전문 지식이 모두 패권을 누리던 네덜란드(및 위그노 · 프랑스)에서 프로테스탄트 · 영국으로 연착륙했다고 볼 수 있다.

긴 18세기

　최근의 연구자는 17세기 말부터 19세기 초까지를 통틀어 '긴 18세기'라고 부른다. 영국의 질서와 정치문화는 첫째 왕위 계승의 경과, 둘째 전쟁과 재정, 셋째 의회정치와 교회에 의해 정해졌다. 이러한 민족국가적 측면에 대해서는 2절에서 기술하겠다. 반면 계몽과 상업 사회, 지식의 세계화가 이루어진 18세기에 영국은 프랑스와 함께 주요한 역할을 해낸다. 이 측면에 대해서는 3절에서 논의하겠다. 브리튼 제도와 식민지의 국가 체제 문제가 부상하고 산업혁명이 이루어진 '긴 18세기'는 제7강에서 다루고자 한다.

2 프로테스탄트 연합왕국의 정치문화

재커바이트 문제

우선 왕위 계승 문제를 첫 번째 정치문화의 요인으로 꼽을 수 있다. 1701년 제임스 2세가 망명지 프랑스에서 사망하자 장자 제임스=에드워드 스튜어트를 '제임스 3세'로 옹위한다고 루이 14세가 선언했다. 이는 영국 왕위 계승에 재차 도전하는 행동이었다. 이 일은 마침 스페인 계승 전쟁(1701~1713년)과 겹쳐서 영국과 프랑스는 대륙과 해양을 막론하고 전투에 돌입했다.

망명 궁정에서 왕위를 참칭하는 자(pretender)와 그를 지지하는 제임스 파(재커바이트)의 문제는 영국 왕위 계승의 정당성이나 프랑스와 로마와의 관계를 생각하면, 특히 스튜어트 가문의 고향인 스코틀랜드(의 산지)에서는 더욱 골치 아픈 현안이었다.

본래 영국 세 왕국과 네덜란드의 연합은 1702년 윌리엄 3세가 죽자 해체했으나, 한순간도 멈칫거릴 수 없는 국제 정세였기에 윌리엄이 죽기 전해에 나온 '왕위 계승법'에 따라 의회는 앤 여왕(재위 1702~1714년)의 후계를 프로테스탄트이자 제임스 1세의 손자인 하노버 선제후 왕비 소피아 또는 직계비속으로 정해놓았다(계승도, p.196). 망명 가톨릭 궁정을 배제하고 명예혁명 정권을 지키기 위해 핏줄보다 의회/현인회의 결정을 우선한 조치였다.

6-3 1714년에 나온 즉위 축하 메달. 하노버 선제후 게오르크가 조지 1세로 즉위하자 북해 프로테스탄트의 중심이 단단해졌다. 가상의 적인 수도 파리도 왼쪽 아래에 나타냈다.

스코틀랜드는 1707년 스코틀랜드 왕국의 주권을 흡수해 합동(union)으로 연합왕국 그레이트브리튼이라 하고 에든버러 궁정 및 의회를 쫓아내는 식으로 재커바이트의 대책을 세웠다. 그러나 이때 스코틀랜드의 사법제도 및 장로파 교회(kirk)는 그대로 남았기 때문에 합동으로 성립한 것은 '한 군주, 한 의회, 두 법, 두 교회'의 프로테스탄드 연빙 국가였다.

1714년에는 왕위 계승법이 정한 대로 하노버 선제후(소피아의 장자) 게오르크=루트비히(Georg Ludwig)가 조지 1세(George I, 재위 1714~1727년)로 즉위하면서 하노버왕조가 열렸다. 스코틀랜드 합동에 이어 재커바이트 문제에 대처하기 위해 구성한 강력한 역암 프로테스탄트 동맹이다. 조지 1세는 '제2의 명예혁명'을 바라는 제2의 윌리엄 3세 같은 기개를 품고 런던으로 진군했다. 군인 군주 조지가 즉위하여 북해 프로테스탄트의 중심이 재확립했음을 축하하는 메달(그림 6-3)이 있다. 메달의 그림을 보면 말 뒷다리는 하노버에 있고 말 앞다리는 네덜란드를 넘어 런던에 걸려 있다.

제2차 백년전쟁과 재정 군사 국가

명예혁명 즉 루이 14세에 대항하는 전선이 성립하자 영국과 프랑스 사이에는 왕위 계승, 해외 영토, 통상, 미국의 독립, 프랑스혁명, 나폴레옹 제국을 둘러싼 전쟁이 간헐적으로 이어졌다. 중세의 백년전쟁에 비유해 이를 '제2차 백년전쟁'(1689~1815년)이라고 부른다.

이 전쟁이 영국 정치문화를 규정한 두 번째 요인이다. 중세의 백년전쟁과 달리 유럽 대륙과 지중해뿐 아니라 미국, 대서양, 남아시아가 다 전쟁터였고, 그 여파는 일본의 나가사키까지 미쳤다(p. 277). 지구상 중요한 곳에서 힘을 겨루던 영국과 프랑스는 세계 근대사에 전환점을 초래했다.

1698년부터 의회의 승인이 있으면 평시(전간기戰間期)에도 상비군을 유지할 수 있었다. 오랫동안 글로벌 규모의 전쟁을 치러내려면 군사력과 외교력은 말할 것도 없고 그것을 뒷받침하는 병참(logistics), 보급, 동원, 관리 체제가 필요하다. 결국에는 돈, 말하자면 재정력, 국부와 국민적 합의(consensus) 여부에 달린 것이다.

중세 시대와 같이 관세와 임시세만으로 장기적 전쟁 비용을 충당하기는 힘에 부치므로 의회는 토지 수익에 부과하는 지조(地租), 창문 개수에 매기는 창문세 같은 직접세를 새로 만들었다. 또 1692년 처음으로 국채를 발행하고 1694년에는 국채를 인수할 은행으로서 잉글랜드 은행을 설립했다. 오늘날 연합왕국의 중앙은행이다. 서류에 붙이는 인지(印紙), 맥아(malt) 같은 특정 품목에 부과하는 소비세도 시행했다. 그 결과 윌리엄 3세의 영국은 관세, 식섭세, 소비세, 국채로 국가를 운영하는 근대적 재정 국가가 되었다. 모두 의회의 결정이 있어야 한다. 데니스 패트릭 오브라이언(Denis Patrick O'Brien)과 존 브루어(John Brewer)는 이 변화에 대해 명예혁명 후 영국에는 절대주의의 관료 국가도 아니고 작은 정부의 야경국가도 아닌 '재정 군사 국가'가 출현했다고 말한다.

덧붙여 마르크스는 『자본』에서 이른바 본원적(원시적) 축적이 이루어진 계기가 '전 지구를 무대로 한 유럽 국가들의 상업 전쟁'이었다고 지적한 다음, 이렇게 말한다. "영국에서는 이(본원적 축적의) 계기는 17세기 말의 식민 제도, 국채 제도, 근대적 조세제도, 보호무역 제도를 통해 체계적으로 마련되었다." 간결한 문장이지만 만약 여기에 의회정치와 종교도 언급했다면 완벽한 요약문이 되었을 것이다.

의회정치

영국 정치문화를 규정한 세 번째 요인은 의회와 교회다. 의회라는 통치기관, 교섭과 합의의 각축장(p. 109)은 17세기의 경험을 통해 국민적=전국적(national) 의지의 결정 기관으로 발전한다. 1689년 이후 매년 열린 의회에서는 국가 체제, 세제, 외교, 예산, 결산 등 중요한 문제뿐만 아니라 지방의 과제를 둘러싸고 농어업의 조성, 특정 산업의 보호 규제, 광산, 도로, 운하, 도시 공간의 정비, 공익단체의 설립 등을 심의했다.

의원은 여당과 야당으로 나뉘어 출신지나 이해관계자에게 로비 활동을 받고 입법을 통해 의회, 즉 국민의 의지를 결정했다.

그레이트브리튼의 인구는 1750년쯤 약 740만 명이었는데 의원이 558명이었으므로 의원 한 명 당 인구가 어린아이를 포함해 평균 13000명이 좀 넘는다. 실제 선거구 유권자는 십 몇 만~수천 명으로 차가 있었으나 조건만 갖추면 의원 되기가 오늘날보다 쉬웠다. 물론 의원은 선거구에서 선출했지만 때로 담합도 있었다. 아오키 고(青木康)의 저서에 나온 바와 같이 "의원이 선거구를 선택하는" 실태도 보였다. "잉글랜드의 사회사는 서민원 의원에 입각해 쓸 수 있다"고 하면서 18세기 의원 전체를 샅샅이 조사하는 것은 물론, 의회 역사의 연구 기획을 올바른 방향으로 이끈 인물은 20세기 영국으로 귀화한 구 폴란드 귀족 루이스 네이미어(Lewis Namier)였다.

확실히 18세기 후반까지 영국 인구는 프랑스의 절반에도 미치지 못하고 육군은 프랑스가 압도적이었다. 또 핫토리 하루히코(服部春彦)가 분명하게 밝힌 대로 카리브(서인도) 무역에서 프랑스의 활약이 더 우세했다. 그러나 긴 18세기의 제2차 백년전쟁은 병참, 재정, 그리고 국민적 합의라는 어려운 문제를 해결할 수 있는 나라 편에 궁극적으로 승리를 안겨줄 것이었다. 영국은 이미 대륙의 나라들과 다른 국가형태를 그려내고 있었다.

문예 전성기의 정치문화

어거스턴 시대(Augustan Age)³⁾라고 불리는 앤 여왕 시대에는 휘그와 토리가 종파의 성격을 띠고 또다시 살아났다. 그 까닭은 이러하다. 1689년 관용법 체제에 의해 프로테스탄트 비국교도 세력이 늘어나는 한편, 공무원이 되고 싶은 사람은 국교회를 받들기만 하면 된다는 '시대에 편승한 국교 받들기' 관행이 널리 퍼졌다. '교회당'이라는 이름을 내건 토리는 이를 가리켜 '거짓 동포', '트로이 목마'가 국교회를 서서히 잠식하는 행위라고 규탄했다. 거꾸로 휘그는 윌리엄 3세와 조지 1세에게 복종한다는 서약을 거부한 신종(臣從)의 선서 거부자(nonjuror)를 재커바이트라고 하며 몰아냈다.

---

3) 어거스턴 시대 : 라틴문학 융성기인 아우구스투스 황제 시대에 비유해 일국의 문예 전성기를 가리키는 말로 쓰인다. 영국의 경우는 왕정복고(1660년)부터 초기 하노버왕조(18세기 전반)에 이르는 시기를 가리킨다. 이 시대는 영국 문학사의 최전성기이자 영국의 문화적 독립을 이룩한 시기라고 할 수 있다.

내향적 성격의 앤 여왕과 달리 조지 1세는 선제후 군인으로서 고전주의 연극을 좋아하고 볼테르(Voltaire)와 게오르크 프리드리히 헨델(Georg Friedrich Händel), 케임브리지 대학을 후원한 계몽 군주였다. 런던의 하노버 정부청사는 '독일 관방'이라고 불렸다. 여기에 근무한 행정관 대다수는 명예혁명 시기부터 네덜란드와 헤이그(The Hague)를 오고 간 외교관이었다. 공용어는 계몽 유럽의 보편언어인 프랑스어였다. 1715년 루이 14세가 죽고 국제정치의 긴장은 풀어졌으나 영국은 하노버와 동군연합을 맺은 계몽 정치체제였기에 북방전쟁부터 1837년까지 유럽 대륙의 정치, 군사에 관해 초연할 수 없었다.

의회 안의 두 당파와 국교회 안의 저교회파(Low Church)와 고교회파(High Church)가 겹쳐서 정치와 문화는 양극화되었다. 18세기 휘그 · 저교회파는 의례보다 성서를 중시하고 국가 이성, 경제 합리주의 편을 들었다. 여기에는 대니얼 디포, 조지프 애디슨(Joseph Addison), 리처드 스틸(Richard Steele), 로버트 월폴(Robert Walpole) 같은 인물이 있다. 비국교도 의원이나 런던 시장도 속출했다. 이에 대해 토리 · 고교회파는 교회와 성직의 권위를 중시하고 비국교도 반대, 그리고 유기체적 질서, '지방(country)' 편이

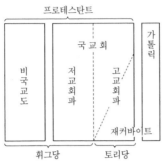

라는 입장이 선명했다. 여기에는 볼링브룩 자작 헨리 세인트 존(Henry St. John, 1st Viscount Bolingbroke), 알렉산더 포프(Alexander Pope), 조너선 스위프트(Jonathan Swift), 윌리엄 호가스(William Hogarth)가 알려져 있다. 1714년부터 7년 전쟁(1756~1763년)까지 휘그는 정권 여당(court), 토리는 야당(country)이었다.

6-4 의회·교회의 양극화. 같은 프로테스탄트인데도 교회에서는 고교회파와 저교회파(+비국교도), 의회에서는 토리와 휘그로 나뉘어 대립했다. 문예 전성기 정치문화의 기본형

이 양극이야말로 18세기 정치문화의 기본형으로 고전 문예 전성기에 나온 영문학 기저에 깔린 저류였다. 영문학자 나쓰메 소세키(夏目漱石)의 전문 분야는 셰이스피어어와 문예 전성기 문학이었다.

이러한 정치문화 가운데 관용법 체제를 지지한 민간단체 중 '기독교 지식 보급협회 SPCK'(1698년 창립)는 출판과 자선 학교, 노역소 설립 등에 적극적이었다. '생활 습관(manners)의 개혁'을 내건 퓨리턴 운동도 중류층으로 파고들었다. 이와 별도로 국교회의 주교들은 '복음 전도 협회

SPG'(1701년 창립)를 설립하고 미국이나 서인도 같은 식민지의 전도와 포교(mission)를 위해 힘을 쏟았다.

더욱 열심히 전교와 포교에 나선 사람이 존 웨슬리(John Wesley)와 새뮤얼 웨슬리(Samuel Wesley) 형제와 감리교 신자(Methodist)다. 국교회의 고교회파에서 탄생한 이 집단은 북아메리카 조지아의 전도를 비롯해 불행한 민중에 대한 야외 전도, 죄인에 대한 사목에도 열심히 임했다. 그 결과 19세기에는 비국교회 중 가장 강력한 종파로 부상한다.

휘그 정권과 '반체제' 군중

1720년 남해회사(South Sea Company)의 투기 거품이 꺼진 뒤 장기 정권을 유지한 인물은 로버트 월폴 경(수상, 재직 1721~1742년)이었다. 건전한 재정과 평화를 으뜸으로 삼고 윌리엄 웨이크(William Wake) 대주교와 상의하여 루이 15세(재위 1715~1774년)의 신망이 두터운 앙드레 에르퀼 드 플뢰리(André Hercule de Fleury) 추기경과 함께 로마를 벗어나려는 영국과 프랑스의 국교회가 연대할 가능성마저 모색하려고 했다. 월폴 수상의 시대는 제2차 백년전쟁 중 긴장 완화(데탕트) 시기였다.

반면 토리·재커바이트는 휘그와 가까운 조지 1세를 향해 "국왕은 우리 국어와 국가 체제도 모르느냐"고 비난을 퍼부었다. 월폴 정권을 금권과 부패의 '로빈 권력', 휘그 지주 귀족들의 지배를 '베네치아식 과두정치(oligarchy)'라고 야유한 것은 어느 정도 옳다. 하지만 그렇다고 해도 그들이 내세운 '애국 왕'의 이미지는 이미 짜여 있는 정치 게임에 안주한 소심한 만년 야당의 먼 산 보고 짖어대기 같다.

늘 불만을 느끼는 대중은 정치 게임의 규칙을 역이용하는 효과를 알고 상징적 '반체제' 행동에 나섰다. 졸저 『민중의 윤리』에서도 논한 바 있지만, 1715년 '왕정복고 기념일'인 5월 29일에 각지에서 떡갈나무의 가지와 잎사귀를 몸에 걸친 재커바이트가 축하의 횃불을 들고 비국교도의 교회를 습격했다. 휘그 정부는 이를 단속하기 위해 '소요법'을 제정하고 하노버왕조 즉 제2의 명예혁명 정권을 굳게 지켰다. 관용법(1689년)과 소요법(1715년)은 연속성이 있다. 20세기 역사가 에드워드 파머 톰슨(Edward Palmer Thompson)은 민중과 지주 귀족의 관계를 자기력이 변화하는 '자장'이라고 논했다.

스코틀랜드에서는 1725년 글래스고에서 맥아세에 반대하는 소요가 일어나고, 1736년 에든버러에서는 밀수범의 처형에 불만을 품은 군중이 경비대와 충돌해 경비대장 존 포르테우스(John Porteous)를 린치하여 처형하는 등 사건이 줄을 이었다. 이와 같은 사건은 '민중의 윤리'가 발현한 현상이다. 스코틀랜드 합동에서 파생한 재정 군사 국가의 뿌리를 건드리는 사건도 일어났다. 휘그 정권은 총력을 다해 수습하려 했으나 스코틀랜드 측, 특히 사법 관계자에게는 응어리를 남겼다.

재커바이트 반란의 패배

1715년에는 늙은 왕위 요구자 '제임스 3세'를 받들고, 1745년에는 '홍안의 찰리 왕자(Bonnie Prince Charlie)'를 받들어 스코틀랜드 산지 지방에서 군대를 일으킨 재커바이트 반란군은 잉글랜드까지 쳐들어왔다. 1715년 반란은 스페인 계승 전쟁이 끝나고 루이 14세의 사후 각지 민중의 가두 행동이 끝난 뒤에 찾아온 축제 같았다. 1745년 반란은 오스트리아 계승 전쟁 중이었는데 '찰리 왕자'는 정치 감각이 없었다.

두 반란은 영국사를 통틀어 '최후의 반란'이었다. 스튜어트 가문의 고향, 즉 산지 지방의 불평을 품은 씨족(clan)과 신종(臣從)의 선서 거부자가 힘을 모으는 것만으로는 승산이 없었다. 만년 야당 토리도 실은 국교회의 중도, 두 정당의 정치 게임, 문예의 발흥, 상업 사회에서 이익을 보았다. 따라서 근대사를 보고도 배움을 얻지 못한 재커바이트 궁정의 완고하고 고루함, 또는 '피의 메리' 부활과 내전에 국가의 운명을 걸 수는 없었다. 결국 재커바이트 군대는 잉글랜드의 토리·고교회파에도 외면당하고 스코틀랜드로 돌아가 참패하여 흙투성이가 되었다.

여기에서 왕위 계승의 세 가지 요건을 돌이켜보면 1714년 조지 1세는 ①혈통은 늙은 왕위 요구자보다 멀수도 있으나 정통성이 있고, ②현인회=의회는 이미 권리장전과 왕위 계승법에 따라 프로테스탄트·하노버가로 왕위를 정했고, ③프로테스탄트 군주가 신/교회의 가호를 입었다. 1715년의 '제임스 3세'와 1745년의 '찰리 왕자'는 ①피는 진하지만 ②법률로 왕위 계승권을 부정당하고, ③가톨릭이기 때문에 신/교회의 가호가 없었다.

3 계몽, 상업 사회, 모럴 철학

계몽의 공공성

긴 18세기의 질서와 정치문화에는 이와 같은 민족국가의 조건과 동시에 유럽의 계몽, 상업 사회, 지식이 대전제로 깔려 있었다.

계몽이란 영어로 enlightenment로 이성의 빛에 의한 조명, 광명을 뜻한다. 단순한 사상이나 주의보다는 '문명개화'가 지닌 본뜻에 가깝다. 계몽은 대항해와 인문주의와 과학혁명에 기대어 세계의 모든 것을 이해하고 싶다는 야심이기도 하고 첨단 종합과학이기도 하며 옛것을 비판하는 정책의 학문이었다. '계몽의 세기' 사람들은 서로 모이고 편지를 주고받고 논문을 읽고 사귐(sociability)으로써 부지런히 학문과 덕행을 쌓았다. 범세계적인 지적 엘리트의 소통이라 할 만하다. 당시 표현으로 '문예 공화국(republic of letters)'은 국경이 없는 공공 영역이었다.

이미 17세기 중반의 런던과 옥스퍼드에서 화학자 로버트 보일(Robert Boyle), 천문학자 크리스토퍼 렌(Christopher Wren), 기하학자 로버트 훅(Robert Hooke) 등이 모여 혈류,

곤충, 물리, 화학, 천문학을 논했다. '즐거운 군주' 찰스 2세가 이 모임을 후원하자 이를 왕립학회(Royal Society)라고 부르기 시작했다. 이 단체는 1665년부터 『학술 회보(Transactions)』를 발행하고 '보이지 않는(virtual) 대학'으로 발달했다. 『학술 회보』를 읽으면 멀리 떨어진 곳에서도 누가 어떤 실험을 하고 어떤 논의를 했는지 알 수 있다. 이리하여 근대적, 즉 공공적이고 비판적 학문/과학의 요건이 성립했다.

1672년 왕립학회에서 프리즘을 사용해 광학 연구를 발표한 사람이 케임브리지대학의 천재 수학 교수 아이작 뉴턴(Isaac Newton, 1642~1727년)이었다. 관찰과 실험으로 얻어낸 소견을 물리학과 수학으로 설명함으로써 가장 일찍 대표적으로 계몽을 구현한 뉴턴은 왕립학회의 회장, 국회의원, 조폐국 장관을 지냈다. 또한 성서의 한 글자, 한 구절을 그대로 믿으면서도 연금술에 생애를 바친 마지막 르네상스 인간이기도 했다(속표지 그림, p. 205).

1666년 대화재는 런던을 모조리 태워버렸으나(p. 193) 재난을 복을 바꿀 절호의 기회이기도 했다. 이때 34세였던 크리스토퍼 렌(1632~1723년)은 똑바로 난 도로, 아름다운 광장이 있는 신도시의 부흥 계획을 제안했으나 이 중세인트폴 대성당과 교구 교회의 재건축만 실현되었다. 그는 35년에 걸쳐 돔의 높이가 116미터나 되는 대성당을 설계하고 건립했다. 가히 문예 부흥기의 과학과 신앙과 미의 표상이라 할 만하다.

대화재를 분기점으로 중세 이후 복잡하고 세밀해진 교구를 정리 정돈했다. 크리스토퍼 렌이 이끄는 위원회는 1751년 교구 교회를 새롭게 재건했다. 불이 난 곳 가까이 세운 높이 61미터에 이르는 대화재 기념탑도 그의 설계 작품이다. 계몽가 렌의 손길은 런던의 경관에 새겨져 있다.

조지안 양식의 도시 경관

렌에 이어 민간 주도로 수도 런던이 화재를 이겨낼 수 있도록 벽돌과 돌로 지은 건물로 바꾸어 짓는 일이 벌어졌다. 건축사가 엘리자베스 맥갤러(Elizabeth McKellar)가 말한 대로 재료, 설계, 공법의 표준을 정한 중간 높이의 건축이 늘어선 균형 있고 가지런한 거리의 모습으로 바뀌었다. 나중에 조지안 양식(Georgian architecture, 정확히는 1714~1830년 사이)이라는 건축물이 들어선 이후 런던에 대화재는 일어나지 않았다. 명예혁명, 관용법, 상업 사회라는 요소로 인재를 불러들인 런던은 18세기 초에 인구 60만, 세기 중반에는 70만, 1801년에는 96만 명이었다. 바야흐로 위그노 교회, 루터파 교회, 유대교 회당(시나고그), 가톨릭 예배당이 고루 있는 국제도시로 발돋움했다.

1758~1762년 종래 바로크풍으로 세운 도시의 문 7개를 교통의 방해물이라고 해서 철거하고 런던 다리의 상업용 가건물도 제거했다. 이즈음 웨스트민스터 다리 등도 고전양식으로 새로 짓고 서머셋 하우스(Somerset House)도 장엄하고 화려하게 개축했다. 런던은 요한 제바스티안 바흐(Johann Sebastian Bach)나 볼프강 아마데우스 모차르트(Wolfgang Amadeus Mozart) 소년을 맞이하는 데 손색없는 계몽적인 도시 경관을 갖춘다. 이 과정은 안토니오 카날레토(Antonio Canaletto)가 아름답게 묘사하고, 존 로크가 지도를 작성해 상세히 기록했다.

18세기 런던에서만 재건축이 활발했던 것은 아니다. '또 다른 수도' 더블린의 의사당 같은 공공 건축, 에든버러의 뉴타운, 부흥한 아ᅳ로마의 온천 도시 바스(Bath) 등도 마찬가지였다.

아름다운 균형과 정제의 미를 갖춘 건축과 거리 풍경

은 역사가가 말하는 '도시 르네상스'에 어울렸는데, 이는 동판화 그림에도 잘 나타나 있다. 보스턴이나 필라델피아도 그 뒤를 따랐다. 맨체스터에서 '문예 철학 협회', 버밍엄에서 '루나 소사이어티(Lunar Society)', 필라델피아에서 '아카데미' 등 지역의 명망가와 부르주아의 모임이 열렸다. 왕립학회에 비하면 학술적 성격은 옅었으나 종파와 정당을 초월한 사교 모임(sociability)이었다. 사교 모임은 비밀스러운 우애 결사 프리메이슨(Freemason)을 비롯해 왕립학회로도 위상을 높여갔다. 1717년 런던에 집회소(lodge)가 생긴 이후 계몽적이고 세계적인 결사로 퍼져 나갔다.

상업 출판과 근대 영어

신문 뉴스의 상품 가치가 올라가고 1695년 검열법이 효력을 잃자 격일(주 3회) 간행하는 신문이 늘어나나가 1702년 최초의 일간신문 『일일신보(The Daily Courant)』를 발간했다. 지방 도시에서도 신문을 발간해 런던이나 해외의 전쟁, 상업, 정치, 출판 정보, 스캔들을 실었다. 월간 종합지 『젠틀맨 잡지』가 1731년, 이것과 경쟁한 『런던

잡지』가 1732에 나와 우편으로 전국 예약 구독자들에게 전해졌다.

출판물은 개인이 구입하지 않더라도 돌려 읽기도 하고, 커피하우스, 술집, 여관에 비치해둔 것을 읽거나 낭독을 들을 수도 있었다. 1726년에는 회원제 도서실도 열렸다. 신문 잡지와 커피하우스는 시민의 공공성을 실현하는 두 바퀴였다고 위르겐 하버마스(Jürgen Habermas)는 말한다. 시민의 공공성은 무엇보다 상업과 정치, 문예를 통해 펼쳐졌다. 검열은 없어졌어도 중상 비방죄는 있었으므로 상징적으로 교묘하게 유명 남녀의 스캔들을 보도하여 독자를 끌어들이는 수법이 발달했다. 이는 존 브루어가 『스캔들과 공공권(スキャンダルと公共圏)』에서 논의한 그대로다. 이 무렵 잡지 『스펙테이터(The Spectator)』, 소설 『파멜라(Pamela)』, 로버트 월폴의 『철학 서간』, 셰익스피어 비평, 몽테스키외(Montesquieu)의 영국론 등으로 영국 추어올리기(Anglophile)는 대륙의 독서인에게도 서서히 확실하게 퍼져나간다.

이러한 civil society를 '민간 공공사회'라고 번역한 사람은 마쓰우라 다카네(松浦高嶺)였다.

당시 영어는 '근세 영어'(p. 108)와 본질적으로는 다르지 않으나 상업적 출판으로 신문, 잡지 및 논쟁과 읽을거리가 양적으로 폭발했고, 우리에게 거의 익숙한 정서법과 문체로 바뀌어 근대 영어(Modern English)가 되었다. 새뮤얼 존슨은『영어사전』(1755년)을 간행하여 어원과 문헌 출처를 밝혀 어휘의 역사적 용례를 제시했다.

백과전서와 뮤즈 여신들이 있는 곳

대표적으로 계몽을 대표로 구현한 것은 월폴이나 임마누엘 칸트(Immanuel Kant)라기보다는 1751년 파리에서 간행하기 시작한『백과전서』와 1759년 개관한 런던의 영국 박물관이다.

'원만한 지식을 전부 총괄해 설명하려는' 백과사전의 최초는 런던에서 1728년에 간행한 이프라임 체임버스(Ephraim Chambers)의『백과사전—문예와 과학에 관한 일반 사전(Cyclopædia, or an Universal Dictionary of Arts and Sciences)』두 권이었다. 이것에 자극받아 파리에서는 프랑스어판을 전면적으로 개정 증보하여 내겠다는 기획을 진행했고, 그 결과 1751년 드니 디드로(Denis Diderot)와 장 르 롱 달랑베르(Jean Le Rond d'Alembert)가 제1권을 간행했다. 제목『백과전서—과학 · 문예 · 직업을 합리적으로 설명한 사전』
이 메아리처럼 울린다.

『백과사전』보다는 후발 주자인 『백과전서』가 도판을
넣는 등 보완하여 도합 35권(1780년 완결)으로 훨씬 충실하
다. 제1권에 붙인 긴 서문에는 디드로 등의 자부심과 함
께 선학에게 바치는 말이 있다. 프랑스의 데카르트는 물
론 영국 경험주의의 베이컨, 뉴턴, 로크의 공적을 몇 페
이지에 걸쳐 칭송하고 있다. 『백과전서』는 프랑스인이
내놓은 계몽 출판물이지만 근대 유럽의 지성과 기능의
결정체로서 18세기 영국과 프랑스 사이의 경쟁 섞인 교
류를 통해 실현한 첨단 지식의 집대성이다. 이러한 성공
을 보고 1768년 에든버러에서 『브리태니커 백과사전(En-
cyclopædia Britannica)』을 분책하여 출판했다.

17세기 말부터 옥스퍼드의 애슈몰린 박물관(Ashmolean
Museum) 등을 통해 문화유산이나 동식물 표본을 수집 연
구할 뿐 아니라 시민에게 보여주기 위한 공공 박물관을
시도했다. 그러나 영국 박물관이야말로 본격적이다. 옛
문물을 중시하는 세 사람이 사망한 뒤 1753년 국비로 사
들인 방대한 문서, 도서, 수집물로 공공 박물관을 설립하
도록 법률을 제정해 1759년 개관했다. 박물관(museum)은

학문, 예술, 시를 숭상하는 뮤즈 여신들이 있는 곳, 자료관, 미술관, 도서관, 문서관, 극장이자 세계 최첨단 지식을 전시하는 종합 극장이었다(p. 323).

이른바 칸트가 말한 계몽, 즉 '이성의 공공적 사용'을 구현한 곳이었다.

사악한 공익

18세기 초 런던에서는 네덜란드 출신의 의사 버나드 맨더빌(Bernard Mandeville)이 '모험 상인 장 샤르댕(Jean Chardin)', '음악가 헨델', '계몽사상가 볼테르'와 함께 같은 공기를 마셨다.

맨더빌의 『꿀벌의 우화─개인의 악덕, 사회의 이익(The Fable of The Bees: or, Private Vices, Public Benefits)』(1714/1723년)[4]에 따르면 사리사욕, 허영심, 분에 넘치는 호사 같은 개인의 '악덕'이야말로 돌고 돌아 소비와 수요를 불러일으키고 고용을 늘리고 세상에 활기를 불어넣기 때문에 결국 '공익'을 가져다준다. 만약 이른바 착한 사람만 있고 이기심이나 교만함이 없는 사회가 있다면 그 사회는 시

---

4) 한국어판은 『꿀벌의 우화』, 문예출판사, 2014년.

들어갈 것이다.

신의 질서와 사랑을 소리 높여 말하던 성직자, 교사들은 깜짝 놀라 뻔뻔스러운 이 '시장의 논리'를 하나같이 비난했다. 맨더빌은 마키아벨리(Machiavelli) 못지않게 거리낌 없이 진리를 내뱉는 스캔들의 장본인으로 여겨졌으나 실은 홉스와 스미스를 잇는 고리였다. 그는 과시용 소비를 말한 소스타인 베블런(Thorstein Veblen), 또 유효수요를 말한 존 케인스(John Keynes)를 지나치게 앞서나간 선구자이기도 했다. 이후 사회철학은 사적인 악과 공적인 이익의 변증법을 피할 수 없어졌다.

사회철학과 민중의 윤리

애덤 스미스(1723~1790년)는 재커바이트 패배 후 스코틀랜드에서 흄이라는 막역지우를 얻고 대학에서 사람의 정념, 공감을 통해 상업/문명의 성립, 문학, 미학, 논리학, 법학을 논하고 프랑스에서 볼테르, 프랑수아 케네(François Quesnay), 튀르고(Turgot)와 교분을 맺었다.

그의 『도덕 감정론(The Theory of Moral Sentiments)』(1759년)과 정책 비판은 산지 지방 사람들과 정반대 편에서 문예 공화국의 보편성을 추구하고 세계성을 체현했다.

애덤 스미스는『국부론』(1776년)에서 영국과 프랑스의 곡물 산업, 소비자를 위한 보호 규제, 그럼에도/그렇기 때문에 계속 일어나는 민중 봉기에 대해서도 논했다. 그에게 매점 금지령 같은 '정치 개입'이나 온정주의, 나아가 '민중의 윤리'나 민중이 '법을 대리 집행'한다는 영합이야 말로 문제였다. "정부도 민중의 편견에 굴복하고 사회 안정을 위해 그들이 시인하는 제도를 설립할 수밖에 없지만," 좋으리라고 생각한 보호 규제는 장기적으로 사태를 악화시킨다. 따라서 '보이지 않는 손'에 맡기는 자유방임(laissez-faire)이야말로 궁극의 해결책이라고 한다.

카를 마르크스(Karl Marx)와 고바야시 노보루(小林昇)도 지적한 바 있는데, 당시 애덤 스미스는 공익과 규제와 정치를 이야기한 동시대인 제임스 스튜어트(James Steuart)와 그의 저서『정치경제학 원리의 연구(Inquiry into the Principles of Political Economy)』(1767년)를 묵살했다. 또한 그는 스코틀랜드인이었기 때문에 재커바이트를 혐오하고 이성과 보편성의 사회철학을 주장했다. 코먼로(common law)[5]

---

5) 코먼로(common law) : 영국에서 보통의 법원이 다루는 일반 국내법으로 불문(不文)의 판례법이 중심이 된다.

의 이치에 따르고자 온 힘을 쏟은 맨스필드 백작 윌리엄 머리(William Murray, 1st Earl of Mansfield, 왕좌재판소 수석판사, 재직 1756~1788년)도 마찬가지로 스코틀랜드 출신의 지적인 영재다.

1780년대부터 약 100년 동안 근대 영국을 이끌어나간 힘은 이와 같은 스코틀랜드의 계몽적 지성, 제러미 벤담(Jeremy Bentham) 같은 부르주아 합리주의, 그리고 프로테스탄트 복음 전도주의라고 볼 수 있다. 이 세 가지 요소를 종합한 국가지도자(statesman)를 제8강에서 서술하고자 한다.

과시하려는 소비와 무역 적자

18세기 중반의 동판화 〈프랑스 배에 실려 오다〉는 런던 항구에 상륙하는 프랑스인과 프랑스 상품을 그렸다. 프랑스풍으로 모양을 내고 포옹하는 남녀 앞에 코를 찌르는 치즈 냄새에 흑인 소년이 코를 싸잡고 있다. 커다란 술통에는 오른쪽부터 샴페인, 버건디(burgundy), 클라레트/끌라레떼(Clarete)라는 소인이 찍혀 있다. 중세의 백년전쟁 중에도, 18세기의 제2차 백년전쟁 중에도 젠틀맨은 포도주 없이 지낼 수 없었다.

프랑스에서 건너온 것은 포도주와 패션만이 아니다. 17세기 말부터 영국과 북유럽에는 설탕, 홍차, 견직물, 날염 옥양목(캘리코, 경사[6]=사라사[7]), 염료, 도자기(Chinaware) 등 매력적인 상품이 쉴 새 없이 배에 실려 들어왔다. 이 중 견직물 말고는 유럽에서 생산하지 못했다. 또한 남색이나 쪽빛의 인디고(indigo), 검붉은색 등은 아시아 염료의 염색이 훨씬 선명했다. 특히 날염 캘리코(calico)는 가볍고 아름다운 색깔로 부유층에게 열렬하게 환영받아 '캘리코 열풍'이라고 할 만큼 유행했다. 중국과 일본의 아름다운 도자기에 유럽 그릇은 감히 상대가 되지 못했다. 맨더빌의 독자든 아니든 배에 실려 오는 상품에 마음을 빼앗기고 과시하려는 소비는 점점 더 심해질 뿐이었다.

이러한 박래품 수입이 왕성해지자 국내의 전통 산업 등 기득권을 보호하기 위해 거듭 규제를 가했다. 무역수지를 으뜸으로 생각하는 중상주의자에게는 불길한 적자의 누적이었고, 신을 두려워하는 질서파에게는 참을 수 없는 경박한 풍속이었다. 대체할 만한 재화가 있었다면

---

6) 경사(更紗) : 꽃과 같은 작은 무늬가 화려하게 염색된 광택이 있는 면 평직물이다.

7) 사라사 : 다섯 가지 색깔을 이용해 인물, 조수(鳥獸), 화목(花木) 또는 기하학적 무늬를 물들인 피륙이나 그 무늬를 가리키는 포르투갈어다.

6-5 프랑스 배에 실려 오다(1757년 판화). 런던 항구로 들어온 사람과 물건. 오른쪽에는 술통 세 개(샴페인, 버건디, 클라레트)가 보이고, 앞쪽에는 치즈가 있다.

좀 나았을까. 마쓰이 도오루(松井透)도 지적한 바 있듯, 18세기까지 "영국에는 모직물 이외에 이렇다 할 수출품이 없었다." 더구나 날씨가 더운 동서 인도에서는 세탁할 수 없는 영국 모직물이 필요하지 않았다.

늘어만 가는 만성 무역 적자에 대한 근본 대책은 세 가지 정도 생각할 수 있었다. 첫 번째 대책은 가능하다면 생산지를 식민지로 옮기거나 식민지에서 생산해버리는 것이다. 그래서 설탕을 생산하는 서인도, 담배를 생산하는 버지니아에서는 식민지의 유지/방어라는 과제가 부상한다.

그러면 홍차와 캘리코, 염료, 도자기를 들여오는 동인도에 대해, 포도주와 견직물을 들여오는 프랑스 등지에 대해서는 어떻게 하면 좋을까. 두 번째 대책은 상대국의 주권을 인정하고 유리한 조건의 통상조약을 맺는 것이다. 세 번째 대책은 국내에서 수입품을 대체할 모방 상품을 개발하는 것이다.

신18세기, 즉 제2차 백년전쟁 중에 모든 선택지는 시행착오를 반복해 거쳐야 했다. 식민지 제국과 국가 체제 문제, 통상조약과 산업혁명은 영국이 분투한 노력을 보여준다.

제7강
산업혁명과 근대세계

경제/행정 개혁을 추진하는 근대의 국가지도자 윌리엄 피트(William Pitt) 부자*(왼쪽).
1834년 화재로 의사당은 불타버렸으나 의장석을 가운데 두고 여당과 야당이 얼굴을 맞대고
논의하는 회의장의 구조는 지금도 유지되고 있다. p.256.

---

* 윌리엄 피트(William Pitt) 부자 : 영국의 아버지(1708~1778년)와 아들(1759-1806년)
정치가.

1703	메수엔(Methuen) 조약
1713	위트레흐트(Utrecht)조약. 이 무렵부터 태평양 다각무역이 성장함.
1754	공예진흥협회
1756	7년 전쟁(~1763). [A] 전해부터 프렌치=인디언전쟁
1757	인도에서 플라시 전투(Battle of Plassey)
1760	조지 3세(~1820)
1763	파리조약(북아메리카의 영토를 확대). 런던에서 존 윌크스(John Wilkes) 사건(~1774)
1765	[A] 인지세 봉기
1770	제2대 길퍼드 백작 프레더릭 노스(Frederick North, 2nd Earl of Guilford) 수상(~1782)
1771	리처드 아크라이트(Richard Arkwright)의 수력 방적공장
1773	[A] 보스턴차사건(Boston Tea Party), 동인도회사 규제법
1775	[A] 13군데 식민지의 독립 전쟁(~1783)
1776	[A] 독립선언. 애덤 스미스『국부론』. 토머스 페인(Thomas Paine)『상식 (Common Sense)』. 제러미 벤담『정치론 단편(A Fragment on Government)』
1778	콜브룩데일(Coalbrookdale)에 철제 다리
1780	이 무렵 GDP가 연 성장률 1퍼센트를 넘음(산업혁명의 시동).
1782	[I] 그래턴 의회(Grattan Parliament)
1783	파리조약(합중국 독립의 승인). 윌리엄 피트 수상(~1801, 1804~1806)
1784	제임스 와트(James Watt), 복동 회전 증기기관*의 특허
1786	영불 통상조약(이든 조약Eden Treaty)
1789	맨체스터에 증기 에너지 방적공장. 프랑스혁명(~1799). 조지 워싱턴(George Washington) 대통령
1791	[I] 유나이티드 아이리시맨
1793	대(對)프랑스 대동맹에 의한 전쟁(1015까지 이어짐)
1799	나단 로스차일드(Nathan Rothschild)가 맨체스터에 거주(1804에 런던으로)
1800	아일랜드 합동법에 따라 다음 해에 연합왕국 성립
1802/03	면제품이 영국 수출품 제1위로
1808	나가사키에서 페이튼(Phaeton) 호 사건(1813부터 일본은 '본국 사라사'를 수입)
1814	빈회의(~1815)에서 나폴레옹전쟁 처리
1825	유례없는 호황, 철도 개통, 연말에 최초의 공황 '이국선타불령(異國船打拂令)' 발포

---

* 복동 회전 증기기관 : 피스톤이 실린더 안을 왕복할 때 양쪽에 교대로 작용 압력을 받게 만든 증기기관을 가리킨다.

1 제국과 연합왕국의 형태

속주의 국가 체제

정체성과 질서라는 관점으로 볼 때 18세기 영국에는 중요한 일이 계속 벌어졌다. 나열해보자면 1707년 스코틀랜드 합동, 1714년 하노버 선제후국의 동군연합, 1750년대부터 인도 문제, 1760년대부터 북아메리카 13개 식민지 문제, 1780년대경부터 아일랜드 문제, 1789/1792년부터 프랑스 문제 등이다. 각기 따로 동떨어진 문제가 아니라 제2차 백년전쟁 중 떠오른 국가형태의 성립 문제와 관련된다.

스코틀랜드 합동은 17세기 혁명(p. 201) 및 재커바이트 문제(pp. 215, 222)와 관련하여, 하노버는 왕위 계승(pp. 216, 222)과 관련하여 앞에서 서술했다. 브리튼 제도의 역암 같은 질서와 주권은 언제나 유럽 정치 안에서 자석 같은 힘을 발휘했는데, 그 자장은 이미 서양 세계로 넓어져 있었다. 아메리카 13개 식민지, 스코틀랜드, 아일랜드, 웨일스 같은 지방과 잉글랜드는 왕권과 어떤 관계를 맺을 수 있었을까. 필자가 엮은 공동 연구서『긴 18세기의 영

국―그 정치사회(長い18世紀のイギリス―その政治社会)』를 들여다 보면 알 수 있듯, 각 지방은 가능한 선택지를 만들어놓았다. 여기에 동서 인도가 더해지자 문제는 글로벌 차원으로 발전한다.

북아메리카 최초의 영국 식민지는 뉴펀들랜드였는데, 왕권의 후원을 받은 식민 활동은 1606년에 창립한 버지니아 회사를 기점으로 시작한다. 버지니아의 제임스타운 건설과 북아일랜드에 대한 식민은 1707년에 시작된 프로테스탄트 식민의 두 가지 고리라고 볼 수 있으며, 둘 다 제임스 왕과 런던시가 후원했다. 나중에는 마치 절대 왕권의 박해를 받은 퓨리턴이 올바른 신앙을 지키기 위해 목숨을 걸고 거친 바다를 건너갔다는 '순례의 조상(Pilgrim Fathers)' 이야기가 등장하지만, 이는 근대에 만들어진 전설이다(p. 159).

가톨릭 식민지 메릴랜드, 퀘이커 교도의 펜실베이니아 등을 더해 18세기 전반 13개에 이르는 주(province)가 각각 개성 있는 식민지로 묶였다. 주(province)란 고대 로마의 속주(p. 33)를 따라 붙인 개념이지만, 국가 체제로서는 각각 지사(총독)나 영주 아래 주 의회가 기능했다. 근세 아일랜드 왕국의 축소판 같은 제도라고 볼 수 있다.

대서양 다각무역

스페인 계승 전쟁(1701~1713년)의 결과 영국은 지브롤터(Gibraltar)를 비롯한 중요한 곳을 얻었으나 그에 못지않은 '전과'는 1703년 메수엔(Methuen) 조약으로 포르투갈과 맺은 통상조약과 1713년 위트레흐트(Utrecht)조약으로 얻은 스페인령 및 아프리카 노예무역 독점권(Asiento)이었다.

긴시치 노리오(金七紀男)에 따르면 메수엔 조약의 이권은 1662년 카타리나(캐서린) 왕비가 포르투갈에서 가져온 지참금(p. 191)의 연장으로 보인다. 영국은 모직물을 수출하고 프랑스 포도주보다 값싸게 포트와인(port wine)[1]과 포르투갈령 브라질의 금을 손에 넣었다. 또 노예무역 독점권에 따라 영국은 남북 아메리카로 노예와 상품을 수출하는 데 깊이 관여한다. 자신들은 결코 노예가 되지 않으면서 아프리카인 노예를 공급해 돈을 버는 데는 결코 거리낌이 없었다.

서인도/카리브해는 스페인령, 프랑스령과 가깝고 포획 특허선(해적선)이 활약했다. 이른바 해적 이야기의 무대로 알려져 있다. 영국은 17세기에 대서양의 버뮤다에 이

---

1) 포트와인 : 발효 중인 포도주에 브랜디를 첨가한 단맛이 나는 포르투갈 포도주를 가리킨다. 18세기 말 포르투 항구에서 대량으로 수출했는데, 포르투(Porto)는 항구를 뜻하는 영어 port와 어원이 같으므로 포트와인으로 불리며 유명해졌다.

어 바베이도스(Barbados), 자메이카(Jamaica), 파나마(Panama)를 식민지로 점령했으나 노동력은 아프리카인 노예에 의지할 수밖에 없었다. 카리브와 버지니아도 영국 경제에 중요했다. 그 이유는 첫째 사탕수수, 담배, 카카오, 커피, 쌀 같은 농산물, 둘째 영국 상품에 대한 농장주(planter)의 수요, 셋째 아프리카 노예, 이 세 가지를 이어주는 대서양의 다각무역 때문이다. 이것으로 영국 경제는 눈에 띄게 부쩍 성장했다. 에릭 윌리엄스(Eric Eustace Williams), 가와키타 미노루(川北稔), 조지프 이니코리(Joseph Inikori)도 이 구동성으로 말한 대로 대서양 다각무역 없이 산업혁명은 있을 수 없었다.

버지니아의 농장주 조지 워싱턴(George Washington), 보스턴과 필라델피아의 기업가 벤저민 프랭클린(Benjamin Franklin)은 모두 미국으로 이주해 몇 세대가 지난 현지 백인 엘리트였으나 자기 자신을 영국인(British)이라고 인식했다. 7년 전쟁/프렌치=인디언전쟁(1755~1763년)이 끝날 때까지 그들은 충성스러운 영국 신민으로서 나가 싸웠다. 그들의 정체성에는 가까이 살던 선주민, 캐나다와 인디애나의 프랑스인, 멕시코만의 스페인인, 흑인 노예와 자신은 **다르다**는 의식이 근본적으로 깔려 있었다. 이러한 자기 인식은 아일랜드에서 타자에 둘러싸인 영국계 식민자(Anglo-Irish)와 닮았다. 1740년에 나온 노래 〈지배하라 브리타니아여!(Rule, Britannia!)〉 가운데 "영국인(퓨리턴)은 결코 노예가 되지 않는다"고 노래할 때 적으로 표상한 대상은 (프랑스와 스페인의) 가톨릭과 전제정치였다.

7년 전쟁에서 승리함으로써 영국인의 자존심은 채워졌을지 모르나 이로써 동맹국을 상실했다. 무엇보다도 전쟁 비용으로 고갈해버린 재정 적자를 어떻게 메우느냐 하는 어려운 과제가 남았다.

스코틀랜드와 아일랜드

1707년 합동 후에도 스코틀랜드에서는 재커바이트와 휘그, 산지 지방과 저지 지방이 대립했다. 불만을 품은 산지 지방의 씨족(clan)은 협곡 바깥을 보려 하지 않았고, 명예혁명과 합동으로 독자의 사법과 교회를 갖춘 휘그 귀족과 지식인은 산지 지방을 장악하지 못한 채 합동 체제를 열심히 담당했다.

'윌리엄 왕 전쟁' 후 아일랜드 왕국에서는 소수파 프로테스탄트(앵글로=아이리시)가 다수파 가톨릭을 지배하면서 가톨릭 엘리트는 사라져갔다. 역사가 루이스 컬렌(Louis Cullen)이 잘 밝혔듯 흩어져 남서 프랑스로 이주한 아일랜드인 중에는 헤네시(Hennessy) 가문이나 린치(Lynch) 가문 등 포도주나 증류주 양조로 성공한 가계가 있다.

1782년 프로테스탄트 대지주 헨리 그래턴(Henry Grattan)의 지도력에 힘입어 더블린 의회는 런던 의회에 종속한다는 규정을 폐하고 자주 입법권을 얻었다. 마침 아메리카에서도 프로테스탄트 농장주가 독립 전쟁의 승리가 내다보일 무렵이었는데, 아일랜드에서는 아메리카와 비슷하면서도 비혁명적 지도력에 의해 주권국가로 나아가는 길이 정해지는가 싶었다.

웨일스는 안타깝게도 세 왕국 전쟁 때에도, 공화제 시기에도, 명예혁명 때에도 독자적인 움직임이 없었다. 일찍이 왕국이었던 저도 없고 의회도 없고 총독이나 관정도 없이 속주 이하의 취급을 받았다. 교회에서는 웨일스어를 사용했지만 잉글랜드 국교회 안의 종속 요소에 지나지 않았다.

식민지로 이주한 엘리트

헨리 그래턴, 애덤 스미스, 토머스 페인, 조지 워싱턴 모두 각각 아일랜드인, 스코틀랜드인, 잉글랜드인, 버지니아인이라고 자부하는 애국자(patriot)인 동시에 조지 3세의 충성스러운 신민이었다. 스미스, 페인, 프랭클린은 어느 나라 사람이라기보다는 계몽 국제주의 의식이 강했을지 모른다. 베네딕트 앤더슨(Benedict Anderson)이 『상상된 공동체(Imagined Communities)』[2]라고 일컬은 바대로 민족 정체성은 모자가 아니라 셔츠나 웃옷처럼 겹쳐 입을 수도 있기에 그때그때 입거나 벗을 수 있었다.

그러나 7년 전쟁 후 사태는 급격하게 바뀌었다. 본국은 재정을 다시 일으켜 세우기 위해 인지세, 차세(茶稅) 등을 차례로 들이밀었다. 그때 아메리카의 '충성스러운 신민'이 조세 신설에 저항하기 위해 내건 '대표 없이 과세 없다'는 기존의 국가 체제에 기초한 주장이었고, 아무도 반론할 수 없을 만큼 설득력이 있었다.

스코틀랜드인 애덤 스미스도, 아일랜드인 에드먼드 버크(Edmund Burke)도 아메리카 속주의 반항을 지지했다. 그것은 계몽적이고 합리적인 시각 때문이기도 하고, 속주

---

2) 한국어판은 『상상된 공동체』, 길 출판사, 2018년.

엘리트의 기개, '웅대하고 제국적인 잉글랜드인'에 대한 심정 때문이기도 했을 것이다.

헨리 8세와 충신이 imperial이라는 형용사를 주권/명령권이 미치는 범위(주권국가)에 사용한 사실에 대해서는 제4장에서 기술했다(p. 118). 하지만 임페리얼이라는 말을 사용하든 사용하지 않든 이미 에드워드 긴 다리 왕과 헨리 8세는 잉글랜드의 주권을 국내에 한정하지 않고 인접 지역을 대상으로 집행했다. 18세기에는 그것을 문제로 여기기 시작했다.

1707년 합동 직전에 아메리카에서 돌아온 법률가 윌리엄 애투드(William Atwood)는 『잉글랜드의 imperial 주권은 스코틀랜드 왕국보다 우월하고 지배적이다(The Superiority and Direct Dominion of the Imperial Crown of England Over the Crown and Kingdom of Scotland)』라는 당당한 책자를 간행했다. 이것에 대해 스코틀랜드의 제임스 앤더슨(James Anderson)이 『스코틀랜드 왕국은 imperial하고 독립적이다(The Crown of Scotland Is Imperial and Independent)』라는 책자로 반론했다. imperial이라는 말이 상소 금지법이나 국왕 지상법의 용법(제임스 앤더슨)을 넘어 이미 상위 지배권이라는 의미(윌리엄 애투드)를 함의했던 것이다. 하버드대학의 데이비드 아미티지(David Armitage)가 다른 문맥으로 논한 내용도 마찬가지다.

제국 문제와 독립선언

조지 3세(재위 1760~1820년)의 초기 치세 10년 동안에는 수상이 여섯 명이나 바뀔 만큼 혼란스러웠고, 런던에서는 존 윌크스(John Wilkes)가 선동한 유권자의 반정부 운동, 아메리카에서는 세금에 반대하는 봉기를 더는 억누를 수 없었다. 북대서양 양쪽에서 '자유의 아들'이나 애국자를 자칭하는 남자들이 전제정치에 반대하여 시위 행동에 나섰다. 유능한 프레더릭 노스(Frederick North) 수상(재직 1770~1782년)도 대처하지 못할 정도였다. 1776년 독립선언은 국왕의 '절대적 전제'와 '절대적 폭정'을 비난하고 창조주에게 부여받은 자연권을 주장한다.

독립선언은 세몽 아메리카인이 반란의 정당성을 닐리 밝히고 계몽 유럽을 향해 호소하는 엄연한 정치 문서이고, 정치사상사를 공부하는 학생의 작문은 아니다. 따라서 오늘날 역사가가 '전제'나 '폭정' 앞에 붙은 '절대적'이라는 형용사는 거의 후렴구처럼 무의미하다고 비판한다면, 초안을 쓴 토머스 제퍼슨(Thomas Jefferson)은 대답하기 곤란할 것이다. 만약 1707년 당시 스코틀랜드인이라면. 1857년 당시 인도인이라면, '절대적'이 아니라 imperial 이라는 형용사를 붙이지 않았을까. 처음부터 조지 3세와 노스 내각은 '절대주의'가 아니라 '제국 의식을 그대로 드러낸' 존대한 입헌·역암 군주(와 그의 정부)에 지나지 않았으나 식민지 엘리트는 온몸에 분노를 담아 그들의 정치에 '절대적 전제'와 '절대적 폭정'이라는 수사를 계속 붙였다.

제2차 백년전쟁 후반의 영국 식민지주의는 이득을 취해오던 아메리카의 계몽적 식민자들에게 분노를 불러일으켰다. 프랑스는 7년 전쟁의 원한을 갚으려는 듯 아메리카 반란군을 지원했고 스페인과 러시아도 프랑스의 길을 따라갔다 이에 국제적으로 고립한 영국은 패했다 그런데 미국 독립 전쟁은 머지않아 패전국 영국, 전승국 프랑스 양국에 중대한 결과를 안겨준다.

영국과 프랑스의 갈라짐

1776년은 중요한 출판물이 연이어 쏟아져 나왔다. 『국부론』과 합중국의 독립선언뿐 아니라, 토머스 페인(Thomas Paine)의 『상식(Common Sense)』, 제러미 벤담 『정치론 단편(A Fragment on Government)』이 나왔고, 계몽의 결정체인 『백과전서』 증보판과 에드워드 기번(Edward Gibbon)의 『로마제국 쇠망사(The History of the Decline and Fall of the Roman Empire)』 제1권이 간행되기도 했다. 윌리엄 피트(William Pitt) 수상이나 자크 네케르(Jacques Necker) 재무장관도 『국부론』이나 『로마제국 쇠망사』를 염두에 두고 정책을 조정해나갔다.

1786년 영국과 프랑스는 통상조약(이든 조약)을 맺었고, 이로써 영국은 붉은 포도주를 값싸게 들여왔고 프랑스 국내에 공업 제품의 판로를 확보했다. 프랑스는 포도주 수출의 대규모 판로를 확보한 대가로 한발 뒤떨어져 있던 국내 면 공업에 손해를 입히고 말았다. 영국과 프랑스의 경제는 조약 한 건만으로 운명이 뒤바뀌지는 않았으나 1780년대 후반 양국은 결정적으로 살림살이 선다. 영국에서는 피트 내각(1783~1801, 1804~1806, 속표지)의 '경제/행정(economical) 개혁'이 결실을 거두고, 프랑스에서는 재정 개혁안이 '귀족의 반동'으로 좌절하는 바람에 파국으로 향한 것이다.

결국 1789년 5월 맨체스터에서는 증기기관을 이용한 방적 공장을 최초로 가동했고, 베르사유에서는 175년 만에 전국 삼부회의 소집으로 혁명이 막을 올렸다. 때마침 같은 해 미합중국에서는 연방의회를 소집해 워싱턴이 초대 대통령으로 취임했다. 계몽의 도달점인 근대에 들어와 세 나라는 각각 제 나름의 행보를 이어나갔다.

제국을 순례하는 엘리트

영국인은 식민지 미국으로 건너가 직접 농장을 경영한 반면, 아시아에서는 중계 상인으로서 현지 상업에 참여하는 데 머물렀다. 하지만 7년 전쟁을 기점으로 행운을 거머쥔 로버트 클라이브(Robert Clive)가 1757년 플라시(Plassey) 전투에서 승리를 거둔 이후, 동인도회사는 벵골에서 행정 권력을 행사했다. 인두에서 돌아온 벼락부자는 **시기와 질투**가 섞인 '내이보브(nabob)'라는 명칭으로 불렸는데, 내이보브 의원은 1774년 의회(정원 558명)에 14명, 1784년 의회에 33명 있었다. 내이보브를 비난하는 여론을 등에 업고 동인도회사라는 상업 법인이 영역 지배에 손을 뻗쳤고, 현지의 이권과 유착하는 현상을 규제하는 법안이 1773년부터 거듭 토의의 대상으로 올랐다.

벵골 지사 클라이브와 벵골 총독 헤이스팅스도 의회에 불려가 책임을 추궁당했다.

1786년 식민지 담당관이 부임했으나 제국 전체를 아우르는 통일 정책을 시행한 것은 아니다. 다만 군사적으로 긴요하게 필요했으므로 국경을 넘어 인재를 안배했다. 이를테면 아메리카의 영국군 사령장관 찰스 콘월리스(Charles Cornwallis)는 1781년 요크타운전투 때 투항했으나 1786~1793년 벵골 총독이 되어 마이소르(Mysore)전쟁을 지휘했다. 1798년에는 아일랜드 총독으로 부임해 혁명 측에 선 유나이티드 아이리시맨의 반란을 진압하고 1800년에는 '합동법'을 실시하는 책임자가 된다. 콘월리스는 1802년 아미앵(Amiens)화약에 서명하는 교섭 임무를 마치고 벵골 총독으로 재임해 1805년 그곳에서 죽음을 맞이했다.

찰스 콘월리스 장군/총독과 같이 제국을 건너다니며 '순례'하는 상급 공무원을 임용하는 일은 이후에도 웨슬리(웰링턴) 형제 등 다수에게서 예를 찾아볼 수 있다. 베네딕트 앤더슨의 '상상된 공동체' 안에서 제국을 순례하는 일은 오대양 육대주를 거쳐 미치지 않는 곳이 없었다.

2 몰아치는 산업혁명

산업혁명을 어떻게 볼까?

'산업혁명'이라는 말은 19세기 루이 오귀스트 블랑키
(Louis Auguste Blanqui), 프리드리히 엥겔스(Friedrich Engels), 아
널드 토인비(Arnold Toynbee)가 기계제 공장, 증기 에너지
와 매연, 빈부 격차, 경기변동 같은 근대의 사회문제와
관련지어 사용하기 시작했다.

산업혁명을 정의하면 (어떤 일의 결과로서) 18세기 후반부
터 생산력의 혁신이 가져온 세계경제의 재편이라고 할
수 있다. 인간과 가축의 노동력, 수력에 의존하던 인류가
증기기관을 실용화하고 공장제 생산을 시작했다. 생산
을 위한 고정자본재에 투자하고 그것을 제한 없이 확대
하는 산업자본주의가 확립했다. 아울러 광석이나 점토
를 구하기 위해 땅을 깎아내고 석탄 등 화석연료를 대규
모로 소비하기 시작함으로써 대기에 이산화탄소 배출량
이 늘어났다. 모두 돈벌이와 편의성 때문이다. 한마디로
산업자본주의라는 시스템의 성립, 자연환경의 개조라는
두 가지 점에서 산업혁명은 '신석기 혁명'에 비유할 만큼

인류 역사의 전환점이다.

그런데 이와 모순하지는 않으나 산업혁명이란 제6강에서 서술했듯 여러 해 전부터 이어진 무역 적자의 해결이자 과학혁명, 계몽, 소비사회의 결과, 즉 해외에서 들어오는 외래 문물을 대체할 모방 상품의 승리이기도 하다. 사회철학의 과제에 대한 '정치경제학'의 해답이라고 해도 좋다. 또한 산업혁명은 아시아와 유럽의 관계 역전/갈라짐이자 국민경제의 상호 경쟁, 국가와 민족의 지배와 저항이라는 근대사의 문제가 생겨나는 계기이기도 했다.

산업혁명에 대해서는 이전부터 뉴커먼(Newcomen)과 제임스 와트(James Watt)의 증기기관, 제니 방적기(Spinning jenny), 리처드 아크라이트(Richard Arkwright)의 방적기, 에드먼드 카트라이트(Edmund Cartwright)의 역직기(力織機) 같은 발명과 개량의 희소식이 흘러나왔다. 그러나 과연 발명가가 진취적인 기상에 이끌려 내키는 대로 신기술을 개발하고 마음껏 신제품을 만들어 재고를 늘렸을까. 필요는 발명의 어머니라는 말이 있다. 어머니가 없으면 자식도 없다. 필요가 있었기에 발명가가 개량에 개량을 거듭해도 어마어마한 재고의 산에 파묻히지 않았다. 제6강에서 살펴본 18세기 상업 문명, 왕성한 수요, 그리고 만성적 무역 적자야말로 발명의 어머니였다. 18세기부터 증가한 인구(p. 208)도 또다른 요인이었다. 생산력, 공급만으로 역사를 설명할 수는 없는 법이다.

사치품의 대체 생산

의복은 식량에 이은 생활필수품이기는 하나 문화적 상징성을 띤 사치품이기도 하다. 그러므로 기본 산업이다. 인도의 날염 옥양목(캘리코, 경사=사라사)은 수요가 많았는데(p. 241), 이것이 문제였다. 첫째 모직물이나 아마직물 등 재래 옷감 산업/기득권에 위협이 되었다. 둘째 아시아에서는 인기 있는 상품이 밀려들어오는데 영국에는 모직물 말고 이렇다 할 수출품이 없다면 무역 적자는 일방적이고 만성적으로 불어날 것이다. 그 밖에도 염료나 도자기 같은 수입품도 같은 문제를 일으켰기에 근본적인 대책이 필요했다.

방적, 직물, 염료, 디자인을 둘러싸고 18세기 영국의 정부와 민간이 있는 힘을 다해 노력한 까닭은 그 때문이다. 특허, 입법, 금융, 그리고 사법이 다 기업가를 지원했다. 1754년 런던에서 창립한 공예진흥협회(Society of Arts)는 문예, 농업과 나란히 제조업, 기계학, 화학(염색, 광물), 식민지무역이라는 여섯 분야에 대해 기술 개발 프로젝트를 공모하고 조성했다.

7-1 날염 캘리코(calico) 드레스. 가볍고 아름답고 세탁할 수 있는 100퍼센트 면의 인도 경사가 18세기 서구를 휩쓸었다.

랭커셔 면직 공업의 성장

근대사가 후카사와 가쓰미(深沢克己)의 『상인과 경사(商人と更紗)』가 밝히고 있듯 18세기 유럽 대륙에서는 수입 인도 흰 옥양목을 사용한 날염 산업을 시도했다.

영국은 모방 면직물의 독립적인 생산을 시도한바, 랭커셔(Lancashire)주 맨체스터 교외에서 날실 아마와 씨실 면으로 짠 혼직물을 만들어냈다. 코튼린넨이나 퍼스티언(fustian)이라고 불리던 혼직 옷감은 뻣뻣하고 염색도 조잡해 인도 직물(친츠chintz[3])과는 상대가 되지 않았다. 이래

---

3) 친츠(chintz) : 경사(更紗). 평직 면포에 작은 무늬를 화려하게 날염한 것으로 커튼이나

서는 국내와 유럽에서 팔리지 않을 것이기에 대서양 다각무역으로서 리버풀 항구에서 아프리카, 카리브, 브라질로 수출했다. 규격에 맞지 않는 '조잡한 물건'을 모직물 산업의 길드가 안중에 두지 않은 것도 다행이었다. 1736년 의회에서는 '맨체스터 물품'을 규제하지 않는다는 법률이 성립하고 힘없는 산업에 대해 영업의 자유를 보장받았다.

Captains of industry라고 일컫는 아크라이트가, 케네디가, 빌가 등 가족 기업이 경영 노력과 대서양 판로를 통해 성장하고, 유럽이나 아시아에서도 팔릴 만한 품질로 100퍼센트 면포를 생산하고 날염을 해낸 시기는 겨우 18세기가 끝날 무렵이었다. 브라이언 미첼(Brian R. Mitchell)과 필리스 딘(Phyllis Deane)의 통계에 따르면 영국 수출품 제1위를 점하던 모직물(p. 107)이 면제품에 자리를 양보한 해는 1802/1803년이다. 더글라스 파니(Douglas Farnie)가 말하는 '면의 시대'가 막을 올렸다.

공장에서 대량 생산한 영국의 면포는 새로운 전략 상품이 되어 전통적인 인도의 수직 면업을 침식했다. 일본과 네덜란드의 무역사를 쓴 이시다 치히로(石田千博)에 따

___

의자 커버 등 실내장식에 쓰인다.

르면 18세기까지 나가사키(長崎)에서 희귀하게 여기던 인도 경사는 분카·분세이(文化·文政, 1804~1830년) 시대에 질이 나빠져 소멸하고 그 대신 '본국 경사' 즉 유럽제 고급 날염 캘리코가 일본으로 침투했다(p. 277).

웨지우드 도자기

중국과 일본의 아름다운 도자기를 본뜬 모조 상품을 만드는 일도 쉽지는 않았다. 델프트(Delft)나 마이센(Meissen)에서도 시행착오를 되풀이했다.

조사이어 웨지우드(Josiah Wedgwood, 1730~1795년)가 성공한 요인은 좋은 점토, 돌, 뼈를 이용한 품질 관리, 부유층 수요에 맞춘 그리스 로마풍 디자인, 생산 공정의 분업, 카탈로그 배포를 통한 통신판매 같은 경영 노력이다. 18세기 후반 운하 건설이 붐을 일으킨 시기와 맞물려 안전하고 확실한 운송망을 확보했기에 성공할 수 있었다. 나아가 '루나 소사이어티'를 통해 버밍엄 근교의 명망가·부르주아와 지적 교류를 이루었고, 자식을 많이 낳는 가족 전략과 적절한 노동자 관리 등 웨지우드는 근대 산업 부르주아의 요건을 모조리 갖추었다.

기존 기술과 정보의 최대화

초기 증기기관은 별로 효율적이지 않았고 실은 수차(水車)를 응용하는 편이 더 나았다. 1771년 더비셔(Derbyshire) 주의 더웬트(Derwent) 계곡을 따라 세운 최초의 아크라이트 방적공장은 수력 공장이었기에 계절마다 다른 수량의 변화에 영향을 받았다. 1784년 제임스 와트가 개발한 복동 회전 증기기관은 거대하고 효율이 떨어졌다. 증기 에너지로 움직이는 최초의 방적공장이 맨체스터 마을에 세워진 것은 훨씬 나중 일이었는데, 윌리엄 챌로너(William Chaloner)에 따르면 1789년 5월이다. 그 후 로버트 오언(Robert Owen)의 뉴래너크(New Lanark) 마을, 그레그(Greg)가의 스티얼(Styal) 마을 같은 공장촌 공동체는 19세기 들어와서도 수력과 증기 에너지를 병용했다.

산업혁명은 기존의 기술과 정보를 결합하고 최대화함으로써 발화했다. 산업혁명은 오히려 마차, 수차, 수운(水運)을 활성화했다. 콜브룩데일(Coalbrookdale)의 제철 마을은 목가적인 계곡에 있었고, 1778~1780년에 철제 다리(iron bridge)가 놓였다. 증기기관은 18세기 말에 실용화되고 철도는 1825/1830년에 영업 운전을 시작한다. 증기 에너지와 철도는 산업혁명의 동인이 아니라 완성의 상징이다. 오늘날 런던을 떠나 버밍엄이나 맨체스터로 가는 열차를 타고 창밖을 내다보면 운하가 나란히 마주치는 모습이 눈에 들어올 것이다. 터미널 역 뒤쪽

7-2 윌리엄 터너의 그림 〈비, 증기, 그리고 속도―대서부 철도〉. 천재 화가가 그린 산업혁명의 표상.

에는 운하망을 연결하는 중심지가 있다. 초기 철도는 운하를 그대로 모방하듯 깔렸고 19세기에는 공장을 운하 옆에 건설했다.

윌리엄 터너(William Turner)가 그린 〈비, 증기, 그리고 속도―대서부 철도(Rain, Steam, and Speed―The Great Western Railway)〉(1844년)라는 그림에는 비가 내리는 철도 다리를 질주하는 증기기관차의 가마에서 튀는 불꽃이 보인다. 그뿐만 아니라 기관차 앞을 산토끼가 앞서 달리고 있다! 과거와 현재의 연속이 친재 화가의 붓에 의해 가시화되있다고 할 것이다.

GDP의 저성장

여기에서 이른바 '산업혁명 부정론'을 언급해둘 필요가 있을 것 같은데, 이미 졸저 『문명의 표상 영국(文明の表象 英国)』에서 다룬 바 있으므로 간략하게 결론만 붙여둔다. 옛날 교과서에는 1760년대에 자생적으로/국내 요인으로 산업혁명이 촉발되었고, 눈 깜박할 사이에 공장과 매연과 산업자본주의가 영국을 뒤덮었다는 식으로 기술했다. 이러한 구식 설명은 첫째 100년에 걸친 시행착오와 연속성, 둘째 광역에서 벌어지는 경쟁을 간과했다는 점에서 잘못이다.

우선 첫 번째 점에 대해 말하면 근래 계량 경제사가 데이터를 무기로 삼아 산업혁명의 이미지를 엄청나게 바꾸어버렸다. N. 크라프츠(N. Crafts)에 따르면 국내 생산의 연 성장률은 1700~1780년대 0.7퍼센트 내외로 계속 낮았고, 1780년대에 들어서야 가까스로 1.3퍼센트를 넘어 1801년 이후 1.94퍼센트에 달했다. 이를 1인당 연 성장률로 보면 1760~1780년대에는 성장 제로에 1780년 이후도 겨우 0.35퍼센트, 19세기 초반 30년 동안에도 0.52퍼센트밖에 되지 않는다.

이 사실을 통해 1780년대에 들어서야 가까스로 낮은

성장률을 벗어나기 시작했다고 보아야 한다는 결론을 내릴 수 있다. 움츠려 때를 기다린 기간이 길 뿐 아니라 1780년대 이후에도 '혁명적'인 변화를 보이지 않는다. 20세기의 고도성장을 아는 사람에게는 18세기 영국의 경제 변화는 답답하게 느껴질 따름이다.

세계사의 자리에서 본 산업혁명

그런데 영국 국민경제의 내부만 보거나 국내 성장률만 생각한다면 문제가 있지 않을까. 이것은 두 번째 점과도 관련된다. 근세 아시아는 유럽보다 풍요롭고 성숙한 정치, 경제, 문화를 누리고 있었다. 남만인(南蠻人)[4]이나 홍모인(紅毛人)[5]은 뒤떨어진 열등생으로서 아시아에 발을 들이도록 허락받았다. 동서의 역관계가 바뀐 것은 18세기 어느 시점이다. 오스만제국의 후퇴, 플라시(Plassey) 전투 때 로버트 클라이브(Robert Clive)의 영국군 승리, 광저우(廣州)의 개항 같은 전환의 조짐이 보였다. 여기에 과학혁명과

---

4) 남만인 : 16세기 중반부터 일본에 내항한 포르투갈인, 스페인인을 가리키는 말이다.

5) 홍모인 : 머리털이 붉은 사람이라는 뜻으로, 서양 사람을 낮잡아 이르던 말. 일본에서는 특히 네덜란드인을 가리키는 말이다.

계몽 유럽의 뜨거운 열의와 노력 덕분에 케네스 포메란 츠(Kenneth Pomeranz)가 말하는 '커다란 분기점'이 결정적으로 생겨났다.

세계사의 분기점, 인류사의 전환점이라고 할 만한 산업혁명은 비록 국내 생산 성장률이 연 1퍼센트를 약간 웃도는 정도였지만, 수십 년 동안 성장을 계속했다는 점에서 '혁명'이라는 이름값을 하기에 충분하다. 오랜 기간 대체 상품을 만들어온 시행착오가 산업자본주의라는 결실을 맺었다. 기존의 정보와 기술을 최대한 활용하고, 대담하게 투자하며, 대량으로 확실하게 생산하고 운송하는 시스템을 구축했던 것이다. 바로 이러한 산업혁명이 싹튼 시기가 바로 1780년대 무렵이다. 1825년 유사 이래의 호경기, 스톡턴~달링턴(Stockton and Darlington) 철도, 그 직후에 찾아온 공황으로 산업혁명은 막을 내린다.

영국은 자생적으로 생산력의 혁신을 이루어낸 것이 아니라 아시아와 유럽의 여러 지역과 경쟁하고 쫓기면서 산업혁명을 이루어냈다. 그 결과는 글로벌 차원으로 퍼져나갔다. 산업혁명은 1800년 전후에 일어난 제2의 세계화의 계기라고 보아야 비로소 역사적으로 이해할 수 있을 것이다. 제1의 세계화 못지않게 제2의 세계화도 동서

의 역사를 천천히 불가역적으로 바꾸어버렸다. 영국은
자본주의 세계 시스템의 중추가 되고, 이후의 세계사는
영국의 평화 질서(팍스 브리태니카)와 어떤 관계를 맺느냐를
중심으로 펼쳐진다.

3 1800년 이후 영국과 세계

제2의 세계화

산업혁명은 긴 18세기의 민간 활력, 의회·정부의 적극적인 정책, 그리고 해외시장이라는 세 요소가 어우러진 결과가 불러일으킨 경제사회의 재편성이다. 그러면 왜 하필이면 이 시기였을까. 그리고 왜 하필이면 영국이었을까.

과학혁명과 계몽의 효과가 뚜렷한 18세기 후반이라는 시기, 광의의 라인란트(Rhineland)/구 로타링기아(Lotharingia)와 비슷한 장소가 필요조건이었을 것이다. 해외 상업과 면 산업과 정밀 기술은 네덜란드와 프랑스와 영국이 우열을 가릴 수 없었다. 하지만 네덜란드와 위그노의 인재와 정보 기술이 영국에 연착륙했고, 또한 영국에서는 의회정치를 바탕으로 군사 국가 시스템과 상식이 기능했다. 반면 대국 프랑스는 처음부터 바람직한 조건이라는 행운을 타고났으나 위그노가 빠져나가고, 끊임없이 벌어지는 전쟁으로 인한 적자가 쌓이고, 세금 부담의 불공정함을 방치하고, 영국-프랑스 통상조약으로 타격을 입고, 26년 동안(1789~1815년) 혁명적 격동과 나폴레옹전쟁에 돌입함으로써 힘을 잃어갔다. 영국은 26년 동안 약간의 초기 이익을 독점했다.

산업혁명은 광역에서 벌어진 다툼과 겨룸의 산물이다. 그 결과 19세기의 세계는 세계화를 이루었고 변화 없이 밋밋하게 굴러가지 않았다. 제2의 세계화는 중층적 시스템/구조를 형성했다. 세 가지 층위로 나누어 살펴보자. 이 이론의 핵심은 유명한 이매뉴얼 월러스틴(Immanuel Wallerstein, 1974년)보다 더 전에 후지세 히로시(藤瀬浩司)가 『근대 독일 농업의 형성(近代ドイツ農業の形成)』(1967년)에서 주장한 바 있다.

세계자본주의 시스템의 중심

첫째, 영국은 세계경제의 중추로서 '세계의 공장', '세계의 은행', '세계의 총사령부'가 되었다. 맨체스터, 버밍엄, 글래스고는 상공업 도시로, 리버풀은 항만도시로 급격히 성장했다. 1750년 2만 명쯤이었던 이들 지방 도시인구는 1850년에 20~40만 명으로 늘어난다. 100년 동안 10~20배나 불어난 것이다. 상업과 금융과 정치의 중심인 런던도 인구 약 70만에서 240만으로 증가했을 뿐 아니라 공공 공간도 정비해 엄연히 세계의 수도로 부상했다.

세계자본주의는 로마의 평화 질서에 비견할 만한 영국의 평화 질서라는 현상으로 드러나고, 그 중심에는 자유로운 공공권이 뿌리 내린다. 로마는 그리스 헬레니즘의 정수를 계승하고 지중해 세계를 통치했다. 이를 본받아 영국은 종교개혁과 계몽 유럽의 정수를 계승하고 지구 세계를 통치했을까.

지주 귀족과 힘들게 성공한 기업가가 힘을 합치고 외래의 인재를 기용한 결과 영국의 경제사회는 점점 더 활기가 넘친다. 면 산업의 중심인 맨체스터에서는 1799년 독일 출신의 상인 브란트(Brandt)가 마을 수장으로 취임한다. 같은 해 프랑크푸르트의 금융 상인 마이어 암셀 로트실트(Mayer Amschel Rothschild)는 셋째 아들 나탄 마이어 폰 로트실트(Nathan Mayer von Rothschild)를 맨체스터에 거주하게 하여 면 산업 · 염색업을 상세하게 조사했다. 나탄(영어 이름은 네이선 메이어 로스차일드)이 5년 후 런던시로 거주를 옮기면서 런던은 드디어 로스차일드 집안이 유럽의 금융 네트워크에 영향력을 미치는 중요 거점이 된다. 1842년 독일 바르멘(Barmen)을 기점으로 맨체스터에 걸쳐 활동하던 엥겔스 상회의 프리드리히 엥겔스(Friedrich Engels) 청년도 라인 유역에서 잉글랜드에 이르는 인구동태의 변화(p.106)에 올라탄 사람이다.

대항군

둘째, 라인란트/구 로타링기아와 주위의 서유럽, 그리고 미합중국 등은 영국 공업 제품의 홍수와 자유로운 공공권의 위력을 절실하게 느끼면서 국민경제의 보호와 육성에 힘쓴 지역이다. 후발 주자로서 미약한 산업자본주의의 자립을 위해 이들 지역은 식산흥업, 부국강병, 국가 통일과 국민공동체 확립을 국책으로 삼았다. 1808년 나폴레옹의 '대륙봉쇄령' 즉 영국을 차단하고 유럽 시장을 독점하는 것이 가장 먼저 나온 '대항' 시도였다. 1814년 미영전쟁이 이어졌고, 1833년 프리드리히 리스트(Friedrich List)가 제창한 '독일관세농맹'의 소인이 이루어졌다. 애덤 스미스의 자유방임에 대항하여 국민경제를 내세운 '리스트의 문제의식'은 고바야시 노보루(小林昇)를 비롯해 오늘날까지 사려 깊은 경제학자들이 고민하는 과제라고 할 수 있다.

이렇게 국가 차원의 대응을 가리켜 후지세 히로시는 자본주의 세계 체제의 '대항군'이라고 부른다. 후발/대항군의 자본주의 나라에서는 두 가지 조류가 대립한다. 하나는 영국이나 계몽을 모델로 삼는 '근대파'의 보편·진보주의이고, 또 하나는 이를 염려하여 역사적 국민 문화를 강조하고 특수한 길을 주장하는 '민족파'의 낭만주의다. 이 둘은 나라의 행방을 둘러싸고 대립하는데, 이러한 경향은 19세기 스코틀랜드, 아일랜드, 독일, 근대 일본에도 통한다.

종속군

셋째, 유럽 주변이나 라틴아메리카, 아시아 지역과 같이 후지세 히로시가 '종속군'이라고 부르는 지역이 있다. 이런 지역은 중심부의 수요를 일방적으로 수용해 주민의 생활과 관계없이 수출용 단일작물 재배(monoculture)를 강요받는다. 잘 알고 있듯 발트해 연안의 곡물과 목재, 버지니아, 카리브해, 남아메리카의 광활한 경작지에서 생산하는 면화, 담배, 사탕수수, 커피 같은 플랜테이션, 그리고 가축 목장 지대가 다 그러하다.

아일랜드나 인도처럼 국가 주권을 상실한 지역은 풍부한 역사와 문화에도 불구하고 식민지 지배를 받았다. 전통 산업이 있다고 해도 영국 본국과 경합하는 부분은 해체되거나 변형되었다. 19세기 전반에 독립한 라틴아메리카는 국가 주권을 유지했으나 경제적으로는 영국 등 자본주의 중심부에 종속당해 특정 원료를 공급하고 본국 제품의 시장이 되었다.

이리하여 세계에는 삼층 구조/시스템이 성립했다. 근대 세계사는 영국 자본주의의 세계적 지배와 이에 대한 대항과 종속의 역사라고 할 수 있다.

삼층 구조 안의 일본

1808년 영국 해군 페이튼(Phaeton) 호의 레이놀즈 펠류(Reynolds Pellew) 함장은 나가사키 항을 기습하고 데지마(出島)의 네덜란드 상관(商館) 직원을 구속했다. 네덜란드를 합병한 나폴레옹 제국과 세계 규모로 전쟁을 벌이던 영국이 도발한 군사행동이었다. 이 사건으로 나가사키의 봉행(奉行)[6] 마쓰다이라 야스히데(松平康英)는 영국인(英吉利

6) 봉행 : 일본에서 헤이안 시대부터 에도 시대까지 행정 사무를 담당한 각 부처의 장

人)에게 땔나무와 식량을 주고 떠나게 하였으나 이에 스스로 책임을 지고 할복했다.

그 직후인 1813년과 1814년 '네덜란드 선박(아란타선阿蘭陀船)'이 나가사키를 찾아왔는데, 사실 이 배는 자바섬을 점령한 토머스 스탬퍼드 래플스(Thomas Stamford Raffles)가 파견한 위장한 영국 배였다. 당시 이 사실은 관계자만 아는 최고 기밀에 부쳤다. 이때 싣고 온 뱃짐으로 인도 경사와 함께 '본국 경사'가 처음으로 들어왔다. 네덜란드 무역이 1817년 재개하고 나서도 주문에 의한 '유럽 경사'의 수입이 이어졌고, 질이 나빠진 인도 경사는 1829년을 마지막으로 수입을 중단했다(p. 265).

1825년 막부는 서양 선박이 보이면 무조건 쫓아내라는 '이국선타불령(異國船打拂令)'을 발포했음에도 실은 1857년 수호 통상조약에 의해 40년 이상 전부터 일본은 영국 자본주의의 세계 시스템과 교류하여 매년 그 전략 상품·날염 면포를 주문 수입했다. 이 사실은 이시다 치히로의 연구 및 『도쿄대학 사료편찬소 부속·화상사료해석센터 통신(東京大学史料編纂所附属·画像史料解析センター通信)』(2011/2012년)을 보면 명명백백하다.

관을 말한다.

'종속군'이 아니라 '대항군'에 속하는 국민국가로 어떻게 살아남느냐 하는 것이 막부 말기 메이지 시대 사람들의 숙제였을 것이다.

제8강
눈에 띄게 변모하는 빅토리아 시대

크리스마스 전나무를 둘러싼 앨버트 공(오른쪽)과 빅토리아 여왕과 아이들. 근대 '빅토리아풍 가족'의 표상. p.308.

1783	피트 수상(~1801, 1804~1806)
1814	빈회의(~1815)로 제2차 백년전쟁 종결
1826	런던대학(UCL) 창립
1828	심사율 · 자치단체 법의 폐지
1829	가톨릭 해방법
1830	9. 리버풀 · 맨체스터 철도 개통. 11. 그레이 수상(~1834)
1832	선거법 개정
1834	빈민 대책법 개정(신구빈법). 12. 빌 수상(~1835, 1841~1846)
1837	빅토리아 여왕(~1901)
1838	8.인민헌장. 차티스트운동. 9. 곡물법 반대 협회(다음 해 곡물법 반대 동맹)
1840	아편전쟁(~1842), 윌리엄 글래드스턴(William Gladstone)의 반대 연설
1845	벤저민 디즈레일리(Benjamin Disraeli)『시빌, 또는 두 개의 국민(Sybil, or The Two Nations)』
1846	곡물법 철폐, 토리당 분열
1851	대박람회(최초의 만국박람회). 로이터통신사(Reuter) 설립. 전국 종교 조사
1854	크림(Crimean)전쟁에 참전(~1856)
1857	인도 대반란(~1858), 인도를 직접 지배로
1860	영국과 프랑스 통상조약(코브던Cobden 조약). 나이팅게일 간호부 양성학교
1862	막부의 제1회 유럽 파견 사절(遺歐使節, 후쿠자와 유키치福沢도 수행)이 영국 체류
1863	축구 규칙 제정. 다음 해에 크리켓 규칙 제정
1867	제2차 선거법 개정. 월터 배젓(Walter Bagehot)『잉글랜드의 국가 체제(The English Constitution)』. 캐나다 연방. 카를 마르크스『자본론』
1868	2.디즈레일리 보수당 수상(~1868, 1874~1880) 12. 글래드스턴 자유당 수상(~1874, 1880~1885, 1886, 1892~1894)
1869	수에즈운하 개통
1870	초등교육법(1880 취학 의무화) 국가공무원 채용 시험 시작
1871	노동조합법
1872	이와쿠라(岩倉) 사절단(구메 구니타케久米邦武도 수행)이 영국 체제
1876	여왕이 인도 황제를 칭함
1884	제3차 선거법 개정. 페이비언협회(Fabian Society). 인보관(鄰保館, settlement) 시작.
1885	인도 국민회의 결성
1886	아일랜드 자치법안, 조지프 체임벌린(Joseph Chamberlain)이 자유당을 탈당
1887	제1회 식민지회의. '셜록 홈스(Sherlock Holmes)' 시작
1889	러디어드 키플링(Rudyard Kipling) East is East...
1892	베아트릭스 포터(Beatrix Potter)가 시드니 웹(Sydney Webb)과 결혼
1899	남아프리카전쟁(~1902)

1 국가지도자로 재빨리 변모하다

근대의 쟁점

칼 폴라니(Karl Polanyi)는 19세기 영국사를 가리켜 시장경제의 인류 역사에 일어난 시장경제의 '대변모/대전환'이라고 불렀다. 제2의 세계화와 더불어 끊임없이 어려운 문제가 생겨난 까닭에 근대인은 과거와 다른 사고방식과 행동을 요구받았다.

첫째, 나라의 질서라는 측면만 보더라도 심사율(test act)과 가톨릭 해방이라는 문제가 있었다. 이미 1707년 이래 '한 군주, 한 의회, 두 법, 두 교회'라는 연합왕국이었으나 (p. 217), 1801년부터는 로마 가톨릭 인구를 다수 떠안았다. 공무원에게 국교회를 섬기도록 강제한 종교 국가의 원칙을 19세기에 들어와서도 유지해야 할까? 아일랜드 정치는 실로 이 점에서 갈등이 분출했다. 둘째, 산업혁명과 공리주의의 시대에도 중세 이래 전해 내려온 국가 체제/정치의 초석을 그대로 두고 의회(서민원)의 선거법을 논의해야 할까? 자치도시 참사회(參事會)도 이와 표리일체로 맞물린 문제였다. 셋째, 제2차 백년전쟁과 재정 군사 국가로 누적된 국고의 적자와 금융 불안을 어떻게 해소해야 할까? 무엇보다 빈회의 후에도 국채 상환이 세출의 절반 이상을 차지하고 있었다. 넷째, 곡물법 즉 농업 조성금과 관세를 통해 소비자에게 부담을 안기는 시스템이 문제였는데, 과연 이대로 높은 식량 가격을 유지할 것인가?

이러한 문제는 하나같이 명예혁명 후 국가 체제의 원리와 연관된 난제였다. 급진주의자는 이것을 '오래된 부패'라고 공격했다. 기득권의 정치 때문에 시대의 쟁점이 자꾸 미루어졌다. 17세기 항해법을 계속 유지하느냐, 동인도회사 즉 아시아 무역과 인도 통치를 어떻게 해야 하느냐 하는 난제도 18세기 말부터 논의를 거듭해왔고, 여기에 1815년 이후에는 국제 관계/외교 방침, 그리고 도시화와 공중위생, 경기순환에 따른 도산과 실업 대책 문제도 새로이 더해졌다.

산업혁명 시대에 들어와 여성과 아동이 노동 현장에 나와 일하고, 이에 따라 가족관계와 인구동태가 변함으로써 엘리자베스 시대에 제정한 직인 규제법과 빈민 대책법이 시대의 요청에 부응해야 할 필요가 강해졌다. 특히 교구 단위로 시행하던 사회정책은 재정이나 통치 측면에서 무리가 있었다. 1801년 전국 평균으로 교구의 인구는 약 900명이었기 때문이다. 교구의 공적 시책을 보완하도록 상층이 베푸는 자선이 존재했으나 그것이 언제나 제대로 기능한 것은 아니다.

이즈음 가부장 권력과 젠더 규범의 동요에 대응하는 방식 중 하나가 졸저 『민중의 윤리』에서 다룬 스키밍턴(skimmington)[1]이나 '아내 팝니다' 같은 퍼포먼스였다. 이에 대한 의회의 대응 방식에 대해 사회변동을 연구하는 사회학자 닐 스멜서(Neil Smelser)는 여성과 아동의 취업을 규제하고 보호하는 '공장법'이 또 다른 대응 방식이었음을 논했다. 대변모/대전환이 낳은 증후군은 문학의 제재로 떠오르기도 했다. 제인 오스틴(Jane Austen)은 평화로운 지방의 지주(젠트리)와 사제 가족이 세간의 평판에 마음을 쓰는 모습과 '결혼하기 위한 활동'을 그린 드라마를 창작했다. 요크셔(Yorkshire)의 사제 집안의 브론테 자매(Bronte)는 상상력과 강렬한 감정이 풍부한 이야기를 지어냈다. 찰스 디킨스(Charles Dickens)는 신빈민 대책법이 나오는 무렵을 배경으로 빈민의 세계를 멜로드라마로 꾸몄고, 토

---

1) 스키밍턴 : 민속 풍습 중 조소 의례를 가리키는 말로 샤바리(charivari=shivaree)라고도 한다. 공동체의 규율을 어긴 자를 벌하고 쫓아내는 야단법석을 뜻한다.

머스 하디(Thomas Hardy)는 '성격과 환경'이 빚어내는 비극으로 구성했다.

구질서의 원리로 더는 굴러갈 수 없는 시대에 대응하는 문제에 대해서는 아사 브릭스(Asa Briggs)의 『개혁의 시대(The Age of Improvement)』가 고전적으로 다루었고, 필립 코리건(Philip Corrigan)과 데릭 세이어(Derek Sayer)의 공저 『위대한 창궁(The Great Arch)』은 '문화혁명'이라는 틀로 다루었으며, 필립 할링(Philip Harling)은 국가 역할/책임의 확대를 논했다. 자세한 연구 성과는 『옥스퍼드 브리튼 제도 통사(オックスフォード・ブリテン諸島通史)』 제9권이나 졸저 『영국사 연구 입문(イギリス史研究入門)』 각 장을 참조해주기 바란다. 여기에서는 근대의 쟁점을 둘러싸고 어떤 사람들이 어떻게 궁리했는지 살펴보자. 이는 케임브리지대학에서 내가 사사한 스승 보이드 힐턴(Boyd Hilton)이 연구 주제이기도 하다.

재상 소(小) 피트

근대의 쟁점에 정면으로 맞붙은 최초의 국민 지도자는 윌리엄 피트(William Pitt, 1759~1806)였다. 같은 해 태어난 정치가 윌리엄 윌버포스(William Wilberforce)와 케임브리지 대학 동창으로 두 사람은 평생 벗으로 지냈다. 둘 다 21세에 서민원 의원이 되었다. 아메리카 독립을 승인한 파리조약(1783년) 직후 약관 24세에 지명받아 거의 21년 동안이나 수상을 역임했고, 산업혁명, 프랑스와 벌인 전쟁, '연합왕국'의 성립에 관여했다. 이름이 같은 부친 '대(大) 피트'의 아들이기에 '소(小) 피트'라는 별칭을 얻었다. 키가 늘씬한 수재, 유능한 일꾼이었고 연설이 천하일품이었다 (제7강 속표지 그림/p. 245).

소 피트를 '근대 토리당의 아버지'라고 평가하기도 하는데, 이는 오해를 사기 쉽다. 우선 그는 당파를 뛰어넘은 국가지도자(statesman)였다. 포용력이 있는 휘그당의 정치가 찰스 제임스 폭스(Charles James Fox)와는 두 세대에 걸친 정적이었다. 하지만 영화 〈어메이징 그레이스(Amazing Grace)〉에도 그려져 있듯 소 피트는 정적에게도 관용을 베푸는 '공공정신'을 실현했다. 국왕의 신뢰도 두터웠고, 기존 국가 체제와 애덤 스미스를 믿었으며, 사상적으로는 휘그의 논객 에드먼드 버크에 가까웠다. '독립파 휘그'를 자임했다.

또 소 피트는 '프랑스에 대항하는 동맹'을 주창하고 마

지막까지 싸웠기 때문에 보수 반동의 정치가라는 식으로 입에 오르내리기도

8-1 연합왕국의 국기(Union Jack). 잉글랜드의 성 조지, 스코틀랜드의 성 앤드루스, 아일랜드의 성 패트릭이라는 세 가지 십자가를 합체한 모양이다.

한다. 그러나 그는 1783년부터 밀고 나간 '경제/행정 개혁'(p.258)을 배경으로 프랑스와 벌인 전쟁에 대응한 데 지나지 않는다. 프랑스혁명은 두 단계로 이루어지는데, 혁명전쟁은 1789년이 아니라 1792년에 시작했고 영국은 1793년 루이 16세의 처형 후에야 참전했다. 소 피트는 자코뱅주의 국가와 나폴레옹의 유럽 제국과 대결한 자유주의자였다.

그는 1800년 '그레이트브리튼·아일랜드 연합왕국법'을 성립시켰다. 이때 중세 백년전쟁 이후 영국 군주가 '프랑스 왕'을 칭하는 전통을 폐하여 프랑스를 도발하는 요인을 없앴다. 제1차 백년전쟁의 전후 처리를 이윽고 제2차 백년전쟁의 최종 단계에 실현한 셈이다. 한편, 엘리자베스 여왕 이후 '~등'을 붙이던 호칭도(p.92, p.134) 쓸모없어졌기에 그만두었다. 더구나 소 피트는 가톨릭에 대한 차별을 없애고 프로테스탄트 종교 국가에서 탈피하고자 했으나 국왕이 반대하자 스스로 사임했다.

시효 취득의 영국형 근대

에드먼드 버크의『프랑스혁명에 관한 성찰(Reflections on the Revolution in France)』(1790년)은 급진주의자를 비판하면서 명예혁명을 변론하고 근대의 보수주의를 논했다. 철학적으로는 경험주의에 속하고 시효 취득형(prescription)[2] 사상이다. 여기에 국교회, 제러미 벤담, 애덤 스미스도 뛰어들어 그야말로 비할 데 없는 적응력을 발휘했다.

자유주의자 에드먼드 버크에 따르면 세상의 질서를 다스리는 것은 단순한 이성이나 자연권이 아니라 복합적 요소의 조화다. '과거 인간, 현재 인간, 미래 인간의 파트너십'에 의해 정황에 대응해가는 '시효 취득 시스템'이야말로 영국의 헌정 질서이자 오래된 국가 체제나. 그것을 담당하는 자는 '타고난 통치자'라고 하는데, 여기에도 1647년 수평파 논쟁의 결말(p.179)이 살아 있다. 이와 같

---

2) 시효 취득형 : 권리를 취득하는 원인이 되는 시효라는 뜻으로, 무권리자가 일정 기간 점유하면 재산을 취득하는 민법상의 제도를 말한다.

은 영국형 경험주의의 근대가 '계몽의 장녀' 프랑스형 이성주의의 근대, 즉 단일하고 불가분한 혁명적 국가 원리와 서로 겨루었다.

국가지도자를 받쳐주는 공공정신

원래는 토리가 수구적 지주 당이고 휘그가 진보적 부르주아 당이라는 생각은 미망에 찬 이야기일 뿐이다. 젊은 시절 프랑스의 입헌 혁명을 지지한 윌리엄 허스키슨(William Huskisson), 옥양목 날염 업자의 자식 로버트 필(Robert Peel), 무역 상인의 자식 윌리엄 글래드스턴(William Gladstone), 부르주아 유대인의 자식 벤저민 디즈레일리(Benjamin Disraeli)는 모두 정계에 들어갈 때 주저하지 않고 토리당을 선택했다. 휘그당의 핵심 세력은 대지주 귀족이었기 때문이다.

'대변모'라는 정계를 재편성하는 시대를 맞이해 군자(젠틀맨)는 태도를 표변해 국가지도자(statesman)를 배출했다. statesman를 직역하면 '국사(國士)'가 되겠지만 그래서는 우편향이라는 본연의 어감을 살릴 수 없다. 좌도 우도 아닌 당리당략에만 따르는 사람이 politician이라면, 공공정신을 바탕으로 국가 백년지대계를 생각하고 행동하는 경국제민의 선비가 statesman이다. 이 이념에 맞는 대표로서 피트, 필, 글래드스턴을 들 수 있다. '개혁의 시대'에 들어와 영국의 평화 질서가 불러일으킨 문제를 해결하려는 국가지도자는 1 프로테스탄트의 속죄 의식에 기반한 복음 전도주의(evangelical), 2 공리주의 즉 부르주아 합리주의, 3 고전파 경제학이라는 세 가지 이념 요소를 따랐다(p. 240). 종교개혁과 계몽의 결정이 합체를 이루어 근대 영국 국가의 '일꾼/실무가(man of business)'를 뒷받침했다.

평생 독신으로 지내다가 향년 46세에 과로사한 윌리엄 피트에 이어 후계자들도 성실한 일꾼으로서 공무에 몸을 바쳤다. 국제적으로는 빈체제를 벗어나 자유주의 외교의 길을 탐색하는 동시에 국내적으로는 급진주의의 물결이 높아졌는데, 이에 미처 대응하지 못할 정도의 격무 속에서 뜻하지 않은 죽음이 이어졌다. 사망 연도, 사망 원인, 사망 직전의 직함을 열거해보면, 캐슬레이 경(Lord Castlereagh, 1822년, 자살, 외무장관), 조지 캐닝(George Canning, 1827년, 심근경색, 수상 겸 재무장관), 리버풀 백작(Earl of Liverpool, 1828년, 뇌졸중, 전 수상), 그리고 윌리엄 허스키슨(1830년, 교통사고, 전 군무 식민지 장관) 등이 그러했다.

유능한 일꾼들의 죽음이 이어진 뒤 워털루(Waterloo)의 장군 웰링턴 공작(Duke of Wellington, 재직 1828~1830년)이 수상에 취임했다. 개혁을 거부하고 허스키슨을 파면한 결과 결국은 휘그당의 개명 귀족들에게 정권을 넘겨주는 수밖에 없었다. 1830년 9월 리버풀-맨체스터 사이의 여객 철도 개통 식전에서 허스키슨이 차에 치이는 장면을 목격한 지 얼마 되지 않은 때였다.

효용 본위의 공리주의자

휘그의 거물 정치가에는 찰스 그레이(Charles Grey) 백작, 멜버른 경(Lord Melbourne), 파머스턴 경(Lord Palmerston), 러셀 경(Lord Russell), 그리고 공리주의자 헨리 브로엄(Henry Brougham) 경이 있었디. 헨리 브로엄 경은 법정 변호사로 잡지 『에든버러 평론(Edinburgh Review)』의 창시자였고, 일찍부터 각종 공익단체(charity)의 회계 감사 등 조사위원회(commission)를 추진했다. 이미 세기말부터 국고, 공익단체, 인도에 관해 accountability를 묻는 여론이 강해졌다. 이 말을 '설명 책임'이라고 번역하는데 계산(금전 출납)의 근거를 들어 해명하고 기록/명세를 보여주는 능력과 책임을 말한다. 이러한 시대의 흐름에 앞장선 인물이 제러미 벤담(1784~1831년)이다. 그는 계몽/윤리 철학의 총결산으로서 '옳고 그름의 기준은 최대 다수의 최대 행복/최소 고통'이라고 주장했다. 효용(utility)을 핵심어로 삼는 '공리주의'라는 번역어는 오해를 불러일으키기 쉽다. '효용 본위'라고 번역해야 할 것이다.

휘그 정권은 그럭저럭 원외 운동에 대응하면서 1832년 선거법 개정(의회 개혁), 1833년 노예제 폐지, 공장법, 동인도회사법, 1834년 빈민 대책법(구빈법) 개정, 1835년 도시자치단체법을 제정했다. 입법이 이루어지자 각 공장, 빈민 정책, 감옥, 광산 등을 담당하는 국왕 칙임관(royal commissioner)이 전국 방방곡곡에 감독관을 파견했다. 레너드 호너(Leonard Horner), 케이-셔틀워스(Kay-Shuttleworth), 에드윈 채드윅(Edwin Chadwick) 등이 다 혁명적 칙임 국가공무원(commissar)이었다.

벤담, 브로엄 경, 제임스 밀(James Mill)과 존 스튜어트 밀(John Stuart Mill) 부자, 그리고 그들의 공리주의자(Benthamite) 후계자는 효용 본위의 합리주의자, '부르주아 지식인의 혁명적 전위'였다. 그들이 지식과 힘을 얻은 바탕은 의회의 조사위원회 보고서와 통계였다. statistics란 통계 수치이기 전에 '국가학', '국가 통치를 위한 데이터'라는 의미를 띠고 수집과 간행이 이루어졌다. 맬서스(Malthus)의 『인구론(An Essay on the Principle of Population)』이나 1801년 국세 조사(census)도 이 시대의 소산이다.

혁명적 정세

1832년 선거법 개정, 1834년 빈민 대책법 개정 후 1840년대까지 긴박한 쟁점은 첫째 차티즘(Chartism), 둘째 곡물법이었다.

선거법 개정에 만족하지 못한 노동자·기술자는 1215년 '대헌장'을 기념하여 1838년 8월 '인민헌장(charter)'을 내걸고 남자 보통 선거권, 비밀투표, 의원 급여 등을 요구했다. 귀족과 부유층의 정치를 대신하여 인민의 정치를 요구한 것이다. 운동의 실제는 다양하고 세상을 바꾸자는 꿈과 희망이 실려 있었다. 북서부 노동자 중에는 아일랜드 출신이 늘었는데, 세기 전반의 아일랜드에서는 지주와 총독부의 종파 차별에 저항한 가톨릭 농민이 비밀결사를 통해 '천년왕국'의 꿈을 추구했다. 가쓰다 슌스케(勝田俊輔)가 생생하게 기술해놓은 그대로다.

차티스트운동은 다양한 에너지를 품고 있었으나 9월에 맨체스터 상업회의소에 모인 부르주아(middle class) 급진주의자들은 전략적으로 지주 귀족 즉 노동하지 않는 계급을 적이라고 규정한다. 그들은 이렇게 문제를 압축함으로써 이마에 땀 흘리는 노동자계급의 '곡물법 반대 협회'를 결성한다. 리처드 코브던(Richard Cobden)은 국교도, 존 브라이트(John Bright)는 퀘이커(Quaker), 포터는 유니테리언(Unitarian)으로 종파는 달라도, 지주 귀족에 대한 분노를 끌어올려 노동자 인민을 끌어들인 중간계급의 급진주의라는 점에서 일치했다.

1839년 2월 차티스트의 국민 공회(National Convention—프랑스의 혁명 의회!)가 런던에서 열린 것을 보고, 협회는 3월에 본부를 런던으로 옮기고 '곡물법 반대 동맹'이라고 개칭했다. 마침 1840년 초부터 실시한 전국 일률 선급 우편(우표) 제도를 최대한 이용하여 동맹은 전단지·기관지를 종이 폭탄처럼 전국으로 우송했다. 1842년 여름 맨체스터의 거리는 연일 시위행진으로 들끓었다. 운동의 헤게모니는 과연 누구에게 있었을까? 노동자·직인일까, 아니면 부르주아일까? 또는 의회가 헤게모니를 확보했을까? 한 치도 물러설 수 없는 계급투쟁이라는 것이 엥겔스와 디즈레일리가 공유한 동시대인의 감각이었다.

로버트 필과 곡물법 철폐

토리 전 정권 때부터 두각을 나타낸 로버트 필(Robert Peel, 1788~1850)은 랭커셔 면 염색업 부르주아의 자제였다. 해로교(Harrow School)를 나와 옥스퍼드대학으로 진학해 고전학과 수학에서 수석을 차지했고, 21세에 서민원 의원이 되었다. 피트 수상을 존경하고 돈독한 국교회 신도이자 질서파로서 본래 개혁과 가톨릭 해방에 반대했다. 그는 아일랜드 총독부의 주석 정무관, 연합왕국의 내무대신을 거쳐 1834년 수상에 취임했다. 근대 경찰을 정비한 업적으로도 알려져 있으나 탬워스(Tamworth) 선거구에서 '선언(manifesto)'을 발표하고 에드먼드 버크보다 한 걸음 더 나아가 '시대의 변화에 대응하는 보수'를 부르짖었다.

필은 맨체스터의 정세를 충분히 인지했으나 뇌리를 떠나지 않은 또 다른 과제는 국가 재정이었다. 경제사가 마틴 돈턴(Martin Daunton)에 의하면 피트, 필, 글래드스턴 같은 근대 국가지도자의 최우선 과제는 건전한 재정이자 적자 누적에 대한 책임이었다. 무엇보다 이 과제를 제대로 풀어내지 못하면 공리주의적 급진주의자를 대적할 수 없다. '오래된 부패'를 공격하는 급진주의자도 '작은 정부', 긴축재정을 주장했기에 필의 세제 개혁, 은행법과 뜻이 맞았다. 종파를 넘어선 공공정신, 재정 규율이야말로 공정한 국가 체제를 유지할 수 있다는 필의 신념과 결단이 있었기에 1846년 곡물법 즉 지주 보호법을 폐지하는 길로 나아갈 수 있었다.

이에 따라 곡물법 반대 동맹을 결성한 부르주아는 승리하고 차티스트는 따돌림을 당했다. 토리당은 분열하여 오랜 정계 재편 기간으로 돌입한다. 한편, 1846년에 로버트 필이 결단을 내렸기 때문에 1848년 유럽 전역에서 기세를 올리던 '국민국가들의 봄(Spring of Nations)'이 영국에서는 '굿 끝나고 북 치기' 같았고 차티스트와 아일랜드인의 산발적 사건으로 끝났다.

이때 아일랜드에서는 감자 역병과 식량의 기아 수출[3]이 겹쳐 '대기근'(1845~1849년)에 시달리고 있었다. 영국과 미국으로 대거 이민을 떠나기 시작한다.

---

3) 기아 수출 : 국민 생활에 필요한 생활필수품의 국내 소비를 무리하게 억제하면서까지 수출하는 일. 내핍 수출이라고도 한다.

윌리엄 글래드스턴과 아편전쟁

윌리엄 글래드스턴(1809~1898년)은 부유한 리버풀 무역 상인, 토리 의원의 자식으로 이튼교(Eton College)를 나와 옥스퍼드대학에 들어가 고전학과 수학에서 수석을 차지했고, 학생자치회의 의장을 지냈다. 성직도 생각했으나 형과 함께 그랜드 투어⁴⁾를 다녀온 다음 22세에 토리 의원, 필 파가 되었다.

1840년 4월 8일 30세의 야당 평의원으로서 중국의 아편을 밀수하고 포함을 배치해 전쟁이 일어난 상황에 대하여 휘그 정권의 외무장관 파머스턴 경(Lord Palmerston)을 비판한 연설만 보더라도 그의 고결한 주장을 분명히 느낄 수 있다. 의사록(Hansard)에 8500개 단어쯤 실린 긴 연설문 끝부분에 가면 글래드스턴은 이렇게 말한다.

"분명 중국인에게는 어리석은 허언을 내뱉고 오만하게 구는 버릇이 있고, 더구나 그것은 도를 넘습니다.

그러나 정의는 중국인 측에 있습니다. 이교도로서 미처 문명에 이르지 못한 야만인인 중국인 측에 정의가 있고, 우리 계몽과 문명을 갖춘 크리스천 측은 정의와 신앙

---

4) 그랜드 투어 : 18세기 후반부터 19세기 전반 무렵까지 영국에서 교육과 문화를 목적으로 상류층 젊은이들이 다닌 유럽 여행.

에 어긋나는 목적을 수행하려고
합니다.……"

8-2 글래드스턴. 신앙과 문명
과 정의의 국가지도자. 만년까
지 강건했다.

크리스천도 아니고 계몽도 경험
하지 못한 중국인을 내려다보는
관점으로 신앙과 문명과 정의를
자부하는 젊은 국가지도자는 파
머스턴 외무장관의 '정의롭지 못
하고 도를 벗어난 전쟁'을 날 세워
비난했다. 다음 날까지 논전을 벌인 결과 개전 찬성(정부
지지)은 271표, 반대는 262표였다. 단 아홉 표 차이로 영
국은 '정의롭지 못하고 도를 벗어난 전쟁'에 돌입한 것이
다.

글래드스턴의 연설은 먼저 확실한 사실을 짚어가면서
논쟁 상대의 잘못을 집어내고 신앙과 문명과 정의를 내
설어 회의장의 분위기를 확실하게 장악했다. 그의 연극
적 퍼포먼스는 나중에 재무장관, 수상이 되어 예산안을
상정할 때에도. 유권자 대중을 향해 선거 연설을 할 때에
도 빛을 발했다. 애초에 예산안을 정권/의회의 가장 중
요한 안건으로 올리고 밀고 당기듯 연출한 것은 바로 그
였다. 마치 셰익스피어의 무대 배우인 듯, 또는 교회의

사제인 듯 말이다. 국가지도자의 정통을 표상하는 글래
드스턴은 몸소 근대 의회정치의 전통을 확립해갔다.

벤저민 디즈레일리와 두 개의 국민

토리당 소속으로 1840년에는 필, 글래드스턴과 함께
아편전쟁에 반대표를 던진 벤저민 디즈레일리(Benjamin
Disraeli, 1804~1881년)는 법정 변호사 자격이 있는 우국의 작
가였다. 부친은 유대교에서 국교회로 개종한 런던의 부
유한 문인이자 토리 의원이었다.

디즈레일리는 근대 영국의 근본 쟁점인 계급 문제를
내세우고 '청년 잉글랜드'라는 집단을 결성하여 국교회·
군주제·가부장주의(paternalism)로 이 문제를 해결하고자
했다. 그의 소설 『시빌, 또는 두 개의 국민(Sybil, or The Two
Nations)』은 이렇게 말한다.

"여왕이 군림하고 계신 것은 두 개의 국민이 있다는 것
이 아니겠습니까.…… 서로 교섭이나 공감도 없고, 서로
습관이나 생각이나 감정도 알지 못하고, 사는 지역도 다
른 행성이 아닐까 싶을 만큼 성장 과정도, 먹을거리도,
예의범절도, 법률도 다른 두 개의 국민 말입니다."

이리하여 별세계에 사는 두 계급의 국민적 통합이 건전한 재정(작은 정부)과 국교회와 함께 보수 정치의 중요 안건으로 정착하기 시작했다(p. 365).

1846년에 로버트 필과 필 파는 스스로 토리당을 해체하고 복음 전도주의와 효용 본위의 경제학을 지향하는 국민정당으로 나아가는 걸음을 내디뎠다(p. 291). 하지만 갑자기 필이 사망한(1850년) 이후 영국 정계의 재편성은 누가 보더라도 유능하거나 누구나 좋아한다고 볼 수 없는 글래드스턴을 중심으로 방향이 바뀌었다. 리처드 코브던, 존 브라이트 같은 부르주아 급진주의자와 더불어 휘그의 거물 파머스턴 경, 러셀 경까지 접근해왔다.

필 파 군자의 표변하는 모습을 보고 용서하기 어려운 배신자라고 화를 낸 디즈레일리 자신은 비록 지주가 아니었으나 인재가 빠져나간 토리 국교회 지주당에 머무르며 더비 백작(Earl of Derby)과 운명을 함께 했다. 수학은 잘하지 못했으나 더비 내각(1852년, 1858년, 1866년)의 재무장관에 취임해 노동자와 국민을 장악하라고 호소하며 질서파의 기수가 되었다. 그러나 디즈레일리의 인생 후반은 다섯 살 연하의 동지 글래드스턴을 향한 질투심과 허영심으로 가득 찬 것이었다. 글래드스턴을 앞지르기 위한 개혁안이나 대중적 애국심을 부추기는 정책을 차례로 내놓았다. 다음으로 디즈레일리가 말하는 '두 개의 국민' 위에 군림한 여왕 폐하와 군주제에 대해 살펴보자.

2 빅토리아 시대 ─ 근대의 표상

군주제의 위기

빅토리아 여왕의 치세(1837~1901년)를 '빅토리아 시대'라고 부른다. 이 호칭은 산업혁명의 성과가 뚜렷한, 넓은 의미의 팍스 브리태니카 시대와 거의 일치하기 때문에 편리하다. 한편 Victorian이란 근대의 군주제, 젠더, 가족, 시민적 공공성의 양상을 가리키는 형용사이기도 하다.

순박한 조지 3세(재위 1760~1820년)의 긴 치세 후 방탕한 아들 형제인 조지 4세(재위 1820~1830년)와 윌리엄 4세(재위 1830~1837년)가 뒤를 이었다. 대변모와 개혁의 시대에 이들 방탕한 형제를 헌정의 장애물이라고 힐난하는 여론이 강했다. 만약 1837년에 어여쁜 18세의 빅토리아 공주가 즉위하지 않았다면 '오래된 부패'를 공격하는 급진수의가 끓어올라 영국의 군주제는 막을 내리는 운명을 맞이했을지도 모른다.

여자 계승자를 인정하지 못하는 살리카 법의 규정에 따라 하노버 왕위는 빅토리아 공주가 아니라 에른스트=

아우구스트가 계승함으로써 연합왕국과 하노버 공국의 역암 같은 동군연합(1714~1837년)은 뒤안길로 사라지고 런던의 '독일 관방'(p. 223)도 문을 닫았다. 나중에 기술하는 사정 때문에 연합왕국과 독일연방의 친밀한 관계는 계속 유지되었지만 말이다.

빅토리아 공주

빅토리아의 인생은 세 시기로 나누어볼 수 있다. 제1기는 결혼까지, 제2기는 남편이 죽는 1861년까지, 제3기는 그 이후다.

18세까지 모친과 같은 방을 쓰며 인형 132개에 둘러싸여 사는 구김살 없는 공주였다. 여왕 즉위 직후는 휘그 귀족 멜비른(Melbourne) 수상이 이끌어주어 그럭저럭 공무를 수행해냈다. 부친이 이미 없는 상태였기에 40세 연상인 멜버른 경을 부친보다 더한 존재로 여겼다. "결혼해서 왕자를 낳으십시오" 하고 간언하는 60세 수상을 향해 진심으로 "결혼하라고 하면 당신과 하겠어요" 하고 응수하는 여왕의 순진함은 정치 문제로 비화할 수밖에 없었다. 방책을 강구하던 멜버른 수상은 1839년 가을 스무 살의 독일 귀족 앨버트 공(Prince Albert)과 맞선을 주선했다.

앨버트와 만나자마자 스무 살 여왕은 단번에 변심했다. '아름답다! 아주 잘생겼다!'고 일기에 적어놓고 그녀는 자기가 먼저 프러포즈를 했다. 그러고 나서 곧장 혼례를 준비하도록 수상에게 지시를 내리고, 1840년 2월 결혼식을 거행했다. 여왕 부부는 그해 연말부터 차례로 자식 아홉 명이 태어나는 등 행복한 가정생활을 누렸다.

빅토리아 & 앨버트

앨버트는 잘생겼을 뿐 아니라 총명하고 실행 능력도 있었다. 본(Bonn)대학에서 자연과학, 경제학, 철학을 공부한 그는 음악과 미술에 소양이 있었고 현실적이며 근면했다. 케임브리지대학 명예총장도 역임했으나 가장 뛰어난 공적은 1851년 '대박람회'일 것이다. 산업혁명을 조성한 '공예진흥협회'(p. 263)를 모체로 삼아 조직한 위원회에 앨버트 공이 의장을 맡아 모든 일을 총괄한 것이다.

기계와 발명, 제조업, 부와 미의 결정체를 런던의 하이드파크에 모으고 산업혁명과 생산력을 상징하는 철과 유리로 지은 수정궁(The Crystal Palace)에 전시했다. 수정궁은 단지 합리성의 건축이라고만 할 수 없다. 조지프 팩스턴 (Joseph Paxton)이 설계한 대로 커다란 느릅나무를 베지 않고 덮어버려 낭만주의 시대에 맞추었다. 5월부터 10월까지 입장한 사람은 620만 명에 달한다. 이때 여행사 토머스 쿡 그룹(Thomas Cook Group)은 전국에 깔린 철도망을 이용해 운임·입장·숙박을 종합한 '패키지여행'을 판매했다. 빅토리아 여왕은 무려 총 34회나 행사장을 찾았다. 노동자를 위해 입장료가 저렴한 날도 있었다. 대박람회는 계급을 초월한 국민적 축제, 팍스 브리태니카, 제국의 표상이었다.

개회 후 기록적인 흑자를 살려 하이드파크 남쪽 사우스 켄징턴(Kensington)에 왕립미술학교, 왕립음악학교, 임페리얼 칼리지, 자연사박물관, 빅토리아 & 앨버트 미술관 등이 모인 학예 지구를 건설했다. 앨버트의 사후에는 기념비와 로열 앨버트 홀도 그곳에 들어섰다. 이 성공을 본받아 이후 각국도 '만국박람회'를 개최하려고 한다.

앨버트의 그다음 공적은 이상적인 가정생활의 표상이 되었다는 점이다. 양친이 이혼한 앨버트는 의식적으로 좋은 남편, 좋은 아버지가 되려고 한 듯하다. 크리스마스트리와 일가를 그린 그림이 상징적이다. 빅토리아

일가는 독일 방식으로 크리스마스를 축하했는데 그것은 1848년 12월 『일러스트레이티드 런던 뉴스(The Illustrated London News)』에 의해 널리 알려졌다.

실내에서 전나무를 둘러싸고 아이들을 자애로운 눈빛으로 바라보는 아버지 앨버트, 남편을 지긋이 쳐다보는 아내 빅토리아, 그들 곁에서 이 집안을 보살피는 시녀(궁녀)를 그린 커다란 판화가 한 페이지 실렸고(속표지 그림) 복제본도 돌아다녔다. 국내외 부르주아 가정은 부친=남편을 중심으로 신뢰와 애정이 넘치는 가족이 크리스마스를 축하하는 '빅토리아풍(Victorian) 가족'의 표상을 받아들였다. 여왕과 가족은 왕족이지만 '빅토리아풍의 가치관'은 '근대 부르주아 이념'으로 널리 퍼져나갔다.

국제 관계에서도 여왕 부부의 자식 아홉 명은 독일, 덴마크, 러시아 등의 왕족이나 귀족(그들의 자녀)과 결혼한 덕분에 그들 자손의 인척 관계는 유럽 전역의 왕족이나 귀족과 이어지기에 이르렀다. 이것은 19세기 국제정치의 안정 요인, 팍스 빅토리아나가 되었다.

군림하지만 통치하지 않는다

그런데 이상적인 남편 앨버트 공은 1861년 갑자기 세상을 떠났다(향년 42세). 비탄에 잠긴 여왕은 상복을 입고 40년 동안 검은 옷을 입은 미망인으로 지냈다. 앨버트가 꼭 있어야 했던 삶은 별안간 의미를 잃었다. 의회의 개회식을 비롯해 입헌군주의 공무를 포기해버린 여왕에 대해 여론은 곱지 않았고 글래드스턴 수상 같은 합리주의자와도 관계가 식어버렸다. 나이든 여왕을 다시 제자리로 돌려놓은 사건은 왕세자 에드워드의 불상사였다.

여왕과 디즈레일리 수상은 언제나 왕세자를 훌륭한 부친과 비교하기 일쑤였고 자질이 부족한 그를 신뢰하지 못한 탓에 국정 문서의 열람을 허용하지 않았다. 이래서는 중년 나이에 기혼자인 에드워드 왕세자가 하루 다섯 끼를 믹는 넉보가 되거나 군의 고관과 고급 창부를 공유하거나 도박 사기의 용의자가 되었다고 해도 어쩔 수 없는지도 모른다. 부친이 아니라 조지 4세나 윌리엄 4세와 닮은 왕세자는 중세 에드워드 고해왕의 음운만 따서 '에드워드 바람둥이'라는 별명을 얻고 말았다. 만년의 여왕도 과식했으나 아들과 대조적으로 검은 옷을 입은 키 작은 눈사람 같은 모습이었다. 그녀는 '유럽의 어머니'로서 아들과 손자의 앞날을 걱정했다.

'궁궐에 틀어박힌 미망인', '빈둥거리는 왕세자'를 언급하면서 근대 영국의 국가 체제, 즉 입헌군주제의 본질과 실제를 명쾌하게 분석한 사람은 『이코노미스트』의 편집장 월터 배젓(Walter Bagehot)이었다. 그의 저서 『잉글랜드의 국가 체제/헌정(The English Constitution)』(1867년)에 따르면 국가 체제의 본질은 존엄과 실효의 양면으로 이루어지는데, 특히 군주제와 귀족원은 존엄을 대표한다. 군주는 당파 정치에 초연하게 교회의 상징 의례나 가두 연극 같은 행렬(pageantry)로 사람들의 마음을 끌어당겨 국민 정체성을 구현하고 표상하면 그만이다. 실제 효력이 있는 통치는 수상과 내각이 맡는다. 왕은 군림하고(reign) 내각은 통치하는(govern) 것이다.

월터 배젓의 책은 저널리스트가 쓴 글이지만 재기가 넘쳤기에 에드워드 왕세자에게도 읽게 했다. 이후 이 책은 현대 입헌군주의 과제 도서가 된다.

나이팅게일 시대

빅토리아 시대의 젠더와 시민적 공공성을 생각하고자

할 때 플로렌스 나이팅게일(Florence Nightingale, 1820~1910년)과 자선(charity)을 빠뜨릴 수 없다. 빅토리아 시대란 곧 나이팅게일의 시대이기도 하다.

여왕과 한 살 차이 나는 나이팅게일은 부유한 부르주아 가정에서 태어나 학교에 가지 않고 이상적인 개인 교육을 받았다. 비국교도 유니테리언으로 이집트 여행 중 계시를 받고 '신의 부름을 받았다'고 한다. 이로써 신을 위해, 사람을 위해 몸을 바치는 생애가 펼쳐지기 시작한다.

크림전쟁 중(1854~1856년) 군사 병원에서 헌신적으로 간호한 일로 유명하지만, 오히려 전후에 통계 조사를 바탕으로 위생 개혁과 간호 교육을 추진한 일이야말로 기억해야 할 공적이다. 막대한 개인 자산(부친의 유산으로 한 해 500파운드의 불로소득), 유력자들 인맥, 기부로 조성한 '나이팅게일 기금'으로 1860년 템스 강변의 의사당 맞은편 성 토마스 병원에 간호부 양성학교를 설립했다. 병든 몸을 돌보지 않고 자선 활동과 저작 활동을 계속했고, 여성 최초로 왕립 통계학회의 회원이 되었고 '메리트 훈장'을 받았다.

그러나 나이팅게일은 부인 참정권 운동에 소극적이었

고 스스로 man of business(일꾼/실무자)라고 칭하며 '여자다움'을 거부하는 측면이 있었다. 프로테스탄티즘과 계몽과 효용 본위를 체현한 그녀도 근대의 국가지도자(statesman)이었던 셈이다.

채리티는 자선인가

근대 영국은 채리티의 시대라고 해도 무방하다. 하지만 이 말이 심상치 않다. 존슨 영어사전(p. 235)의 전통을 계승하면서 영어의 역사적 용법을 낱낱이 조사한『신영어사전(NED)』(옥스퍼드 영어사전 OED의 전신)에서 charity를 담당한 편집자는 1889년 당혹감을 감추지 못하고 이렇게 기술했다.

"채리티라는 말은……1601년 채리티 용익법이나 [그 후의] 채리티 신탁법의 규정에 따라 실로 널리 적용해왔다. 지금에 와서는 스스로 도울 수 없는 자를 지원하는 모든 목적의 단체 조직을 가리킨다. 이 말의 사용법과 한계는 실로 자의적이고 임기응변 또는 시대의 필요에 따라 전면적으로 바뀐다."

무엇보다 1601년 법률의 '정신과 진의'는 19세기뿐 아니라 오늘날까지 살아 있고, 네 가지 공익 즉 빈곤 구제, 교육, 종교, 그리고 '커뮤니티의 이익이 되는 목적'을 위해 설립하고 운용하는 기금·단체는 모두 채리티라고 할 수 있다(p.140). 구빈원, 어린이가 노는 시설, 엘리트 학교의 기숙사, 국내외의 전도회, 군인회, 도서관, 박물관, 동물원, 병원, 해난(海難) 구원 단체, 자연환경 단체, 학회 등 무언가 공익을 내세운 NGO·NPO가 다 채리티인 것이다. 자애보다 '신탁법'에 의한 임의 활동이라는 점이 핵심이다. 채리티 신탁위원/이사의 임무는 (자애가 있든 없든) 공익의 추진을 위해 기금을 운용하는 것이고, 거의 '신용조합'처럼 대부(貸付)하라는 기대를 받았다.

채리티는 국가를 침식하고 간섭했다고 가나자와 슈사쿠(金澤周作)는 말한다. 부분적으로 대행했다고 표현해도 좋다. 민간 공공사회가 상력하게 버티고 있고 국채 상환을 위한 재정 적자 문제가 절박한 탓에 '작은 정부'를 외칠 수밖에 없는 자유주의 시대의 영국에 엘리자베스 시대의 법적 유산이 전면적으로 꽃피었다. 민간의 공익단체와 작은 정부는 서로 보완하고 영국형 근대의 양면을 이루었다. 혁명으로 사단을 부정한 중앙집권의 프랑스, 모든 장면에 행정이 얼굴을 내민 독일과 다른 영국의 채리티는 이슬람 사회의 '와크프(Waqf)'와 어딘가 비슷하다.

젠틀맨의 책무

존 스튜어트 밀의 『자유론(On Liberty)』, 새뮤얼 스마일스 (Samuel Smiles)의 『자조론(Self-Help)』[5](서국입지편[6])이 나왔다. 자조의 시대가 왔다. 무조건 베풀기는 받은 사람의 독립심을 저해하고 도리어 죄를 키운다고 했다. 1861년 설립한 자선조직협회(COS)는 '구제할 만한 빈민'과 '구제할 만하지 않은 빈민'을 나누고 공익단체를 정리하고 통합한 효용 본위의 단체였다. 옥타비아 힐(Octavia Hill)이 유명한데, 글래드스턴도 회원이었다. 근대 역사가 개러스 스테드먼 존스(Gareth Stedman Jones)에 의하면 COS는 '증여'의 관계성이 위기를 맞이했다는 표현이다.

빅토리안 엘리트를 위해 변명을 해두자면 이해득실이 아니라 공공정신과 그것을 드러내는 연극적 표현이야말로 근대 젠틀맨의 책임이자 의무였다. OED에 따르면 본래 프랑스어에서 유래한 Noblesse oblige(고귀한 몸에는 스

---

5) 한국어판은 『자조론』, 21세기북스, 2021년.
6) 서국입지편(西國立誌編) : 1870년 나카무라 마사나오(中村正直)가 번역한 『자조론』 판본의 제목으로서 이 책은 당시 100만 부 이상 팔렸다고 한다.

스로 책임과 의무가 따른다)라는 말이 최초로 영어로 쓰인 것은 1837년이다. 실로 빅토리아 시대다운 표현이다. '젠틀맨은 괴롭다'고 의역하고 싶어진다.

실은 비슷하면서도 약간 다른 예를 식민지로 지평을 넓혀 1899년에 노래한 사람은 인도에서 출생한 영국 시인 러디어드 키플링(Rudyard Kipling)이다. Take up the White Man's burden—. '야만스럽고 어린애 같은' 아시아의 선주민을 가르치고 이끄는 '백인의 책무'를 이어받아라, 수지가 맞지 않는 일이나 남자답게 묵묵히 수행하라고 그는 노래했다. 이 문제는 제9강에서 다시 고찰할 것이다.

3 팍스 브리태니카(Pax Britannica)와 '동양의 영국'

1851년의 영국

1848년 유럽의 혁명('국민국가들의 봄')과 그 패배로 인해 몸을 피하려는 사람들, 즉 한편으로는 메테르니히(Metternich), 다른 한편으로는 마르크스, 루이 블랑(Louis Blanc), 주세페 마치니(Giuseppe Mazzini), 알렉산드르 게르첸(Aleksandr Gertsen)이 영국으로 망명해 들어왔다. 근대 영국에는 난민이나 망명의 규정이 없었기 때문에 원하는 사람은 내치지 않고 런던은 말 그대로 오월동주, 국제적 세계도시가 되었다.

1851년은 근대사의 지표가 되는 해다. 첫 번째 지표는 바로 대박람회였다(p.305).

두 번째 지표는 영불해협에 해저 전선을 부설한 일과 이에 호응해 런던에 '로이터통신사'를 창업한 사실이다. 팍스 브리태니카의 통신 산업은 우선 독일 출신의 로이터 가문이 담당했는데, 세기 후반에 해저 통신망을 온 세계에 깔아 세계의 일체화가 빠르게 이루어졌다. 1851년에는 오스트레일리아에서도 금광이 발견되어 옛 유형지

	출석자 (사람)	교회 출석자 중 비율(퍼센트)	성인 인구 비율(퍼센트)
국교회	2,971,258	46.7	16.6
비국교회	3,110,782	48.9	17.3
로마 가톨릭	249,389	3.9	1.4
기타	24, 793	0.4	0.1
계	6,356,222	100	35.4

8-3 종교 조사(1851년)

였던 이곳은 투자와 인구 증가에 따른 '긴 호황'의 땅으로 변모한다. 해운업의 P&O사는 수에즈 동쪽의 우편선 업무를 독점했다. 그들은 인도뿐 아니라 싱가포르, 홍콩, 상하이로 정기항로를 개설하고, 더 나아가 오스트레일리아, 요코하마(1864년)로 항로를 연장했다.

프로테스탄트 종교 국가?

세 번째 지표는 국내 종교 조사였다. 국세 조사(census)는 1801년에 시작해 10년마다 실시했다. 그중 전국적으로 종교를 조사한 것은 1851년뿐인데, 그것은 당시의 종교 사정을 여실히 전해준다.

이해 3월 30일(일요일) 교회 예배의 출석한 사람은 성인 인구의 35.4퍼센트, 그중 국교회는 16.6퍼센트, 비국교회 예배당은 17.3퍼센트, 로마 가톨릭은 1.4퍼센트였다.

'주일'에 교
회에 가는 사
람이 크리스
천 종파를 다
합해 성인 인
구의 3분의
1 남짓이었

8-4 런던대학(UCL), 벤담, 프레더릭 브룸(Frederick Broome) 경 등에 의해 실현된 탈종교의 대학. 막말·메이지의 유학생(이토 히로부미, 나쓰메 소세키……)도 받아주었다.

다. 더구나 국교도는 절반에 미치지 못한다. 한마디로 영국(잉글랜드와 웨일스)은 이미 국교회의 종교 국가가 아니었다. 거의 스캔들이라고 할 만한 실태가 백일하에 밝혀진 이때 이후로는 전국 종교 조사를 실시하지 않았다.

세기 전반의 엘리트들이 게거품을 물고 부르짖은 가톨릭 해방이나 이신론(理神論)[7], 옥스퍼드운동[8]은 '찻잔 속의 태풍'에 지나지 않았을까. 국내의 노동자 대중과 해외 주민이 올바른 신앙과 문명에 세례를 받지 못한 채 있도록 내버려두어도 좋을까. 한편으로는 국내외의 전도 포교(mission)와 교회당 건설을 열심히 추진하고, 다른 한편으

---

7) 이신론 : 성서를 비판적으로 연구하고 계시(啓示)를 부정하거나 그 역할을 현저히 후퇴시켜 기독교의 신앙 내용을 오로지 이성적인 진리에 한정시킨 합리주의 신학의 종교관을 말한다.
8) 옥스퍼드운동 : 19세기 전반에 옥스퍼드대학과 관련 있는 영국 국교회 성직 신학자들이 행한 국교회 재건 운동이다.

로는 세속적이고 합리적인 개혁을 계속해나갔다. 오로지 아일랜드 문제의 대책이었던 가톨릭 해방은 1829년에 이루어졌다. 런던대학(현재 UCL)은 매우 이르게도 1826년 탈종교 공리주의 대학(무신 대학!)으로 세워졌고, 옥스퍼드대학과 케임브리지대학도 1871년에는 드디어 교직원·학생에게 국교회를 믿느냐고 묻는 심사를 폐지했다. 의회에서는 의원이 취임할 때 기독교의 선서 의무가 있었으나 이것도 1858년에 폐지했다. 이 규정은 나단 로스차일드(Nathan Rothschild, p. 195)의 장남 라이어널 월터 로스차일드(Lionel Walter Rothschild)가 최초로 적용받았다. 그는 런던시가 선출한 금융자본가이자 자유당 의원이었다.

기독교와 문명

여기서 확인해두어야 할 사항은 프로테스탄트, 특히 퓨리턴의 흐름을 이어받은 비국교도에게는 일요일 예배에 출석하는 것보다 매일 성서를 읽고 신을 생각하는 일이 더 중요하다는 점이다. 근대 엘리트에게 신앙과 계몽적 문명은 모순하지 않았다(pp. 275, 291). 엘리트 인구는 성인 인구의 10퍼센트에 훨씬 못 미친다고 보면, 국세 조사의 35퍼센트 남짓이라는 수치는 오히려 교회 출석자가 대중적으로 많아졌다는 증거(!)라고 받아들여야 할지도 모른다.

종래 엘리트 양성기관인 옥스퍼드대학과 케임브리지 대학에 입학한 학생 수는 1815년 약 500명, 1900년 약 1800명이다. 1800~1913년 두 대학의 입학생은 누적 합계 13만 명을 넘는 정도였다. 이때 연합왕국의 인구는 1815년 추계 1922만 명, 1901년 4154만 명이었다.

그런데 19세기에 들어와 공리주의자와 월터 배젓, 나중에 태어난 시드니 웹처럼 두 대학 출신이 아닌 사람 중에 효용 본위로 생각하고 행동하는 신엘리트가 늘어난다. 런던대학과 스코틀랜드의 대학 출신자, 소수지만 삼위일체를 부인하는 유니테리언도 지적 부르주아의 중심 세력을 형성했다. 찰스 다윈은 절충적으로 불가지론을 취했다. 에든버러대학과 케임브리지대학에서 수학하고 '비글(Beagle) 호'를 타고 항해한 다음 충분히 탐구하여『종의 기원』(1859년), 『인간의 기원(The Descent of Man)』(1871년)[9]을 저술했다.

---

9) 한국어판은『인간의 기원』, 동서문화사, 2018년.

서양 사정은 곧 영국 사정

1853년 일본에 개국의 압력을 넣은 나라는 미합중국이었으나 그 후 일본이 정보 발신지로서 찾아 나선 나라는 영국이었다. 이시즈키 미노루(石附実)의 연구에 따르면 막부 말기인 1867년까지 해외유학생이 공부하러 떠난 나라는 152명 중 영국이 56명으로 단연 1위였고, 2위 미국, 3위 프랑스, 4위 네덜란드였다. 자딘 매시선 상회(Jardine Matheson Holdings Limited) 등의 중개로 사쓰마번(薩摩藩)과 조슈번(長州藩)의 청년들을 받아준 곳은 런던의 '무신(無神) 대학(UCL=University College London)'이었다.

도쿠가와 막부를 지원한 나라가 프랑스, 사쓰마번과 조슈번을 지원한 나라가 영국으로 메이지 시대의 철도, 우편, 해군, 등대의 설립은 모두 연합왕국의 기술 도입 덕분이라는 사실은 널리 알려져 있다. 1889년까지 고용 외국인 2690명 중 영국인이 1127명으로 1위이고, 2위가 미국인 414명, 3위가 프랑스인 333명이었다.

후쿠자와 유키치가 막부 사절단 소속으로 영국과 유럽을 찾아간 해는 1862년이었다.

"유럽 순회 중 이루고 싶은 속셈이라면……외국인에게는 가장 쉬운 말인데도 거의 사전에 실려 있지 않은 말이 이곳에서는 가장 어렵다. 그래서 원서를 찾아보고 모르겠다 싶은 것만 체재 중에 조사해두고 싶다." 그는 이런 생각을 품고 적당한 사람을 만나면 질문 공세를 퍼부었다고 한다.

"의회는 어떤 관청이냐고 물었더니 저쪽 사람이 웃는다. ……당파에는 보수당과 자유당과 도당(徒黨) 같은 것이 있고, 쌍방이 물러서지 않고 맹렬하게 격전을 벌여 다툰다고 한다. 그러니까 태평 무사한 천하에 정치 싸움을 하고 있다고 한다. ……저 사람과 이 사람은 적이라고 하는데 같은 테이블에 앉아 술을 마시고 밥을 먹는다. 도통 모를 일이다."

이런 질문과 '원서' 연구를 통해 여러 권으로 간행한 『서양 사정(西洋事情)』(1866~1870년)은 근대 일본인에게 발상의 틀을 만들어주었다. 이 책의 마지막과 본문에서 후쿠자와 유키치는 이렇게 기술한다. "정치에는 세 가지가 있다. 하나가 입군(立君, monarchy)……, 하나가 귀족 합의(aristocracy)……, 하나가 공화정치(republic)다. 영국 정치는 세 가지 정치를 혼동시킨 유례가 없는 제도일 것이다." 전반적인 관심은 서양으로 향하지만 기준은 영국에 두었고, 그 나라는 암액리아(諳厄利亞)나 암국(諳國)이 아니라 영길리

(英吉利), 영국(英國)이라고 표기했다(p.15). 나아가 그들의 '정치 풍속' 또는 '경국지본'은 '우리 정치가 흘러온 과정의 귀감'이라고 할 만하다'고 한다. 『서양 사정』의 핵심은 한마디로 영국 사정이고, 후쿠자와 유키치의 소명은 독자에게 근대 일본이라는 나라의 형태에 관한 선택지를 제시하는 것이었다.

그런데 후쿠자와 유키치는 '보수당과 자유당과 도당 같은 것'으로 정계 개편이 이루어지고 퍼머스턴 내각(1859~1865년)에 마침 글래드스턴이 재무장관 자리에 오른 의회정치를 목격한 셈이다. 제2차 선거법 개정이 이루어진 1868년 보수당의 디즈레일리 수상과 자유당의 글래드스턴 수상이 바뀌면서 양대 정당정치 게임이 정착하려는 바로 전야였던 것이다.

'동양의 영국?'

1871년 말에는 이와쿠라 도모미(岩倉具視)를 특명 전권대사로 임명하고 기도 다카요시(木戸孝允), 이토 히로부미(伊藤博文), 오쿠보 도시미치(大久保利通) 같은 신정부의 요인으로 사절단을 조직해 2년 동안 아메리카와 유럽, 아시아의 항구를 방문했다. 여기에 수행원으로 따라가 『미구회람실기(米欧回覧実記)』를 저술한 구메 구니타케(久米邦武)가 영길리국 총설에서 이렇게 서술했다.

"이 연방 왕국은……형세, 위치, 넓이 및 인구는 거의 우리 나라와 비슷하다. 그렇기에 이 나라 사람은 항상 일본은 **동양의 영국**이라고 말한다. 그렇지만 영업 능력에 관해 논하자면 차이가 어마어마하다. ……이에 더하여 이 나라에 부속한 땅은 오대주를 망라하여 대개 사방을 둘러싼 바다의 요충지는 다수 이 나라의 소관으로 삼았다. 전 세계의 항로도 거의 자국의 지배 아래 귀속시켜 바닷길에 우역(郵駅)[10]을 두었다. ……자랑스럽게 말하기를 영국은 해가 지지 않는 나라라고 한다."

그러나 구메 구니타케의 인식은 이러한 요약에 머무르지 않는다. '브리티시 뮤지엄'을 방문하여 "진보란 옛것을 버리고 새로운 것을 도모한다는 말이 아니"라고 한 그는 프랑스(仏朗西) 국 파리(巴黎)에서 '대서고'로 안내받은 뒤 벅찬 기분을 억누르지 못하고(이와나미 문고에서는 3페이지에 걸쳐) **숨도 쉬지 않고 계속** 말한다.

---

10) 우역 : 중앙 관아의 공문을 지방 관아에 전달하며 외국 사신의 왕래, 벼슬아치의 여행과 부임 때 마필(馬匹)을 공급하던 곳을 가리킨다.

"서양이 날마다 진보한다는 이야기가 일본으로 전해짐으로써 세상이 경망스럽다고 여기는 이들이 속속 옛것을 버리고 새로운 것을 앞다투어 찾으니, 이른바 새로운 것을 아직 반드시 얻을 곳이 없더라도 옛것이 있음직한 곳을 헐고 깨뜨려 남기지 않기에 이른다. 아아, 이것이 어찌 일신(日新)이 아니랴. 어찌 진보가 아니랴. ……서양의 서고, 박물관을 볼 때마다 그곳에 깃든 베푸는 마음가짐을 느낀다. 동방의 먼 나라 물건인데도 귀중한 재화를 아끼지 않고 고생도 마다하지 않고 모아들이고 채록했다. 그것을 제 나라 사람들에게 보여주면 왕왕 경탄한다. 자기도 알지 못했던 터라 오히려 해설을 듣고 우리 것을 상세하게 알고 돌아간다. 서양이 일신을 잘하고 진보를 잘하는 근원은 옛것을 사랑하는 정(愛古者の情) 때문이다. ……천백 년의 지식, 이것을 쌓으면 문명의 빛이 생겨난다."

이미 런던에서 끓어오른 감회가 파리의 국립도서관에 안내받았을 때 다시금 자극을 받아 흘러넘친 듯하다. 서양이 일취월장하는 바탕에는 단지 신기한 것의 유행이 아니라 고금 동서문화에 대한 애정, 지식의 집적, 잘 손질해 검은 윤기가 흐르는 문명이 있다는 인식과 존경의 마음이 나타나 있다.

팍스 브리태니카의 세계 일주

이와쿠라 사절단은 1873년에 귀국했다. 같은 해 파리에서 간행한 쥘 베른(Jules Verne)의 소설은 사절단과 거의 비슷한 경로를 따라가듯 영국 신사 필리어스 포그(Phileas Fogg)가 하인 장 파스파르투(Jean Passepartout, '어디에나'라는 뜻)를 데리고 세계를 일주하는 이야기다. 이 소설은 1869년 개통한 수에즈운하, 아메리카 대륙횡단철도, 그리고 영어가 통하는 항구를 연결하는 정기항로가 있었기에 쓰여질 수 있었다. 이러한 조건은 유럽과 미국을 돌아다닌 이와쿠라 사절단과 다를 바 없었다.

안개 자욱한 런던을 기준으로 동쪽으로 세계 일주를 출발한 『80일간의 세계 일주』는 프랑스인 베른이 써낸 팍스 브리태니카를 배경으로 한 모험소설이다. 콧대 높은 프랑스인이 영국인을 주인공으로 내세운 이 소설에서는 최신 교통수단을 사용하면 80일 만에 세계를 일주할 수 있다는 주장과 아무리 그래도 80일 만에 세계 일주를 실현하기는 어렵다는 주장이 대립한다. 마침내 내기를

샌프란시스코
1872. 1. 15

1872. 8. 6 출발 보스턴

솔트레이크시티

워싱턴
1872. 2. 29.

이와쿠라 사절단의 루트(1871~1873)

샌프란시스코

증기선
9일

철도 7일

뉴욕

『80일간의 세계 일주』의 루트(1873)

8-5 두 가지 세계 일주. 이와쿠라 사절단의 구미 유람 여행과 영국 신사 포그의 80일간 세계 일주는 인도 반도를 제외하면 거의 경로가 겹친다. 최신 교통수단을 이용한 여행이었다.

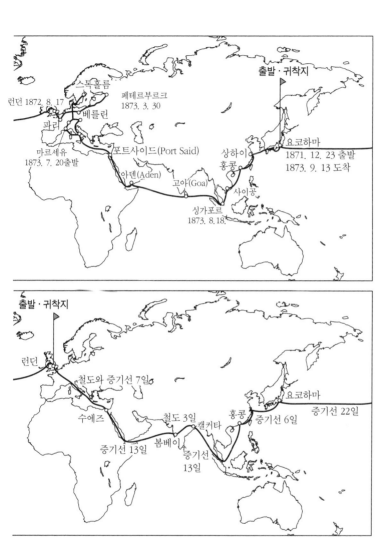

런던 1872. 8. 17

스톡홀름

베를린

파리

페테르부르크
1873. 3. 30

마르세유
1873. 7. 20출발

포트사이드(Port Said)

아덴(Aden)

고아(Goa)

싱가포르
1873. 8. 18.

사이공

홍콩

상하이

요코하마
1871. 12. 23 출발
1873. 9. 13 도착

출발·귀착지

출발·귀착지

런던

철도와 증기선 7일

수에즈

증기선 13일

봄베이

철도 3일

캘커타

증기선
13일

홍콩

증기선 6일

요코하마

증기선 22일

건 양측의 승부를 가리기 위해 주인공은 세계 일주를 감행한다. 그런데 마침 프랑스 제2 제정(1852~1870년)부터 프랑스에는 친영국적 분위기가 감돌고 있었다.

자유무역과 평화 외교

크림전쟁 때에도, 애로호사건(Arrow War)[11]/태평천국의 난 때에도 영국과 프랑스는 연대의 손을 맞잡고 공통의 적과 맞섰다. 영국은 아시아에 대해 공격적이었으나 서구와 아메리카에 대해서는 우호를 앞세운 평화 외교를 펼쳤다. 기본적으로 리처드 코브던, 존 브라이트, 맨체스터 상업회의소의 노선이다. 코브던에 의하면 '자유무역은 신의 외교'였다.

1860년 글래드스턴 재무장관, 코브던 담당 장관, 나폴레옹 3세의 측근인 미셸 슈발리에(Michel Chevalier)는 통상조약을 맺었다. 1786년 통상조약(p.257) 이후 3세대를 지나 자유무역과 평화 외교를 통한 공존공영을 지향한 맨체스터학파적 조약이다. 이것으로 영국은 바라고 바라

---

11) 애로호사건 : 1856년 청나라 관리가 애로 호라는 배에 올라가 중국인을 체포하고 영국의 국기를 강제로 내리게 한 사건이다.

던 관세 낮은 프랑스 포도주를 손에 넣었다.

본초 자오선/세계 표준시가 그리니치천문대 기준으로 정해진 해는 1884년이다. 이때 기준이 루이 태양왕 이래 유럽의 중심 파리/베르사유가 아니라 런던/그리니치로 정해진 까닭은 프랑스 측의 양보, 팍스 브리태니카에 대한 승인이 있었기 때문이라고 한다.

1898년 '파쇼다(Fashoda)사건'이 일어났을 때도 서아프리카에서 동쪽으로 진군한 프랑스군과 나일강을 따라 남하한 영국군의 충돌을 누구나 두려워했지만, 정작 현장에서는 프랑스의 상바티스트 마르샹(Jean-Baptiste Marchand) 사령관과 영국의 허버트 키치너(Herbert Kitchener) 소장이 프랑스 포도주(샴페인)를 마시고 담소를 나누며 각자 본국 정부의 지령을 기다렸다. 포도주에 진실이 있다. 말하자면 둘 다 영불전쟁은 회피하고 싶었던 것이다.

스포츠 규칙

19세기 중반부터 후반에 걸쳐 철도, 우편, 전국 신문의 보급으로 각종 현상에 국가 표준이 정해지는데, 그중에서도 국민 스포츠의 규칙 제정이 눈에 띈다. 이들 규정은 세계화한다.

풋볼은 중세와 근세를 통해 이웃끼리 자주 벌이던 난 폭한 놀이인데 마을과 학교마다 각각 다른 규칙을 적용 했다. 19세기 전국 규모의 교류가 늘어나면서 불편함을 느껴졌기에 조정이 필요해졌다. 우선 관객과 선수를 구 분하고 평평한 사각형 들판에서 골키퍼 이외에는 손을 사용하지 않고 11명이 뛰는 축구(association football) 규약이 1863년에 정해졌다. 이에 찬성하지 않는 럭비 학교 등 엘리트 학교 학생과 지역 클럽은 1871년 선수 전원 15명 이 손을 사용하고 태클을 허용하는 럭비풋볼 규약을 정 했다(곧이어 아메리카 학생들은 이를 수정해 독자적인 규칙을 정한다).

크리켓의 근대적 규칙은 1864년에 정했고 국제시합 (Test match)은 1876년에 개시했다.

이러한 단체 구기는 식민지, 자치국에도 재빨리 퍼져 나갔고, 국제 대항 시합은 국민적 정체성, 경쟁과 연대의 모임으로서 중요한 의미를 띠었다. 잉글랜드·웨일스· 스코틀랜드·아일랜드 사이의 '국제(international)' 풋볼 시 합은 1872년 처음 열렸다. National이라는 말의 민족적· 국민적·전국적이라는 세 가지 의미가 그대로 단체 스포 츠의 정체성으로 구현되었다. 그뿐만 아니라 글래스고

라면 셸틱과 레인저스, 맨체스터라면 유나이티드와 시티와 같이 대도시 안 노동자 대중의 복합적 정체성도 풋볼과 럭비가 대표했다.

스코틀랜드의 세인트앤드루스에 골프 클럽을 설립한 해가 1754년, 전국 챔피언십이 1860년에 시작된다. 옥스퍼드대학과 케임브리지대학의 대항 육상경기 대회 제1회는 1864년이었다. 권투경기의 퀸즈버리 룰(Queensberry rules)은 1869년에 정했다.

테니스의 근대적 규칙은 1875년에 정했고 윔블던(Wimbledon) 대회는 1877년에 시작했다. 테니스는 젠더 측면에서도 특별하게 처음부터 여성도 대등하게 참가할 수 있었다. 부유한 남녀의 오락인 혼합복식경기는 에드워드 모건 포스터(Edward Morgan Forster)의 『전망 좋은 방(A Room with a View)』[12]에서도 중요한 장면으로 나온다.

이렇듯 근대 스포츠 규칙은 거의 1860~1870년대 영국에서 정해진 이후 국제적으로도 통하는 규칙이 되었다. 이는 우연이 아니다. 근대 세계에서는 무엇이든 일정한 경험적 합리성이 있는 규칙을 초기 설정해버리면 그것이 기본값 즉 이미 정해진 규약이 된다. 세계 시스템의 중심

---

12) 한국어판은 『전망 좋은 방』, 열린책들, 2009년.

에서 초기 설정한 게임의 규칙은 주권국가 사이의 전쟁과 평화 규칙을 비롯해 오늘날 IT 기준에 이르기까지 필연적으로 보편성을 얻고 세계로 퍼져나간다.

4 국제 문제, 국내문제

무역수지와 경상수지

19세기를 통해 영국 수출의 단연 1위는 섬유, 특히 면
제품이고 2위는 철강, 그리고 세월이 흘러 기계와 석탄
의 비중이 올라가 3, 4위를 다투기 시작했다. 그런데 미
합중국이나 독일과 경쟁하느라 제조업이 고전을 면치 못
한 이전부터 영국의 무역수지는 적자(수입초과)였다. 확실
히 수출이 많았으나 수입도 늘어났다. 따라서 제7강에서
이미 설명했듯 무역 적자 대책으로서 산업혁명이라는 과
제를 완수한 것은 극히 한정된 몇 년뿐이었다.

하지만 **경상수지**를 보면 19세기를 통해 언제나 흑자일
뿐 아니라 흑자 폭이 세기 후반부터 대폭 늘어난다. 이는
해운업, 보험업, 해외 투자로 인한 '무역외수지' 때문이
다. 세계의 무역 상인, 해운업자, 금융업자의 비즈니스야
말로 영국 부의 원천이다. 제조업자도 바라기는 채권이
나 주식으로 돈을 벌어들이는 이자 생활자(rentier), 나아
가 대토지소유자로 전환하려고 했다.

케인(Peter Joseph Cain)과 홉킨스(Antony Gerald Hopkins)가

말하는 '젠틀맨 자본주의'는 런던 재계(city)가 대표적으로 구현했다. 월터 배젓의 『롬바드가(Lombard Street)』(1873년)는 '세계의 은행,' 런던의 머니 마켓 동향, 금융 위기에 중앙은행이 어떻게 대처하는지를 서술한 책이다. 개인뿐 아니라 법인의 윤택한 유동자산이 움직이는 금융 실태와 공황(panic) 및 그 대책을 제시했다.

엘리트의 학교

19세기 신구 엘리트에게 대학 졸업(학위)은 필수 요건이 아니지만, 남자의 경우 기금으로 세운 문법학교(grammar school)[13]를 졸업하는 것이 바람직하다. 드디어 1870/1880년 '교육법'에 의해 초등학교 교육을 시행했는데 실태는 매우 다양했다. 마쓰즈카 슌조(松塚俊三)가 소개한 바대로 온갖 교육 실천이 이루어졌다.

앞에서 살펴본 공익단체의 조사 대상(pp. 292, 312) 중에서도 학교를 중시했다. 중근세 이래 기금으로 운영한 학

---

13) 문법학교 : 16, 17세기 부유한 상인이나 유명 인사가 지역 사회를 위해 기부금을 내어 설립했고, 이 시기부터 영국의 중등 교육기관을 뜻하는 단어가 되었다. 근대 초기에는 주로 상위 계층 자녀만 학생으로 받아들였으나 이후 실력이 뛰어난 학생을 받아들이면서 누구나 입학이 가능한 중등학교가 되었다.

교나 칼리지(일본의 학교법인에 해당)의 재정 accountability 가 특히 문제로 떠올랐다. 세기 후반에는 역사적인 기금 설립 학교 중 특별히 9개교를 '퍼블릭스쿨'이라고 불렀고, 이들의 커리큘럼이나 재정을 감시하는 보고서가 작성되었다. 아울러 옥스퍼드대학과 케임브리지대학에 대해서도 비슷한 조사 보고에 근거해 개혁을 서둘렀다.

중근세에 창립한 대학이나 퍼블릭스쿨이나(pp.98~99) 과거의 영광만으로 대변모의 시대를 넘기고 살아남을 수는 없다. 이들 학교는 조사위원회의 감사에 응할 뿐 아니라 럭비교의 토머스 아널드(Thomas Arnold), 베일리얼 칼리지(Balliol College)의 벤저민 조엣(Benjamin Jowett), 뉴넘(Newnham) 칼리지의 헨리 시지윅(Henry Sidgwick) 같은 유능한 교장의 지도에 따라 자주적으로 개혁하여 근대 엘리트의 양성기관으로 탈바꿈했다. 또 1870년부터 실시한 국가 공무원 상급직 채용 시험에 대비하려면 적합한 커리큘럼을 가르치는 퍼블릭스쿨 및 옥스퍼드대학과 케임브리지대학이 유리했다. 에드먼드 버크가 말하는 '과거 인간, 현재 인간의 파트너십'(p.290)에 의해 '타고난 통치자'와 일꾼/실무가의 동창(alumni) 인맥이 강고해졌다.

모두 기숙사 제도인 엘리트 학교의 수업은 소수의 개

별지도(tutorial)가 기본이고 교실 강의는 거의 부수적이다. 특히 고전어와 스포츠, 회식을 통해 공공정신과 예의를 함양한다. 군자는 프로페셔널이 아니고 아마추어다. 엘리트 교육의 이상은 전문직이 아니라 어떤 과제에도 대응할 수 있는 르네상스의 전인적 인간이었다.

스포츠도 직업선수(player)가 아니라 아마추어(gentleman)를 이상으로 삼았다. 세기 전환기 유럽의 엘리트들은 이러한 문화/가치관을 공유했다. 그렇기 때문에 1896년 근대 올림픽을 창설하려던 시기에 '아마추어 정신'을 높이 부르짖었다.

노동자의 자조와 조합

19세기 노동자는 부르주아에게 착취당하기만 하는 존재가 아니었다. 자기만의 자부심과 공동체 정신이 있었기에 근세 이래 갹출한 돈으로 임의단체/우애조합이 채리티 신탁법의 범주에 속한다고 인정받았다.

로버트 오언(Robert Owen, 1771~1858년)은 웨일스에서 태어나 맨체스터 면 공장에서 감독으로 일하다가 스코틀랜드의 뉴래너크(New Lanark)에 공장촌을 건설했다. 아메리카에 유토피아를 만들려는 구상을 안고 귀국해 협동조합을 창시하고 노동조합 전국대연합에 관여했다. 그의 상상력은 인간의 창의와 공동체 윤리, 자연환경과의 조화를 생각했다는 점에서 나중에 마르크스, 엥겔스, 레닌이 질투할 만큼 선견지명이 있는 유토피아사회주의자였다.

이런 상황에서 숙련노동자의 조합 운동이 힘을 얻어 1851년에(이해 제4의 지표이기도 한데) 벌써 '합동 기계공 조합'을 결성했다. 전국에서 대표 34명을 모아 1868년 '노동조합 평의회(TUC)'는 맨체스터에서 창립 대회를 개최했다. 숙련 기술과 자부심이 있는 존경할 만한 노동자가 단결했으나 때로는 '노동귀족'이라고 불리는 집단도 늘어났다. 이와는 별개로 노동자의 자조 공동체와 프로테스탄트 복음 전도주의가 결합한 곳에서 '절주/금주운동'이 널리 퍼져나가 자유당을 지지하는 기반이 되었다.

1871년에는 '노동조합법'에 따라 단결권과 법인 경리를 보장받았다. 그러나 근대적 '고용 관계의 생성'에도 불구하고 모리 다테시(森建資)가 분명하게 밝힌 법제에 의한 주인(master)과 하인(servant)이라는 사고의 틀은 오랫동안 존속한다. 1901년 태프베일(Taff-Vale) 철도회사에서도 철도노동조합의 명칭은 Amalgamated Society of Railway

Servants(철도 하인의 합동 조합)였다!

세기말에 걸쳐 스코틀랜드에서는 글래스고, 아일랜드
에서는 벨파스트의 산업 중요성이 높아지고, 그에 따라
이러한 지역 출신의 노동운동가와 사회주의자도 눈에 띄
기 시작한다.

독일과의 교류

독일과의 관계는 비스마르크의 국제적 균형 감각이 살
아 있고 팍스 빅토리아나가 작동하는 동안은 양호했고
두 나라의 인적, 문화적, 학술적 교류도 꽤 활발했다. 월
터 스콧(Walter Scott)의 서사(roman)는 독일 독자들에게 환
영받았고, 독일, 오스트리아의 낭만파음악은 영국에서
열릴히 환호받았다.

독일 제국(1871~1918년)은 과학기술, 학문 분야에서 세
계를 이끌었다. 역사학도 랑케가 베를린대학에서 세미
나를 열고 사학 잡지를 발행하여 사료 비판과 국민사 영
역에서 성과를 올렸고, 프랑스, 이탈리아, 영국, 일본, 아
메리카가 순서대로 그 뒤를 따랐다(졸저, 『문명의 표상 영국』,
p.49). 경제학 및 사회정책학도 마찬가지로 세기 전환기

의 독일, 오스트리아(중부 유럽)가 풍요로운 지식의 샘이었다.

영국과 독일의 학문 교류는 일일이 셀 수도 없다. 독일 철학의 영향을 받은 토머스 힐 그린(Thomas Hill Green) 같은 학자는 자유방임/개인주의냐, 국가 간섭/집단주의냐 하는 문제를 제기했다. 독일은 루요 브렌타노(Lujo Brentano) 같은 학자가 이끄는 산업 사정 조사단을 영국에 보냈고 영국도 독일의 사회문제/사회정책을 조사했다. 루요 브렌타노의 노동조합 기원론에 자극받아 조합의 역사를 연구한 인물이 바로 시드니 웹(Sydney Webb, 1859~1947년)이다.

베아트릭스 포터와 조지프 체임벌린

시드니 웹과 결혼한 아내 베아트릭스 포터(Beatrix Potter, 1858~1943년)는 다른 점에서 나이팅게일과 같이(p.310) '빅토리아풍' 젠더 규범을 바꾸는 솔직한 증언을 일기에 남겼다.

베아트릭스 포터는 비국교도 유니테리언의 부유한 부르주아 가정에서 자랐다. 조부는 맨체스터 초대 시장, 곡물법 반대 동맹의 활동가였다(p.295). 그녀는 학교에 다니지 않고 음악, 미술, 프랑스어, 독일어, 문학, 수학, 철학, 경제학 등을 가정교사에게 배웠다. 평생 하녀의 시중을 받고 무엇 하나 부족함 없는 생활을 누리면서도 신앙과 과학, 자유과 공공성, 남성과 여성 같은 문제를 고민하는 부잣집 아가씨였다.

　1883년 어느 저녁 식사 자리에서 그녀는 조지프 체임벌린(Joseph Chamberlain, 1836~1914년)을 만났다. 스물다섯 살 그녀는 키가 크고 총명하고 아름다웠고 조지프는 마흔 여섯 살이었다. 첫 아내도, 재혼한 아내도 출산 때문에 사망했는데, '사람을 끌어당기는 에너지와 자력'이 넘치는 미남에 매우 열정적으로 대화하는 인물이었다. 유니테리언의 부유한 부르주아인 그는 적극적인 사회 기반 정비에 따라 버밍엄 시장으로서 실적을 쌓았고, 글래드스턴의 요청으로 자유당 의원이 되어 통산 장관이 되었다.

　1867년 도시 노동자(남성)에 이어 1884년 농촌 노동자(남성)도 선거권을 부여받음으로써 정당정치의 양상이 변화하려던 참이었다. 베아트릭스 포터에 따르면 연설회 때 조지프 체임벌린의 모습은 이러했다.

　"그가 시간에 맞추어 천천히 연단에 오르자 그것만으

로도 군중은 열광했다. 그가 첫 마디를 내뱉자 군중은 하나가 되어 그의 생각, 감정, 억양, 비꼬는 말투에 열렬히 호응했다. 마치 애인의 달콤한 말에 홀려버린 여자 같았다."

베아트릭스 포터도 바로 그런 여자였다. 그러나 조지프와 사랑에 빠져버린 그녀에게 '미래의 수상' 부인, 아름답고 유능하고 순종적인 아내라는 기대는 있었을지언정, 독립적인 인격으로서 생각하고 발언하고 행동하라는 기대는 없었다. '조'의 매력, "한마디로 최고급 남성적 든든함"과 풍부한 교양을 갖춘 여성의 자아가 대립했다. "정치의 기본에 있어야 할 과학"이라는 점에서도 마음이 편치 않았다.

결국 심신이 찢어지는 것 같은 마음으로 뒤로 물러난 베아트릭스 포터는 찰스 부스(Charles Booth)의 사회조사 조수를 지원하여 런던 동부의 빈민과 항만 노동 사정을 살폈다. 한편 세 번째 아내와 재혼한 조지프 체임벌린은 글래드스턴 수상과 대립해 자유당을 탈당했다. 그는 1886년부터 20년 동안 아일랜드 자치, 식민지, 관세 등 현안에 대해 정계에서 태풍을 일으키는 눈이었다.

웹 부부

이러한 가운데 1890년 베아트릭스 포터는 찰스 부스 집에서 지방공무원이자 사회주의자인 시드니 웹과 만난다. 그는 이미 페이비언협회(Fabian Society)의 중요 회원이었고 그녀보다 한 살 연하였다. 그녀는 일기에 이렇게 정직하게 적었다.

"아주 몸집이 작고 머리가 크다. 넓은 이마는 백과사전 같이 박식함으로 가득 채워두는 데 적당한 듯하다. 검은 코트는 낡아서 손때로 반질거린다. 유대인의 코, 코크니(cockney)[14] 발음……. But I like the man. 그는 솔직하게 이야기하고 마음도 넓다. 상상력과 따뜻한 마음이 무한하다. 함께 자리에 앉은 누구보다도 두뇌 회전이 빠른데도 뻐기지 않는다."

나음 날 일기는 3페이지나 길게 썼는데 스스로 다짐이라도 하듯 이렇게 써놓았다.

"나는 사회주의자가 되었다. 그것도 대중의 생활 조건을 개선하고 싶어서가 아니라 생산수단의 공동소유에 의해서만 완벽한 개인의 발달을 꾀할 수 있다고 믿기 때문

---

14) 코크니 : 런던 토박이들, 특히 동부 노동자 계층이 주로 사용하던 억양을 말한다. 발음이나 어휘가 여러모로 서민적인 느낌이 많이 배어 있다.

이다. 바꾸어 말하면 완벽한 사회주의야말로 절대적인 개인주의와 합치한다고 믿기 때문이다. 언젠가 나는 연단에 올라서서 가두연설을 할 것이다."

이리하여 2년 후 "모든 점에서 조지프 체임벌린과 정반대"인 '두꺼비'와 베아트릭스는 결혼했다. 이때 부친의 유산으로 연간 1000파운드의 불로소득이 있는 34세 그녀와 퇴직한 시드니는 둘 다 일에 전념했다. 만나자마자 시드니를 동지로 의식했지만 "나는 그의 두뇌하고만 결혼하는 거야" 하고 그녀는 일기에 적었다. 아이는 낳지 않겠다고 결심했다. 그 대신 50년 동안 두 사람은 공저를 38권이나 세상에 내놓았다. 그중 절반은 사료 조사에 바탕을 둔 대작이었는데, 지금도 노동조합, 산업 민주제, 복지, 지역 행정, 긴 18세기를 연구하는 사람에게는 필독서다.

세기말의 우연, 사회주의와 성

베아트릭스가 체임벌린과 만난 1883년부터 시드니와 결혼하는 1892년까지 9년간 그녀의 마음만 돌풍처럼 요동친 것은 아니다. 세상 자체가 격동의 소용돌이 안에 있었다.

제3차 산업과 행정의 증대에 따라 종래의 부르주아와 노동자(블루칼라) 사이에 사무노동자(화이트칼라)가 생겨났다. 그들의 거주지는 합승 자동차(omnibus), 노면전차, 교외 전차, 지하철(1863년/1890년 개통) 노선의 연장으로 도시 근교로 넓어졌다. 조잡하지는 않더라도 비슷한 의식주의 규격품에 둘러싸인 대중의 시대가 열린 것이다(p. 378).

마르크스가 『자본론』 전3권을 완성하지 않은 채 1883년 런던에서 사망했다. 헨리 하인드먼(Henry Hyndman)의 '사회민주연맹(SDF)'은 사회주의 운동의 성격을 강화했으나 분파적이고 영향력이 미미했다. 1884년 윌리엄 모리스(William Morris)와 마르크스의 딸 엘리노어(Eleanor Marx)는 이 조직을 나와 '사회주의자연맹(SL)'을 결성하고 『커먼윌(Commonweal)』이라는 혁명적 인터내셔널리즘을 표방한 잡지를 창간했다. 그런데 윌리엄 모리스는 오히려 낭만주의자였기에 출판사와 '아트 & 크래프트' 운동에 업적을 남겼다. 그의 저서 『존 볼의 꿈(A Dream of John Ball)』은 아름다운 판화를 통해 세기말 사람들에게 1381년 와트 타일러의난을 둘러싼 비극적 기억(p. 96)을 되살려주었다.

1884년 런던 동부에 대학생의 'settlement'[15]로서 토인 비 홀(Toynbee Hall)을 창설했다. 실은 찰스 부스와 베아트릭스 포터의 사회조사도 이 시설이 있었기 때문에 가능한 프로젝트였다. 찰스 부스는 조사 결과를 바탕으로 표준 세대(5명)에 규칙적 소득 주 21실링(연봉 50파운드 남짓)을 기준으로 세우고, 그 미만을 '빈곤'이라고 정의했다. 세기말 런던 주민의 약 30퍼센트가 빈민에 해당되었다. 조지 버너드 쇼(George Bernard Shaw)와 시드니 웹이 '페이비언협회'를 결성한 해는 1884년이다. 1887년 트라팔가(Trafalgar) 광장에 실업자가 모여 '피의 일요일' 사건이 일어났고, 이해 코난 도일이 '셜록 홈스(Sherlock Holmes)' 연작을 내기 시작했다. 1888년에는 연쇄살인 '잭 더 리퍼(Jack the Ripper)' 사건이 일어났다.

그 무렵 런던의 법학원에 유학하고 있던 마하트마 간디(Mahatma Gandhi) 청년(1869~1948년)은 1891년 변호사 자격을 취득하고 인도와 남아프리카에서 개업했다. 제국 신민(subject)인 그는 영국 제국에 속한 어디에서도 거주하고 영업할 수 있었다. 고대 로마의 시민권(p. 35)과 마찬가지

---

15) settlement : 종교가나 학생 등이 도시의 비교적 가난한 지역에 숙소, 보육원, 기숙사, 직업소개소 등을 설립해 지역 주민의 생활과 문화 향상을 위해 도움을 주는 사회사업 또는 그 시설을 뜻한다.

다. 흡사 식민지 지배를 보상이라고 하려는 듯 제국 신민 (의 일부)은 영어 교육과 전문직이라는 일종의 '아-로마적 보편성'에 따른 공공재를 누렸다. 간디 변호사의 한 해 수입은 5000파운드가 넘었다.

세기 후반의 여성 교육, 성인 여성의 소유권, 참정권 을 둘러싼 움직임은 미미하다. 빅토리아풍 핵가족 안에 서 벌어지는 가정폭력, 이혼, 성병에 대한 대책은 정치성 을 띠었다. 그렇기에 1897년 밀리센트 포셋(Millicent Garrett Fawcett) 부인은 점점 기세가 올라가는 부인 참정권 운동 을 '전국 동맹'으로 결집해냈다. 그러나 사태가 전혀 앞으 로 나아가지 않는 것을 보고 에멀린 팽크허스트(Emmeline Pankhurst) 부인과 딸은 1903년부터 '여성사회정치동맹'을 조직하여 '말이 아니라 행동을!'이라고 외치며 실력 행사 를 펼치기에 이른다.

동성애는 1861년 이미 죽을죄가 아니게 되었고, 존 시 먼즈(John Addington Symonds)의 『그리스 윤리의 문제(A Problem in Greek Ethics)』(1883년) 등으로 고전과 고대의 동성애가 널리 알려졌다. 또한 영국에서는 성인의 매매춘이 위법 이었던 적이 없다. 다만 손님을 끌기 위해 엉겨 붙거나 곤란하게 하는 것이 부랑 행위에 해당하는 범죄였다. 법은 존중할 만한 신사 숙녀를 위해 존재할 뿐이었다. 하지만/그래서 오스카 와일드(Oscar Wilde)가 1895년 민사소송에서 형사소송으로 역전당한 죄목은 '지나친 외설 행위'였다. 더구나 민사의 피고는 권투의 퀸즈버리(Queensberry) 후작이었다(p.311). 당연하게도 무엇이 심한 행위인지 떠들썩하게 화제가 되었다.

GOM형 정치의 종언

글래드스턴은 1894년(84세!)까지 수상으로 부지런히 근무하면서 방위비 증액을 저지하고 자유무역과 평화, 작은 정부, 아일랜드 자치를 위해 힘을 쏟았다. 노동자에게도 선거권이 주어지는 대중사회에 맞추어 철도망을 이용해 전국으로 연설을 다니며 여론을 모았다. 옥스퍼드대학이든 맨체스터시티든 미들로디언(Midlothian, 에든버러)이든 가리지 않고 중요한 선거구를 골라 스스로 후보에 올랐고 승리했다. 대적하기 까다로운 위대하고 노회한 지도자(GOM, Grand Old Man)였다.

그러나 체임벌린과 분열한 뒤 단독으로 과반수를 채우지 못한 자유당은 아일랜드 국민당(80여 석)과 연립하여 급진파와 노동조합 활동가(Liberal+Labour)를 끌어안고 정권을 유지했다. 아일랜드 자치, 국제 평화, 작은 정부는 글래드스턴의 신조였으나 세월과 더불어 의미가 커진 '수의 논리' 때문에 정권의 선택지는 좁아졌다.

아일랜드에 내정 자치권을 부여하는 자치법안은 아일랜드만의 문제가 아니었다. 벌써 캐나다 연방이 1867년 자치 국가로 확립했다. 스코틀랜드인, 웨일스인, 인도인도 법안의 성립 여부에 주목하고 운동을 벌이기 시작했다. 그런데 아일랜드에서 글래드스턴 정권을 지지하던 국민당의 엘리트 지도자 찰스 스튜어트 파넬(Charles Stewart Parnell)이 스캔들에 휘말려 1890년에 실각했다. 1893년 '게일 동맹(Gaelic League)' 결성으로 게일 문화 부흥 운동이 결집한다. 이는 스코틀랜드, 웨일스, 아메리카의 켈트 부흥에 농조했을 뿐 아니라 유럽 전체의 낭만주의/민족주의의 고양과 일체를 이루었다.

한편 보수당의 솔즈베리 후작(Marquess of Salisbury) 내각에서 랜돌프 처칠(Randolph Churchill)이 36세 인도 장관, 37세 재무장관에 취임하여 마치 디즈레일리가 환생한 듯 촉망받았다. 랜돌프 처칠은 정계에서 바쁘고, 아메리카 태생의 아름다운 부인 제니(Jennie)는 사교계에서 분망했다. 장남 윈스턴 처칠 소년은 보살핌을 받지 못하고 기숙사 학교에서 부모와 만날 날을 손꼽아 기다리며 절절한 마음으로 부모님께 편지를 썼다(p. 355).

GOM 글래드스턴의 죽음(1898년) 이전부터 그토록 대단한 글래드스턴의 자유주의는 명운을 다했다. 문명과 신앙과 정의, 자조와 자유무역이라는 자유주의 군자의 겉치레(noblesse oblige)로는 아일랜드, 빈곤, 경기변동, 국제수지, 국방, 식민지, 사회주의, 젠더와 성 같은 현대사회의 문제를 해결하지 못한다. 오히려 국익과 대중적인 이익 배분을 내세운 운동이 기세를 떨쳤다. 문제는 그뿐만이 아니었다. 기바타 요이치(木畑洋一)가 말하는 '제국/대국 의식'이 보수=통일당뿐 아니라 자유주의 부르주아, 지식인, 사회주의자, 노동자 대중에게도 널리 침투했다.

이것은 모두 20세기로 이어지는 사회 쟁점이었다.

제9강
제국과 대중사회

처칠과 왕족. 유럽이 기리는 전승의 날(1945년 5월 7일), 버킹엄궁전에서 처칠 수상과 조지 6세 부부. 왼쪽이 엘리자베스 공주(나중에 엘리자베스 2세)이고, 오른쪽이 마거릿 공주(The Princess Margaret Rose). p.391.

1809	남아프리카전쟁(~1902)
1900	나쓰메 소세키, 영국으로 건너감(~1902). 처칠, 정계 입문
1901	오스트레일리아 연방, 에드워드 7세(~1910). 태프베일(Taff-Vale) 재판
1902	영일동맹(~1923)
1903	'전원도시' 건설 시작
1906	노동당, 총선거에서 29명 당선
1907	뉴질랜드 자치 국가로
1908	허버트 헨리 애스퀴스(Herbert Henry Asquith) 수상(~1916). 노령 연금법
1910	데이비드 로이드조지(David Lloyd George) 재무장관의 인민 예산. 남아프리카연방
1912	타이타닉 호, 처녀항해에서 침몰
1914	제1차 세계대전(~1918), 아일랜드 자치법 성립 보류
1916	부활절 봉기. 징병법. 데이비드 로이드조지 수상(~1922)
1917	러시아혁명. 밸푸어(Balfour)선언.
1918	30세 이상 여성참정권
1919	파리강화회의. 베르사유조약. 암리차르(Amritsar) 학살. 인도통치법
1922	아일랜드자유국 성립. 아일랜드 내전(~1923). BBC 라디오방송 시작
1924	노동당 정권. 맥도널드 수상(~1924, 1929~1935). 에드워드 포스터(Edward Morgan Forster) 『인도로 가는 길(A Passage to India)』
1928	남녀평등 선거권
1929	세계공황
1936	왕위 계승 위기. 조지 6세(~1952). 존 메이너드 케인스(John Maynard Keynes), 『고용ㆍ이자 및 화폐의 일반이론(The General Theory of Employment, Interest and Money)』 펭귄북스
1939	독일에 선전 포고. 제2차 세계대전(~1945)
1940	윈스턴 처칠 수상(~1945, 1951~1955)
1942	'베버리지 보고서(Beveridge Report)'의 사회보장 구상, 종전까지 보류
1945	종전. 총선거에서 노동당 압승(다음 해부터 사회보장, 국유화 등 실현)
1947	인도, 파키스탄, 분열 독립
1948	'국적법'에서 제국 신민, 코먼웰스 시민의 입국권을 재확인. 남아프리카에서 아파르트헤이트 정책 시작
1949	아일랜드 공화국, 코먼웰스에서 이탈
1952	엘리자베스 2세(~2022). 원자폭탄 실험

1 세기의 전환

20세기의 개막은 불길했다

20세기로 바뀌는 전환기는 19세기의 찬란함을 생각하면 '벨 에포크'이고 퇴폐성을 생각하면 '세기말'일 텐데 새로운 조짐이 보이는 것은 분명했다. 나쓰메 소세키는 "파리의 번영과 퇴락은 놀랄 만하다"고 일기에 적고 닷새 후 런던에 도착했다. 1900년 10월 28일 밤이었다. 그는 세기의 전환을 걸친 2년 동안 런던에 머물렀다.

10월 29일 그는 방향도 모르는 채 시내를 걸어 돌아다녔는데 "남아프리카에서 돌아오는 의용병을 환영하느라 매우 혼잡해서 힘들었다"고 한다. 남아프리카에서는 네덜란드계 식민자와 전쟁(1899~1902년) 중이었던 영국 한복판에서 귀국 병사를 맞이하는 군중과 마주친 것이다. 10월 24일까지 치러진 총선거를 통해 체임벌린 식민 장관이 이끄는 호전파 통일당과 보수당의 연립이 정권을 유지했다. 당시 영국에는 징병제가 없었기 때문에 병사는 모두 지원병이었다.

1901년 1월 23일에는 일기에 "어제 저녁 6시 반 여왕이 죽었다"고 쓰고 영어로 글을 이어나간다. All the town is in mourning. The new century has opened rather inauspiciously……

"새로운 세기는 다소 불길하게 시작했다"는 말은 의미심장하다. 왕세자 에드워드 바람둥이(7세, 재위 1901~1910, p.308)가 '여왕' 빅토리아의 뒤를 이었다. 다이아몬드와 금에 눈이 뒤집힌 남아프리카전쟁은 진흙탕 싸움이 되었고 영국은 중국 의화단사건에도 출병 중이었다. 그때까지 자유당에서 입후보한 노동조합 활동가(Liberal+Labour)는 1900년 가을 총선거부터 독자적으로 노동자 대표위원회에서 입후보하여 당선되었다. 또 웨일스의 태프베일 철도회사의 노동쟁의에 대해 1901년 사법부는 파업권(picket)[1]을 인정하지 않고 철도노동조합(p.354)에 손해배상을 명령했다. 마쓰무라 나가오(松村高夫)가 연구한 대로 이 명령에 대한 항의는 끊이지 않았고 자유당 정권인 1906년에 판결이 뒤집히는 바람에 노동당이 창립하는 분위기도 무르익었다.

남아프리카전쟁은 종군기자 두 사람에게 전환점이 되

---

1) 파업권 : 노동쟁의 때 다른 사람들이 공장 등에 일하러 들어가지 못하도록 하는 감시원 또는 감시 행위.

었다. 존 앳킨슨 흡슨(John Atkinson Hobson)은『맨체스터 가디언(The Manchester Guardian)』의 기자로 종군했다가 귀국 후『제국주의(Imperialism)』(1902년)를 집필하고, 제국주의는 자본주의 본국이 부의 불평등 때문에 국내 소비가 늘어나지 않으니까 해외에서 시장과 투자 기회를 구한 것이라고 비판하고 '후생'의 경제학으로 나아갔다. 그가 없었다면 블라디미르 레닌(Vladimir Lenin)의 제국주의론(1916년)이나 존 메이너드 케인스의 유효수요론(1936년)도 없었다.『모닝 포스트(Morning Post)』기자가 되어 전쟁, 포로, 탈주 등을 경험하고 늠름해진 윈스턴 처칠(p.349)은 1900년 10월 총선거에서 보수당 의원으로 정계에 입문했다.

영국과 일본

나쓰메 소세키가 영국에 체재 중인 1902년 1월 보수당 솔즈베리(Salisbury) 내각은 '영일동맹'을 맺었다. 이 무렵 남아프리카전쟁은 게릴라전으로 바뀌고, 독일과는 군비 확장과·군함 제조를 경쟁하고, 러시아와는 북해와 아시아 각지에서 대립하는 등 국제 관계의 긴장이 누그러질 줄 몰랐다. 이런 상황에서 영국은 '영광스러운 고립'정책으로 전환했다. 독일과 동맹 교섭을 벌였으나 결렬했고, 곧이어 1904년에 '영불협상'을 맺었다.

　인도나 일본과도 경제 관계의 갈등이 빚어졌다. 이미 중국 시장에서는 인도 면사와 일본 면사가 영국 면사를 몰아내고 있었다. 세기 전환기 영국의 주요 산업이 아시아에서 만난 경쟁 상대는 독일과 아메리카가 아니라 인도와 일본이었다. 이러한 사정에 관해서는 다카무라 나오스케(高村直助), 가와카쓰 헤이타(川勝平太), 스기하라 가오루(杉原薫) 등의 연구가 자세히 밝혀놓고 있다.

　그런데 앞에서 살펴본 대로 영국 경제 전체를 이끌었던 것은 면 산업, 철강, 기계, 석탄과 함께 해운, 보험, 금융이다(p.333). 상하이에서도 P&O사와 홍콩상하이은행(HSBC)이 나란히 으리으리한 사옥을 세웠다. 청일전쟁(1894~1895년)에 승리한 일본은 배상금 2억 테일(tael)[2]을 다름 아닌 잉글랜드 은행에 위탁해 준비금으로 챙겨두었다. 관점을 바꾸어 생각하면 영국 중앙은행의 입장에서도 일본의 돈은 자산이었다. 헤게모니 국가 영국은 금본위제를 채택했고 1897년 일본도 이에 따랐다.

　러일전쟁(1904~1905년)까지 일본은 군함을 주로 뉴캐슬

---

2) 테일 : 중국의 옛 은화의 단위.

의 암스트롱사(Sir WG Armstrong Whitworth & Co Ltd)에서 대거 사들였고, 군사비는 런던에 있는 정부 외채로 여러 차례 충당했다. 영국의 투자가에게도 **성장 잠재력**이 있는 일본의 채권은 매력적이었다. 주니어 파트너라고 하면 듣기 좋을지 몰라도 실은 '대영제국'을 살금살금 따라잡는 '아우'로 받아들여진 것이다.

언덕 위의 일본[3]

근대 일본이 따라잡는 속도는 과연 눈부셨다. 결국 1894/1911년 그토록 염원하던 '불평등 조약'을 해소했다. 일본 우편선(NYK)은 아시아 항로와 샌프란시스코 항로에서 영국의 P&O사, 아메리카의 퍼시픽 우편선 등과 경합했다. 또 군함 사쓰마(1905~1910년)를 비롯해 주력 군함의 국내 생산을 위해 계속 노력했다. 그러나 마침 영국의 전함 드레드노트(Dreadnought, 1906년)가 나오고 초대형 전함의 급이 계속 높아지는 등 전함을 제조하는 세계의 급

---

3) 언덕 위의 일본 : 이 소제목은 시바 료타로(司馬遼太郎)의 역사소설 『언덕 위의 구름(坂の上の雲)』을 패러디한 것으로 보인다. '언덕 위의 구름'이란 봉건시대를 탈피해 근대 문물에 눈을 뜨기 시작한 일본이 언젠가 손이 닿으리라고 믿고 실행해나간 '근대국가'나 '열강'을 비유한 말이므로, '언덕 위의 일본'이란 근대를 실현하려는 일본의 모습을 상징한다고 새겨볼 수 있다.

속한 경쟁 속에서 일본은 암스트롱사와 비커스사(Vickers Ltd)의 발주(와 도면 획득)도 병행할 수밖에 없었다. 이때 지멘스 사건[4]이 일어났다. 이 사건의 경위는 나구라 분지(奈倉文二), 요코이 가쓰히코(橫井勝彦), 오노즈카 도모지(小野塚知二)가 공동 연구에서 상세히 밝혀놓았다.

언덕 위의 일본은 문화적으로도 영어와 영국을 수용했다. 중등학교 이상 과정에서 영어 교육을 시행했음은 말할 필요도 없다. 나쓰메 소세키가 취임하기 전 도쿄제국대학 영문과의 전임교수 라프카디오 헌(Lafcadio Hearn, 귀화한 이름은 고이즈미 야쿠모小泉八雲)은 미국의 신문기자로 일본에 왔다. 부친은 더블린의 트리니티대학을 졸업한 의사였고 모친은 그리스인이었다. 양친이 헤어지자 그는 로마 가톨릭 신자인 작은할머니 손에 자랐다. 즉 그는 아일랜드 프로테스탄트와 그리스정교와 로마 가톨릭이 뒤섞인 환경에서 자라며 자아를 형성한 셈이다. 나아가 미국의 다문화 도시 뉴올리언스를 경유해 부임한 '헌 선생'의 수업은 메이지 시대 학생들을 매료시켰다.

또 문부성 창가를 예로 들어보면 〈반딧불(蛍の光, Aud lang

4) 지멘스 사건 : 독일의 제조기업인 지멘스가 일본 제국 해군의 고위 관료에게 뇌물을 준 사건으로 1914년 발각되었다.

syne)〉[5], 〈고향 하늘(故郷の空, Comin' thro' the rye)〉[6], 〈뜰에 핀 온갖 풀(庭の千草, The last rose of summer)〉[7] 같은 켈트의 울림이 일본 학교에 메아리쳤다. 〈내 사랑 보니(My bonnie lies over the ocean)〉, 〈로몬드 호수(Loch Lomond)〉 같은 재커바이트의 노래조차(미처 인지하지 못하고?) 근대 일본의 학교에서는 공공연하게 노래했다. 켈트 부흥 운동(p. 348)은 메이지·다이쇼의 학교까지 메아리로 울려 퍼졌던 것이다. 이 '근대의 전통'은 한때 단절되었으나 1950년대 NHK 라디오 프로그램 〈기초 영어〉에서도 쉬지 않고 흘러나왔다. 이러한 수용은 학교 교육을 벗어나 널리 퍼졌고 〈오 대니 보이(O Danny Boy)〉, 비틀스까지 계승된다.

제국과 자치국

제국/식민지 역사의 연구는 일본에서도 활발했다. 『일영 교류사(日英交流史) 1600~2000』 5권, 『영국 제국과 20세기(イギリス帝国と20世紀)』 5권을 비롯해 인도에 주목한 아키타

---

5) <반딧불(蛍の光, Aud lang syne)>의 한국어 제목은 <작별> 또는 <올드 랭 사인>이다.
6) <고향 하늘(故郷の空, Comin' thro' the rye)>의 한국어 제목은 <밀밭에서>다.
7) <뜰에 핀 온갖 풀(庭の千草, The last rose of summer)>의 한국어 제목은 <여름의 마지막 장미>다.

시게루(秋田茂)의 『영국 제국의 역사(イギリス帝国の歴史)』도 있다. 또 이노세 구미에(井野瀬久美惠)·기타가와 가쓰히코(北川勝彦) 편 『아프리카와 제국(アフリカと帝国)』은 영국 의회 문서를 활용해 아프리카 역사를 논하고, 오가와 히로유키(小川浩之)의 『영연방(英連邦)』은 코먼웰스의 역사를 개관했으며, 기바타 요이치(木畑洋一)의 『영국 제국과 제국주의(イギリス帝国と帝国主義)』는 방법론의 문제를 다루었다. 이 책에서는 기존 성과에 괜한 덧칠을 하기보다는 정치사회의 질서라는 관점으로 살펴보자.

1901년 즉위한 에드워드 7세의 정식 호칭은 '신의 가호에 따른 그레이트브리튼과 아일랜드의 연합왕국 및 해외 브리튼인 자치국(British dominions)의 왕, 신앙 수호자, 인도 황제'다. 이미 1876년부터 빅토리아 여왕도 인도 황제를 칭했다. 인도 반란(1857~1858년)으로 무굴(Mughal)제국과 동인도회사는 해체하고 인도아대륙은 영국 왕의 직할령으로 삼았는데, 디즈레일리 제2차 내각(1874~1880년)의 발안으로 여왕에게 '인도 황제' 칭호를 부여하고 현지에는 '부왕(副王)'이 부임했다. 왕의 정식 칭호 중 마지막 특기 부분은 영국령 인도 즉 '왕관(crown)의 가장 빛나는 보석(the brightest jewel)'을 향한 특별한 인식을 드러낸다.

'해외 브리튼인 자치국'이란 캐나다와 오스트레일리아를 가리키고, 여기에 머지않아 뉴질랜드, 남아프리카 및 전후에는 아일랜드가 더해진다. 또한 dominion은 종래 '자치령'이라고 번역했으나 이 말은 종속성이 강조되어 적절하지 않다. 각각 영국 왕을 섬기는 군주 국가로서 내정의 책임 능력(의회와 내각)이 있다. 1911년부터는 독자적 해군을 보유했고 1923년부터는 국제조약도 체결하는 독립국이다.

1887년 여왕 즉위 50주년 기념식전에 맞추어 개최한 식민지 회의에서는 바야흐로 실질적인 토의가 이루어졌고, 1907년부터는 제국회의, 1944년부터는 영연방회의로 명칭을 바꾸었다. 코먼웰스/코먼윌이라는 용어는 근세의 공공권을 둘러싼 핵심어였으나(p.109) 19세기 말에는 사회주의 공동체를 가리키는 말이었다(p.349). 그런데 20세기 중반 제국/국제 질서를 모색하는 엘리트가 이 말을 교묘하게 **횡령**했다.

1926년 제국회의에 제출한 밸푸어(Balfour) 보고서, 그것을 바탕으로 제정한 1931년 웨스트민스터 헌장은 둘 다 참가 자치국의 자유롭고 평등한 연합을 주장한다. 이후 영연방의 구성은 국가 주권이 있는 자치국과 종속적

식민지라는 이중구조로 이루어진다. 식민 정책을 연구한 야나이하라 다다오(矢內原忠雄, 도쿄제국대학), 국가 이념을 연구한 스즈키 시게타카(鈴木成高, 교토제국대학) 같은 학자도 이러한 추이를 주시했다.

타이타닉 호

제1차 세계대전이 일어나기 바로 전야에 영국 사회가 얼마나 번영했는지 보여주는 현상이 북대서양 정기항로를 통해 영국과 미국을 오가는 최신 기선 타이타닉 호 사건이다. 벨파스트 조선소에서 막 완성한 호화 여객선(선적은 리버풀)이 1912년 4월 10일 영불해협에 있는 사우스햄프턴(Southampton) 항구를 출발했다. 프랑스의 셰르부르(Cherbourg) 항, 아일랜드의 코크(Cork) 항(퀸스타운Queenstown)을 거쳐 승무원·승객 2224명이 뉴욕을 향해 가는 도중, 처녀항해 닷새째 되는 날 심야에 빙산과 부딪쳐 다음 날 새벽 침몰했다.

영화 〈타이타닉〉이 그려낸 바대로 배는 길이 269미터, 10층 구조였고, 위층부터 1등 객실, 2등 객실, 3등 객실로 나뉘어 있었다. 하버드대학을 졸업한 해리 엘킨스 와

이드너(Harry Elkins Widener)와 그의 부모처럼 부유층도 있고, 가족이 모두 미국으로 떠나는 유럽 이민자와 독신 노동자도 있고, 다양한 출신과 계층, 직업의 남녀가 이 배에 타고 있었다. 가능하면 등급이 다른 승객이 서로 접촉하지 않도록 각 영역을 구분해놓은 구조였다. 디즈레일리가 말한 '두 개의 국민' 못지않은 '세 개의 국민'이 거대한 객선 안에 계급을 이루고 교섭 없이 생활했다.

영화 〈타이타닉〉은 케이트 윈슬렛(Kate Winslet)이 연기한 일등 객실 부유한 집안의 딸과 레오나르도 디카프리오(Leonardo DiCaprio)가 연기한 삼등 객실의 보헤미안이 영역을 침범하는 이야기다.

긴급피난 때 '여성과 어린이를 먼저' 구명보트에 타도록 유도했다고 하는데, 사실 여기에 혼란과 계급성이 덮여 있다. 출항 직전 전국에서는 석탄 파업이 있었고 승객의 예약 취소가 잇달았기 때문에 처녀항해의 객실은 채워지지 않았다. 구명보트 20척이면 1100명이 넘는 인명을 구할 수 있었으니까 승무원과 승객 전원을 구할 수는 없었다 해도 여성과 어린이 511명의 두 배를 구할 여력이 있었다. 그런데 실제 여성과 어린이 사망자를 보면 일등 객실은 150명 중 5명(3.3퍼센트), 이등 객실은 117명 중

13명(11퍼센트), 삼등 객실은 244명 중 141명(58퍼센트)으로 희생자의 계급 차가 여실히 드러났다.

신자유주의

이러한 계급사회의 모순을 정치가 그대로 내버려둘 수는 없는 일이다. 디즈레일리의 전통(p. 300)을 이어받은 '토리 데모크라시'는 계급 통합과 one nation을 목표로 삼았고, 랜돌프 처칠과 아들 윈스턴 처칠(1874~1965년)은 군주제와 국교회를 통해 통합과 개혁을 주장했다. 체임벌린의 통일당은 국내 산업의 보호와 제국 정책의 합치를 위해 '사회제국주의'라는 입장으로 대중적 대외 강경론(징고이즘jingoism[8])에 편승했다.

이미 1895년 웹 부부는 실학 중심의 고등교육 기관으로서 런던에 런던 정치경제 대학교(LSE) 창설에 최선을 다했다. 1909년에는 "문명 생활의 국민적 최소치를 남녀 양성, 모든 계급의 모든 사람에게 보장하자"고 제창했는데, 이때 연구 조수가 윌리엄 베버리지(William Beve-

---

8) 징고이즘 : 어느 사회집단이 다른 집단에 대해 취하는 적대적이고 자기중심적인 심리 상태를 일컫는 말. 편협한 애국주의, 맹목적 애국주의, 배타적 애국주의 등으로 번역하기도 하고, 광신적 대외 강경론자, 저돌적 주전론자까지 포함한다.

ridge)였다. 1913년에는 좌파 주간지 『뉴 스테이트맨(New Stateman)』을 창간했다.

그러는 동안 자유당은 헨리 캠벨배너먼(Henry Campbell-Bannerman, 수상, 재직 1905~1908년), 허버트 헨리 애스퀴스(Herbert Henry Asquith, 수상, 재직 1908~1916년), 데이비드 로이드조지(David Lloyd George, 수상, 재직 1916~1922년) 같은 뛰어난 인재 덕분에 정권을 유지할 수 있었다. 특히 1905년 통산장관, 1908년 재무장관, 1915년 군수장관, 1916년 수상을 역임한 데이비드 로이드조지는 노령·건강·실업 보험 제도를 확립하고, 연합왕국의 권한 이양을 추진했으며, '대전쟁', 파리강화회의, 식민지 통치라는 힘든 과제를 있는 힘껏 수행했다.

데이비드 로이드조지나 케인스(후술)의 '신자유주의(new liberalism)'는 세기 전환기의 대중사회와 국제 정세에 대응하는 자유당의 위기의식을 드러낸다. 이는 19세기의 개인주의·자유방임을 내버리고 국가의 간섭에 의한 복지(welfare)와 전쟁(warfare)을 수행하려는 노력이자 빈곤, 노동조합, 사회주의, 자치운동에 대한 최선의 대처였다. 신자유주의가 세를 확대해나가는 동력으로 『맨체스터 가디언』과 이 잡지의 주필이자 사주인 출신인 찰스 프레스트위치 스콧(Charles Prestwich Scott)의 영향력도 간과할 수 없다. 애초에 사회를 유기체로 보고 공공선을 주장한 옥스퍼드의 도덕철학 교수 토머스 그린(Thomas Hill Green, p.339)은 신자유주의의 아버지라 일컬어진다. 독일 사상과 사회정책을 학습했다는 점에서도 오늘날의 신자유주의(neo-liberalism)와 다르다. 윈스턴 처칠조차 1904년부터 1922년까지 자유당 의원이었다.

세기 전환기의 자유주의자 데이비드 로이드조지와 윌리엄 피트(William Pitt), 로버트 필(Robert Peel), 글래드스턴을 비교하면 네 사람 다 리버럴 성향에 개성이 강하고 자유무역주의, 기득 권익에 얽매이지 않는 국가지도자인데, 다음과 같은 점이 다르다. 세 사람은 잉글랜드인에 옥스퍼드대학과 케임브리지대학의 우등생, 국교도이고 자조와 작은 정부(재정 규율)를 으뜸으로 생각했다. 그러나 로이드조지는 웨일스인에 옥스퍼드대학과 케임브리지대학은커녕 대학을 알지 못한 채 온갖 고초를 겪고 성공한 비국교도였다(전임 수상 허버트 헨리 애스퀴스도 비국교도였으나 고학으로 옥스퍼드대학에 입학하여 고전학에서 수석을 차지하고 학생자치회의 의장도 지냈다). 독일을 시찰한 그는 복지와 군비를 우선하기로 하고, 1909년 누진과세인 '인민 예산'을 상정하고 심의할 때 저항 세력의 아성인 귀족원(상원)을 1911년 '의회법'으로 서민원(하원)에 종속시켰다. 1914년부터는 커다란 정부의 총력을 기울여 '대전쟁'에 대처하기 시작한다.

인도로 가는 길

포스터(1879~1970년)는 케임브리지의 자유주의자 지식인, 부유하고 해외 경험이 풍부한 작가였다. 여유롭게 산책을 즐기는 동성애자에 블룸즈버리(Bloomsbury)그룹(나중에 나옴)과 인민전선에도 관여했다. 그의 『모리스(Maurice)』[9](1910년에 집필 시작, 사후 간행)는 칼리지 학생의 동성애를 아름다운 풍경 속에서 그려낸다. 모리스가 아니라고 해도 대학에서 캠(Cam)강을 거슬러 올라가 그란체스터(Granchester) 마을의 찻집 '오차드(Orchard)'까지 가면 까다롭게 생긴 러셀 선생과 비트겐슈타인이 수학이나 철학이나 언어를 논하면서 발가벗고 수영하는 곳에 서 있을 수 있다. 여기는 구사미쓰 도시오(草光俊雄)의 『새벽의 호른(明

---

9) 한국어판은 『모리스』, 열린책들, 2019년.

け方のホルン)』에 나오는 마이너 포엣(minor poet)[10]들이 놀았던 곳이기도 하다.

한편 인도 출생 러디어드 키플링(Rudyard Kipling, p.314)은 1889년 이렇게 기록했다.

Oh, East is East and West is West, and never the twain shall meet.

"동은 동, 서는 서, 양자는 결국 만나거나 마주치는 일이 없으리라. ……지구의 양쪽 끝에서 온 두 사람의 강한 남자가 대면하기까지는……." 하지만 이러한 (조건을 붙인) 체념의 시가 나오기 11년 전에는 이미 인도의 기업 타타(Tata)가 면 방직공장을 창업하고 4년 전에는 '인도 국민회의'가 창설되었다.

포스터가 인도로 처음 여행을 떠난 해는 1912~1913년이다. 『인도로 가는 길』(1924년 간행)은 부유하고 순진한 잉글랜드인 처녀 아델라 퀘스티드(Adela Quested)의 인도 경험과 현혹, 그리고 필딩(Fielding)과 아지즈(Aziz)라는 두 남자의 우정에 의탁해 웅변한다. 재판이 끝나고 2년 후 소설 말미에서 두 남자는 말 위에 있다(이 중요한 장면이 영화에

---

10) 마이너 포엣 : 일류보다 약간 못한 지위의 시인으로, 시의 품격이나 질이 낮다는 의미가 아니라 유명한 시인에 비해 작품 수가 적거나 주류 문학의 권위를 부정하는 태도와 자신만의 개성을 갖춘 시인을 말한다.

는 나오지 않는다). 키플링의 "동은 동, 서는 서……"를 떠올리게 설정해놓은 장면에서 자유주의자 영국인 교사 필딩은 근대 인도의 의사 아지즈의 손을 잡고 이렇게 말한다.

What can't we be friends now?…… It's what I want. It's what you want.

그러나 말 두 마리는 이것을 원치 않았다. 대지는 이것을 원치 않았다.

화자는 고민하는 작가 포스터다. 최초의 인도 여행을 통해 이 소설을 구상하고 나서 완성하기까지 11년이 걸렸다. 키플링보다 한 걸음 더 내다보려고 스스로 인도 경험을 반추하여 재고하고 삼고하는 동안 제1차 세계대전 (1914~1918년)이 일어났고, 1919년에는 암리차르(Amritsar) 학살이 일어났으며, 변호사 간디(p.345)는 불복종운동을 시작했다.

2 '대전쟁'과 영국

커다란 희생, 커다란 변화

영국의 어느 마을, 어느 법인을 찾아가더라도 가장 눈에 띄는 곳에는 The Great War의 전몰자 기념비가 있다. 우리가 제2차 세계대전이라고 부르는 것을 영국인은 정관사를 붙여 '대전쟁'이라고 한다. 그만큼 희생자도 많고 국민의 트라우마이기도 하다. 런던 웨스트민스터의 전몰자 기념비는 탈종파 모더니즘 건축이다. 표(9-1)는 두 차례 세계대전의 사망자 수와 인구 비율을 나타내는데, 독일(오스트리아), 러시아를 제외하고 프랑스에 이어 영국의 사망자 수는(비율로 보더라도) 제2차 세계대전 때보다 두 배가 훨씬 넘는다. 일본인이 느끼는 제1, 2차 세계대전의 감각과는 대단히 상이하다.

'대전쟁'은 단기에 결판나리라는 예측이 들어맞지 않았고, 유럽 각국은 4년 넘게 최신 기술과 생산력과 인재를 총동원해 싸울 수밖에 없었다. 지원병제도였던 영국은 1916년 징병제를 시행하기 시작한다. 전쟁 전반부에는 '용감하게 싸우다 죽은' 장병 중 특히 **고학력자**가 많았다

9-1 제1차 세계대전과 제2차 세계대전(사망자 수 비교)

	제1차 세계대전(1914~1918)			제2차 세계대전(1939~1945)		
	군인 수	민간인 수	인구비	군인 수	민간인 수	인구비
독일(제국)	205만	43만	3.8%	} 500만±	200만±	9.0%±
오스트리아(제국)	110만	35만	3.1%			
러시아제국/소련	200만±	150만±	2.0%±	1000만±	1500만±	14.0%±
프랑스	140만	30만	4.3%	22만	35만	1.4%
영국(UK)	89만	11만	2.2%	38만	7만	0.9%
자치국	16만	—	—	11만	—	—
인도	7만	—	—	9만	—	—
합중국	12만	—	0.1%	42만	—	0.3%
일본	—	—	0%	212만	75만±	4.0%±

수치의 근거를 제시한 여러 자료에 의거해 발췌했다. 전사자 중 특히 민간인은 조사에 따라 차이가 크게 벌어지므로 중간치를 택해 ±라고 나타낸 경우가 있다. 만 명 미만은 사사오입을 적용했고, 1은 무시해도 무방하다. 자치국이란 오스트레일리아 · 캐나다 · 뉴질랜드 · 남아프리카. 인도와 더불어 영국(UK)의 속임수다.

(노블리스 오블리주)는 사실은 '국민의 책무'와 병역 거부에 관한 논의를 뜨겁게 달구었다. 이에 관해서는 고세키 다카시(小關隆)가 자세히 연구한 성과에 잘 담겨 있다.

　연합왕국만 종군한 것이 아니라 자치국 네 나라(오스트레일리아, 캐나다, 뉴질랜드, 남아프리카)와 인도에서도 다수가 지원병으로 출정했고, 사망자만 보더라도 총 23만 명을 넘었다. 그중 인도 병사는 7만 명이었다. 대전쟁이 벌어지자 '백인의 책무'를 입에 담을 계제가 아니었던 셈이다.

　책무를 다하고 피와 눈물을 흘린 국민에게는 상하를 막론하고 주택, 사회보장, 참정권 같은 수당을 빠뜨리지 않았다. 전쟁 중과 전쟁 후의 영국은 제국 안팎을 통틀어 위기관리를 위해 어떻게 문제를 해결하려고 했을까. 우선 일각도 지체할 수 없었던 첫 번째 급박한 과제는 아일랜드와 인도 문제였다.

아일랜드의 독립, 내전

통일당이란 1886년 체임벌린 이래(p.340) 연합왕국의 연합=통일을 견지하고자 하는 당이다. 1912년 두 당이 병합하여 하나가 되고 나서 오늘날까지 이른바 '보수당'의 정식 명칭은 The Conservative & Unionist Party 즉 '아일랜드를 놓지 않는 보수파의 당'이다. 이에 대해 신페인당(Sinn Fein)은 게일 문화 부흥 운동과 잘 통하고 스스로 독립을 쟁취하려는 당이다. 이 무렵 예이츠와 제임스 조이스의 문학과 연극은 정치와 다른 차원에 놓여 있었다.

글래드스턴 시절부터 이어진 '아일랜드 자치법'은 드디어 1914년 9월 상하 의원을 통과해 성립했는데 이미 전쟁에 돌입한지라 그대로 유보하기에 이르렀다. 1913년 얼스터(Ulster=벨파스트)에서는 자치법에 반대하는 통일파(프로테스탄트)의 의용군을 결성했고, 이에 대항하여 신페

인당(가톨릭)은 더블린에 의용군을 창설했다. 법안이 설립했을 때는 아일랜드 전체를 총괄하는 자치국 성립

9-2 아일랜드 공화국의 국기. 왼쪽이 녹색(켈트 전통), 오른쪽이 주황(새로 온 프로테스탄트), 가운데에 둘을 통합하는 평화의 흰색이다.

이나 독립이 이미 불가능했다. 양극단의 종파주의가 돌이킬 수 없을 만큼 악화시킨 상황은 실로 1639~1642년으로 다시 돌아간 듯했다(pp. 171, 174). 이 정황은 인도아대륙의 독립과 건국 때도 다시 표면화했다.

1916년 4월 부활절에 더블린에서 신페인당이 무장봉기를 일으켰다가 진압당했다. 이 사실 자체보다도 신속하고 용서 없는 처형과 보도 때문에 이 봉기는 현대의 전설로 남았다. 독립 전쟁을 거쳐 1922년 아일랜드자유국이 독립했을 뿐 아니라 데이비드 로이드조지와 '자치국(dominion) 협정'을 비준하느냐 마느냐로 대립하다가 내전으로 번졌다. 헌정 자치국이냐 혁명 공화국이냐, 북과 남의 분열을 기정사실로 승인하느냐 승인하지 않느냐를 둘러싼 내전이었다. 영화 〈마이클 콜린스(Michael Collins)〉는 부활절 봉기부터 내전까지 일어난 비극을 묘사했다. 리

암 니슨(Liam Neeson)이 32세 때 IRA에 의해 암살당한 임시 정부의 의장 콜린스(1890~1922년) 역할을 연기했다.

근현대 아일랜드의 정치, 경제, 문화는 미국과 맺는 관계를 고려하지 않고 생각할 수 없는데, 뉴욕에서 태어난 이몬 데 발레라(Éamon de Valera, 1882~1975년)가 홀로 공화국의 신페인당을 대표했다.

자치와 독립

아일랜드 자치법안부터 독립에 이르는 과정을 지긋이 지켜본 것은 연합왕국의 스코틀랜드와 웨일스였다. 자유당 캠벨배너먼 수상과 애스퀴스 수상은 스코틀랜드 선출, 로이드조지 수상은 웨일스 선출이었다. 둘 다 연합왕국의 국가지도자로서 신자유주의 정책을 빌고 나섰는데, 각각 선출 지역의 자치와 연합왕국의 연방주의를 위해 가능한 길을 모색하고 있었다.

자유당 정권과 연립 정권 아래(1905~1922년) 뉴질랜드, 남아프리카(그리고 아일랜드)가 자치국이 되었다. '인도 국민회의' 및 '인도 자치 동맹'도 기대와 요구가 높아진 것은 당연하다. 그러나 통치의 현장에서는 크고 작은 충돌이 끊이지 않았다. 1919년 12월 '인도통치법'으로 애매모호한 이중권력(di-archy)이 성립한 때는 같은 해 4월 암리차르의 평화 집회에서

9-3 런던의 도심 타비스톡 스퀘어(Tavistock Square)에 앉아 있는 간디 동상. 가까이 히로시마를 기념하는 벚나무가 서 있다.

경고 없는 발포로 379명 이상 학살당하고 부상자가 1000명 이상 나온 다음이었다.

제1차 세계대전 당시 제국 신민으로서 종군하고 협력했음에도 그 직후 실정으로 식민지 엘리트의 신뢰를 잃은 일련의 경과는 흡사 7년 전쟁 때 미국의 13개 식민지 경험을 되풀이하는 것 같았다(pp. 249~253). 당시 13개 식민지는 제국의 가장 풍요롭고 성장하는 고리였다. 그런데 인도는 '황제의 관 위에 가장 빛나는 보석', 더구나 발달하는 공업과 대단한 자부심으로 본국에 압박을 가했다. 1919년 이래 불복종・비폭력・스와데시(Swadeshi)운

동[11]을 대표로 구현한 간디는 생각이 깊고 총명하고 결단력 있게 행동하는 인물이었기에 인도의 정치가 자와할랄 네루(Jawaharlal Nehru), 파키스탄의 정치가 무함마드 알리 진나(Muhammad Ali Jinnah)를 비롯해 영국 당국과 국제 여론도 그에게 경의를 표하는 수밖에 없었다. 이 점에 관해서는 옥스퍼드대학의 주디스 브라운(Judith M. Brown)도 서술해놓았다. 영화 〈간디〉에는 벤 킹슬리(Ben Kingsley)가 간디로 출연했다.

팔레스티나와 중국

두 번째 급박한 과제는 제국과 관련한 국제 관계로 여기에는 특히 팔레스티나와 중국에 한정해 기술해둔다.

전쟁 기간에 영국 정부는 유대인 재계와 협력하는 대신 시오니즘 운동을 지원했다. 1917년 11월 거국일치내각의 외무장관 밸푸어(Balfour)가 제2대 남작 로스차일드에게 보낸 서한이 신문에 공개되었다. 이 편지에 따르면 영국 정부는 "유대인의 국민적 고향(national home)을 팔레

---

11) 스와데시(Swadeshi)운동 : 1906년 반영 민족해방운동의 목표로 인도가 내세운 국산품 애용을 뜻하는 운동으로, 힌디어로 스와데시는 모국(母國)을 가리키는 말이다.

스티나에 건설하는 것"을 찬성하고, 이 목적을 달성하기 위해 협력하겠다는 의사 표명과 그 조건을 명시해놓았다. "현재 팔레스티나에 거주하는 비유대인 커뮤니티의 시민권·종교권을 침범하지 말 것, 타국에 사는[시오니즘에 참가하지 않는] 유대인이 누리는 권리와 정치적 지위를 침범하지 말 것"이라는 조건이었다.

이것이 오스만제국과 싸우는 전쟁 수행의 방침에 지나지 않았는지, 전후 프랑스에 대한 관계를 노린 포석이었는지, 과연 유대계와 아랍계의 공존을 실로 상정했는지, 애초에 유대인의 국민적 고향이란 국가(state)였는지, 여기에는 실로 의문이 지나치게 많으나 전후 영국이 채택한 팔레스티나 정책의 기본을 통해 이런 점은 재확인할 수 있었다. 1948년 이스라엘 건국, 오늘날에 이르는 팔레스티나 문제의 씨앗이 제1차 세계대전이 한창일 때 싹을 틔우기 시작했다.

중국에 대한 영국의 권익은 상하이에 집적되어 있었다. 고토 하루미(後藤春美)가 밝혀놓은 대로 영일동맹(1902~1923년)이 풀어진 뒤라고는 해도 영국과 일본은 곧바로 대립 관계로 들어선 것은 아니다. 오히려 두 나라는 힘을 합해 중국에 대해 강경한 자세를 취했다. 영국은 일본의 군사행동에 거리를 두기 시작하고 나서도 곧바로 친중국 태도로 돌아서지 않았다. 영국은 '조약을 준수시키기 상당히 어려운' 중국보다는 일본 측에 유화정책을 취함으로써 권익을 유지하고자 했다. 법의 지배, 사유재산, 자유무역 같은 기본과는 거리가 먼 중국 측으로 영국이 접근한 시기는 1931~1932년(만주사변, 상하이사변) 이후였다.

대중사회

전쟁 전부터 마주했던 세 번째 급박한 과제는 대중사회와 노동자의 세계에 관한 문제였다. 1918년 11월 종전을 맞이한 때 21세 이상 남자, 30세 이상 여자가(일정한 조건 필요) 선거권을 획득했을 뿐 아니라 1928년부터 21세 이상 남녀는 동등하게 선거권을 행사할 수 있었다. 이러한 대중 남녀를 어느 정당이 장악할까 하는 문제가 20세기 정치의 행방을 결정하기 시작했다.

제3차 산업 종사자 또는 행정 일을 보는 사무노동자(white-collar)는 벽돌과 목재와 회반죽으로 지은 두 채 연립주택이나 집합주택에 살았다. 그래서 조잡하지는 않아도 규격이 정해진 의식주에 둘러싸인 '중간계급의 하층 (lower middle-class)'이라는 이웃 사회를 형성한다. 한마디로 같은 신문을 읽고 같은 여가 생활을 누리는 대중(mass)이 출현한 것이다. 런던에서 전차로 몇십 분 떨어진 레치워스(Letchworth)에 1903년부터, 웰윈(Welwyn)에 1920년부터 '건저한 생활과 산업의 공동체'로서 '전원도시(garden city)'를 건설했다.

1922년 라디오(영어로 wireless) 공공방송 프로그램이 시작되었고, 1936년에는 빅토르 골란츠(Victor Gollancz)가 '좌파 북클럽(Left Book Club)', 앨런 레인(Allan Lane)이 '펭귄북스 (Penguin Books)'를 창설했다. 일본의 출판사 이와나미신서 (岩波新書)를 창설한 1938년과 비슷한 시기였다.

그러나 완전히 평등한 사회가 실현된 것은 아니다. 부르주아(이상) 집에는 반드시 입주 가정부가 있었다. 선거권만 보더라도 근대적 앙시앵레짐(Ancien régime)[12]과 비슷한 '대학 졸업자의 복수 선거권(!)'이 소멸한 것은 1948년 노동당의 정권 때였다.

---

12) 앙시앵레짐 : 프랑스어로 '옛 제도'를 의미하는데, 일반적으로는 프랑스혁명 이전 타도의 대상이었던 절대군주 체제의 '구제도'라는 특정 개념으로 쓰인다.

노동당과 노동자의 세계

코민테른에 순종하는 영국 공산당(CPGB)이 1920년에 창립했는데, 노동자 태반과 진보적 지식인은 노동당을 지지했다. 공산당이 강력해진 동시대 프랑스와는 양상이 상당히 다르다(『프랑스사 10강』, p.190 이하). 웹 부부는 노동당의 브레인, 페이비언협회의 중심이었다. 그들은 1918년 노동당의 강령을 기초하고 제4조에 '생산·분배·교환 수단의 공동소유'를 명기했다. 이 조항은 1995년 토니 블레어(Tony Blair)의 '신노동당'이 전면 개정하기까지(p.425) 당의 원리 원칙이었다.

당대표 램지 맥도널드(Ramsay MacDonald, 1866~1937년)가 여성 표를 모아 1924년에 노동당이 정권을 획득했다. 관세를 둘러싼 자유·보수 양당의 혼란, 제3당이 된 자유당의 협력이 있었기에 구성해낸 제2당 내각이다. 종래에는 **자유당·보수당**이라는 양대 정당 게임은 이후 **노동당·보수당**이라는 양대 정당 게임으로 바뀔 것이다. 최초의 노동당 정권은 단명했으나 1929년 5월에는 노동당이 제1당이 되어 내각을 구성했다. 세계공황이 밀어닥치자 좌익과 결렬한 램지 맥도널드를 수상으로 삼고 보수당·자유당과 대연립 거국일치내각(1931~1935년)을 구성했다.

노동자의 세계를 그려낸 영화로 존 포드(John Ford) 감독의 〈나의 계곡은 푸르렀다(How Green Was My Valley)〉가 있다. 이 영화는 웨일스 탄광 노동자의 자부심과 단결, 비국교도 교회의 목사와 합창 커뮤니티를 회고한다. 켄 로치(Ken Loach) 감독이 정치에 무관심한 젊은이에게 이야기해주는 〈랜드 앤 프리덤(Land and Freedom)〉은 마치 조지 오웰(George Orwell)처럼 스페인 내전(1936~1939년)에 의용군으로 참가한 사회주의자 노동자가 남긴 청춘 기록의 단편을 노래한다.

이 무렵 독서나 합창이나 조합이나 사회주의와 거리가 먼 곳에 슬픈 작은 세계가 있었다는 사실도 언급해두자. 1922~1936년에는 재로우(Jarrow) 등 북부 광공업 지대부터 런던까지 실업자의 '기아(hunger) 행진'이 되풀이되었다. 또 1920년대 랭커셔주(Lancashire)의 노동자 마을에서 극빈 상태로 소년 시절을 보낸 W. 우드러프(W. Woodruff)의 증언에 의하면, 모친은 어린 막내 빌리를 데리고 대낮에 블랙풀의 싸구려 숙소로 가서 아들을 바깥에서 놀게 하고 '일'을 했다. 밤에 모친은 혼자 울었다고 한다.

블룸즈버리그룹

이러한 대중사회나 노동자의 세계와는 다른 '별세계'의 신엘리트 사회적 결합이 전쟁 기간과 전후에 걸쳐 충분히 무르익는다. 제4의 계기 중에서도 블룸즈버리그룹 (Bloomsbury Group)이 잘 알려져 있다.

세기 전환기의 문인 레슬리 스티븐(Leslie Stephen)의 학식의 일단은 초판 66권의 『국민 전기 사전』(DNB, 1882~1903년)에 나타나 있다. 이를 전면 개정한 ODNB는 영국사/영어권 연구의 필수 온라인 참고자료인데, 이 책도 이 자료를 대거 참조했다. 레슬리 스티븐의 둘째 딸 버네사 벨 (Vanessa Bell)과 버지니아 울프(Virginia Woolf)를 중심으로 런던 블룸즈버리의 고든 스퀘어(Gordon Square)라는 녹음이 짙은 고급 주택가 한구석에서는 지식인 엘리트 남녀가 모여 교류했다. 학문이나 예술에도 그렇고 연애에도 적극적인 남녀였다.

버지니아 울프의 『댈러웨이 부인(Mrs. Dalloway)』(1925년)은 대전 중 전투 후유증, 외상 후 스트레스 장애(PTSD) 때문에 마음의 병을 앓는 청년 스미스의 마지막 하루와 중첩하여 부유한 의원의 아내이자 사교계의 유명한 안주인으로 알려진 댈러웨이 부인의 하루에 드러난 '의식의 흐름'을 섬세하게 그려냈다. 이 '의식의 흐름' 소설에는 1928년 케임브리지 여자 칼리지에서 버지니아 울프가 강연한 『자기만의 방』에서 페미니스트의 요건— 여성이 자립하기(작가가 되기) 위해서는 연 500파운드의 수입이 필요—은 아직 보이지 않는다. 남편 댈러웨이 의

9-4 블룸즈버리그룹. 옛날 고급 주택지 고든 스퀘어 50번에 기념 명판(plaque)*이 있다. 양쪽 이웃집에는 존 메이너드 케인스(John Maynard Keynes) 부부, 리턴 스트레이치(Lytton Strachey) 등이 살았다. 현재는 런던대학의 시설이다.

*기념 명판(plaque) : 사람이나 사건 등을 기리기 위해 이름과 날짜를 적어 벽에 붙여놓은 물건.

원은 1918년 여성참정권, 모자 복지법, 1919년 주택도시계획법, 인도통치법, 1920년 실업보험법 같은 안건 심의에 관여했을 텐데 말이다.

여기에서 물가 변동과 관련하여 부르주아의 연수입에 관해 생각해보자. 19세기 중반 나이팅게일의 기초 연수입 500파운드, 세기말 베아트릭스 웹의 1000파운드에 비해, (대전쟁을 거치면서 파운드의 구매력은 반감한) 1920년대에 500파운드는 약간 적은 편이다(버지니아 울프는 불로소득으로

1900	240
1910	217
1920	84
1930	132
1940	107
1950	65
1960	47
1970	32
1980	8.4
1990	4.8
1998	3.6

한정하지 않았다). 그렇지만 이 액수는 찰스 부스(Charles Booth)가 조사한 기준 세대 연수입 50파운드 남짓의 10배에 해당한다 (p. 243). 강연에서도 그녀는 "500파운드(이상)의 연수입이 있는 여성은 2000명쯤 있다"고 말했다. 이 수치는 1931년 국세 조사에서 드러난 (아일랜드를 제외한) 그레이트브리튼의 여성 인구 2334만 명 중 0.0086퍼센트에 해당한다. 따라서 강연을 듣는 중간 계층(middle class)의 여학생을 향해 버지니아 울프는 "Girls, be ambitious!" 하고 상당히 분위기를 고무시키고 있었던 셈이다.

존 메이너드 케인스

존 메이너드 케인스(1883~1946년)는 부친 존 네빌 케인스(John Neville Keynes), 모친 플로렌스 아다 케인스(Florence Ada Keynes)의 장남으로 태어났다. 공교롭게도 마르크스가 죽은 해였다. 부친은 대학 강사, 사무장이고 모친은 대학을 졸업한 뒤 케임브리지 시장이 되었다.

케인스는 신장 198센티미터의 성인이었다. 블룸즈버리그룹의 일원으로 적극적인 동성애자였다. 엘리트 관료이자 학자였지만 파리강화회의(베르사유조약)의 대표단에도 들어가 로이드조지 수상을 수행했다. 그가 염두에 둔 제일 중요한 문제의식은 독일과 강화를 맺는 조건에 징벌의 성격을 부여하지 않는 것, 둘째 러시아 사회주의 국가와 코민테른에 대해 유효한 대책을 마련하는 것이었다. 나아가 로이드조지와 함께 자유방임주의를 비판하고, 공공사업에 대한 공공 지출로 완전고용을 꾀하며, 유효수요를 불러일으키고, 관리통화로 경기대책을 세우는 것도 고민했다. 케인스는 Liberal socialism이라는 표현까지 사용한다. 그리하여 드디어 '뉴딜'과 복지국가를 지원하는 경제학이 태어났다.

한편 케인스는 세르게이 디아길레프(Sergei Diaghilev)가 이끄는 러시아발레단의 귀여운 무희 리디아 로포코바(Lydia Lopokova)를 만나 이성을 사랑하는 기쁨을 느끼고 결혼했다. 케임브리지에서는 뉴턴 문서의 취득과 정리에 관여하고, 『인물 평전』에 "코페르니쿠스와 파우스트를 한 몸에 겸비한" 특이한 인물이라고 뉴턴을 평했다

(p.230). 케인스 자신이 단순히 학자나 관리가 아니었다는 사실은 시청 청사 옆 극장에 붙어 있는 동그란 명판에도 새겨져 있다(사진 9-6).

9-6 케임브리지시 아트 극장의 명판. 뉴턴을 향해 "코페르니쿠스와 파우스트를 한 몸에 겸비했다"고 한 케인스의 평가는 자신을 향한 평가였을까.

"킹스 칼리지의 동료로서 사무장, 경제학자, 철학자, 비즈니스맨을 지내고 공무원으로서 외교관을 역임했다. 1936년 2월 3일 케임브리지 아트 극장을 창설했다."

1936년 2월에는 『고용 · 이자 및 화폐의 일반이론』이 나왔다. 케인스에게 경제학은 코페르니쿠스와 파우스트를 한 몸에 겸비한 활동의 하나였던 듯하다. 처음부터 그가 케임브리지의 수재 학생들이 모인 '사도의 모임(apostle)' 성원으로서 관심을 키운 분야는 수학, 철학, 확률론이었다. 알프레드 마셜(Alfred Marshall) 교수—with cool head but warm heart라고 말한 바로 그 사람—의 학생으로서 이수한 과목은 moral science, 말하자면 18세기 사회철학(p.238)의 흐름을 잇는 인문 사회 계열의 학문이었다. 케임브리지대学에서 economics 과목이 독립한 때는 1903년이었다. 나중에 킹스 칼리지의 사무장(상근 이사)이 되어 자금 운용을 맡은 케인스는 '미인 투표' 이론[13]을 응용해 대담하게 투자하고 돈을 꽤 벌어들였다.

남아 있는 나날

가즈오 이시구로의 소설 『남아 있는 나날(The Remains of the Day)』은 재기 넘치는 신엘리트가 아니라 견고한 귀족 저택의 생활을 묘사했다. 제2차 세계대전 후 집사(고용인의 우두머리)는 1920~1930년대 저택에서 벌어진 일을 회상하고 반추한다.

그의 주인 '달링턴 경(Lord Darlington)'은 보수 지식인 계급 귀족으로서 정계의 중심에 있는 친독일파였다. 이 소설은 심야에 런던에서 자동차로 왕복할 수 있는 템스강 중류 클리브덴(Cleveden)에 실제로 있었던 애스터(Astor) 자작의 저택을 무대로 설정했다. 주인공 집사 스티븐과 하

---

13) '미인 투표' 이론 : 투표로 미인을 뽑는 미인 선발 대회에서 투표자는 가장 미인이라고 생각하는 여성에게 투표하기보다는 가장 많은 사람들이 미인이라고 생각할 것 같은 여성에게 투표하므로 대체로 투표자의 평균 선호에 가장 가까운 여성이 미인으로 최종 선발되는 경향이 있다는 이론.

녀장 켄턴 양(Miss Kenton)이 애스터의 유화적인 평화주의, E. H. 카(E. H. Carr)가 『20년의 위기(The Twenty Years' Crisis)』[14]에서 말한 유토피아와 리얼리티를 목격한다. 제임스 아이보리(James Ivory) 감독의 영화에서는 초로의 안소니 홉킨스(Anthony Hopkins), 더는 젊지 않은 엠마 톰슨(Emma Thompson)이 배역을 맡아 명연을 펼쳤다. 전후 클리브덴 저택은 미국의 스탠퍼드대학으로 넘어가 지금은 공익법인 내셔널 트러스트의 소관이 되었다.

마치 '달링턴 경'을 연상시키는 아서 네빌 체임벌린(Arthur Neville Chamberlain) 수상(재직 1937~1940년)은 조지프 체임벌린의 차남이고, 로카르노(Locarno)조약과 노벨 평화상의 주인공인 오스틴 체임벌린(Austen Chamberlain)의 동생이다. 키는 컸으나 부친처럼 '남성의 최고급 강한 힘'(p.340)은 없었고, 나만 전쟁을 피하고 독일과 사이좋게 지내려는 귀족 지식인이었다. 1938년 히틀러, 무솔리니와 몇 차례 회담하고 나서 완전히 구워삶아지고 말았다.

---

14) 한국어판은 『20년의 위기』, 녹문당, 2014년.

국왕의 연설

이와 관련하여 1936년 왕위 계승 위기부터 1939년 전투 개시까지를 그린 영화 〈킹스 스피치(The King's Speech)〉가 있다. 이 영화에 나오는 에드워드 8세 댄디 왕(에드워드 '바람둥이' 왕의 손자)의 연애, 결혼, 퇴위를 둘러싸고 벌어진 왕위 정당성 여부는 중세 이래 세 가지 요건에 비추어보면 다음과 같다. ①혈통의 측면에서 현재 왕 에드워드 8세가 제1위, 동생 요크 공 조지가 제2위가 된다. ②현인회=의회·내각의 진심은 댄디 왕과 월리스 심프슨(Wallis Simpson) 부인이 스캔들을 더는 퍼뜨리고 다니지 않기를 바랐다. 놀기 좋아하고 화려한 행색을 즐기는 두 사람 중에서도 특히 에드워드 왕은 공무를 계속 돌보지 않아 주위 사람을 힘들게 했다. '세기의 연애'를 운운할 때가 아니었다. ③국교회의 의향도 자유주의적 입헌주의였다(이때 윌리엄 랭William C. G. Lang이 캔터베리 대주교, 나중에 나오는 윌리엄 템플Wiliam Temple이 요크 대주교였다).

말더듬이에 돋보이는 점도 없는 요크 공은 입헌군주의 역할을 깨우치고 공무에 헌신했을 뿐 아니라 가족을 사랑했다. 엘리자베스 왕비도 호감 가는 인물이었다. 결국 영국의 현인들은 통치하지 않고 군림해야 하는 왕의 계승을 둘러싸고 마치 실질적인 선거 왕제라도 되는 듯 혈통보다는 인품을 보고 왕을 선택한 것이다. 언어요법사 라이어널 로그(Lionel Logue)는 어디에서 굴러온 말 뼈다귀인지 모르는 오스트레일리아 사람이기는 해도 프리메이슨이었기에(영화에서는 이 사실을 생략했지만) 메이슨인 에드워드 8세나 요크 공과 신뢰 관계가 성립했다. 로그의 언어요법은 조지 버나드 쇼(George Bernard Shaw) 원작 〈마이 페어 레이디(My Fair Lady)〉에 나오는 언어학자 히긴스(Higgins) 선생의 방식을 연상시킨다. 영화 관중을 위한 서비스였을까.

이리하여 1936년 말 요크 공이 조지 6세(재위 1936~1952년)로 즉위했다. 퇴위하여 윈저공이 된 댄디 왕은 다음 해 서둘러 히틀러와 회견하고 나서는 공식적으로 본국의 땅을 밟지 않았다. 과연 1936년 현인들이 친나치 성향까지 충분히 고려했는지는 알 수 없는 일이다. 그러나 만약 에드워드 댄디 왕이 그대로 왕위에 머물렀다면 1939년 9월 '영국 왕'은 선전포고하는 날에 국민을 향해 감동적인 라디오 연설을 들려주지는 못했을 것이다. 수상은 아직 체임벌린이었다. 이윽고 개전 2년째 되던 해 긴급한 대응을 요구받은 윈스턴 처칠이 거국일치내각의 수상으로 취임했다(재직 1940~1945년).

3 제2차 세계대전과 복지국가

처칠 수상

처칠은 젊어서 쿠바, 인도, 남아프리카전쟁에 종군하고 제1차 세계대전 때는 로이드조지 전시 내각의 군수장관을 지내며 두 차례 전쟁을 치러낸 국가지도자라고할 수 있다. 군자가 표변하듯 보수당 → 자유당 → 보수당으로 갈아탔다. 다만 자유무역(보호관세 반대)주의만큼은일관되었다. 어릴 적부터 부모의 사랑을 갈망하여 편지를 썼고(p.349), 육군사관학교에 진학했기 때문에 대학을모른다. 라틴어는 못하지만 실행력과 영어 표현력은 충분하다. 노벨 문학상의 수상자이기도 하다!

조지 6세 부부와 함께 처칠은 독일군의 런던 공습을 견디내며 국민을 격려했다. 전쟁에 패하고 물러난 드골 장군을 런던의 최고급 도심으로 불러들여 BBC 라디오 전파를 '자유 프랑스'에 제공했고, 미국에는 참전하라고 거듭 종용함으로써 본국의 병사 38만 명, 민간인 7만 명, 영연방의 병사 20만 명이나 사망자를 내면서도 굽히지 않고 독일과 일본과 겨루는 장기전을 끝까지 수행했다(속표지 그림).

처칠은 미합중국과 소련이라는 초강대국 사이를 중개하고 전후 세계의 전망까지 연출했다. 영국이 '어엿하게 체면을 차릴' 수 있었던 계기는 1945년 2월 얄타회담까지였다. 이해 7월 5일 총선거 투표 후 처칠은 포츠담회담에 참가하기 위해 길을 떠났으나 26일 (해외 투표도 포함한) 개표 결과가 알려지자 노동당 당대표 클레멘트 애틀리 (Clement Attlee)에게 뒤를 부탁하고 회담 도중에 조용히 자리를 물러났다. 고통스러운 총력전을 이끌어온 처칠 수상은 노동자의 적, 인도의 적이기도 했다. 영국의 유권자는 유럽의 전승(VE)을 확신하자마자 그를 액막이를 넣어두는 상자처럼 저쪽으로 밀어놓고 노동당에 압승을 안겨주었던 것이다. 결국 1943년 11월 테헤란회담부터 1945년 7월 포츠담회담까지 강대국의 거두 회담에 빠짐없이 출석한 인물은 처칠이나 루스벨트가 아니라 스탈린이었다.

복지국가와 케인스 경제학

1942년 말 윌리엄 베버리지(p.365)가 위원장이 되어 제출한 보고서의 '국민건강 서비스(NHS)'는 처칠 내각에 의해 종전까지 유보 상태에 놓여 있었다. 국민건강보험 제도를 실현한 정권은 클레멘트 애틀리 노동당 내각(1945~1951년)이었다. '요람에서 무덤까지'라는 표어가 표현하듯 빈곤, 무지, 불결, 나태, 질병에 대처하는 사회민주주의의 이상, 복지국가의 실현이 눈앞에 보이는 듯했다.

애틀리 정권이 집권하는 동안 중앙은행, 항공, 전신전화, 석탄, 철도, 전력, 도로, 가스, 철강 등 기간산업이 잇달아 국유화되었다. 노동당 강령의 '제4조'를 실현한 것인데, 야당인 보수당도 이를 반대하지 않았다. 전후의 영국은 전후의 일본보다 사회주의 경향이 강했다. 실은 이미 1914년 국책 페르시아 석유회사(나중에 BP)에 이어 전간기에는 영국방송협회(BBC)와 전력, 해외 항공 공사(BOAV, 나중에 BA) 등 국책회사와 공사가 출현했다. 또 전후 피폐해진 경제와 국민 생활을 재건하기 위해 국유화/공사화는 필요하고 합리적이라고 여겨졌다. 다음의 보수당 정권(1951~1963년)에서도 민영으로 돌아간 분야는 철강 공사 하나뿐이었다.

피터 클라크(Peter Clarke)의 『영국 현대사(イギリス現代史)』에

따르면 "[좌익은] 윌리엄 베버리지부터 [우익은] 스탈린에 이르는 다양한 모든 비-노동당 유산이 마치 호박이 저절로 굴러들어오듯 수취인 노동당에 상속되었다"고 한다. 노동당의 지지 기반은 노동자·대중·사회주의자·절주 운동가·생활협동조합 성원뿐만이 아니다. 지적 양심과 같은 존재로서 기독교 교육자 리처드 헨리 토니(Richard Henry Tawney, 1880~1962년), 요크 대주교이자 캔터베리 대주교를 지낸 윌리엄 템플(1881~1944년)도 있었다. 두 사람은 럭비 학교, 옥스퍼드대학 베일리얼 칼리지(Balliol College)를 졸업하고 노동자교육협회(WEA)에서 적극적으로 활동했다. 베버리지도 베일리얼 칼리지 졸업생으로 '토인비 홀'(p.345)에 틀어박혀 사회사업에 몰두했다. 그는 해리스가 밝혔듯 약간 뒤틀린 구석이 있는 인물인데, 웹, 토니 유카리(トーニゆかり)의 LSE(p.364)의 학장도 역임했다.

웹 부부는 1931년 소련을 방문하고 '새로운 문명'에 현혹당해 계획경제를 칭송했다. 근대 영국의 자유주의=경제주의=임기응변(ad hoc)주의라는 '구 문명', 맥도널드의 거국일치내각(1931~1935년)에 어지간히 정나미가 떨어져 5개년계획이 초래한 가혹한 현실, 나아가 '대숙청'에는 상상이 미치지도 못했을 것이다. 이미 두 사람은 노년으로 접어들었다.

　노동당의 복지 정책은 자유주의 경향의 케인스 경제학이 이론적으로 뒷받침했다. 베버리지도 케인스도 노동당이 아니라 자유당의 입장이었으나 자유당은 이미 쇠퇴하여 지식 계층의 정당에 지나지 않았다. 노동당은 신자유주의(p.365)를 받아들이고 계급정당 더하기 진보주의 정당이라는 성격을 강화했다. 케인스는 전후 브레턴우즈 체제(Bretton Woods System), IMF의 시동에 한창 온 힘을 쏟고 있는 와중에 심장 발작으로 갑자기 사망했다. 웹과 달리 케인스는 소련에 대해 조금도 환상을 품지 않았고 실업 대책을 위한 공공사업과 유효수요는 전체주의에 대한 방파제로 구상하고 있었다.

　하지만 LSE 교수 프리드리히 하이에크(Friedrich Hayek, 1899~1992년)는 케인스의 경제학과 복지국가 구상이 개인의 창의성, 자유, 경쟁을 희생시키고 시장경제를 저해하는 '노예의 길'이자 공산주의/전체주의와 다를 바 없다고 비판하기에 이른다.

전후 체제

제2차 세계대전의 첫 번째 결과로는 연합국에 승리를 안겨준 미합중국과 소련이 압도적인 무게감을 드러냈고 양립할 수 없는 두 강대국이 냉전을 초래했다는 사실을 들 수 있다. 전후 세계질서는 초강대국이 양극을 이루는 자장 안에 놓였고, 양극의 자력은 때로 강력하다가 때로 느슨해진다. 에릭 홉스봄(Eric Hobsbawm)에 따르면 이미 1917년부터 20세기는 『극단의 시대(Age of Extremes)』[15]였다. 영국에서도 전쟁 중과 종전 직전에 지식인들 사이에 공산당에 동조하는 사람이 적지 않았으므로 미국의 '빨갱이 사냥 선풍'은 1950년대 영어권에 먹구름을 드리웠다.

두 번째 결과는 인재와 과학기술을 둘러싸고 미국·영국(과 소련)은 구 독일·오스트리아(중부 유럽)의 자산을 걸신들린 듯 차지했다는 것이다. 스튜어트 휴즈(Stuart Hughes)의 『대변모—사회사상의 대이동(The Sea Change: The Migration of Social Thought)』이 생생하게 묘사한 대로 지식인들이 중부 유럽을 탈출하여 영어권으로 이동함으로써 1930~1940년대 영국·미국이 획득한 바는 적지 않다. 숫

---

15) 한국어판은 『극단의 시대』, 까치, 2009년.

자로 볼 때 1685년 이후 프랑스를 떠나온 위그노, 네덜란드를 떠나 영국에 연착륙한 인재(pp. 149, 214)보다 몇 배나 더 많다.

영국으로 건너온 인문 사회 계열의 학자만 보더라도 이사야 벌린(Isaiah Berlin), 지그문트 프로이트(Sigmund Freud), 프리드리히 하이에크, 칼 폴라니(karl Polanyi)와 마이클 폴라니(Michael Polanyi) 형제, 칼 포퍼(Karl Raimund Popper), 루트비히 비트겐슈타인(Ludwig Wittgenstein)이 있고, 역사가로만 한정하면 (루이스 네이미어Lewis Bernstein Namier는 일찍이 1908년에 영국으로 이주했고) 제프리 엘턴(Geoffrey Rudolph Elton), 모지스 핀리(Moses Finley), 에릭 홉스봄, 니콜라스 페브스너(Nikolaus Pevsner), 마이클 포스탠(Michael Postan), 아비 바르부르크(Aby Warburg) 등을 꼽을 수 있다. 20세기 학문의 혁신가들은 거의 다 쫓겨나거나 자발적으로 바다를 건너왔다. 영어가 진실로 지적인 세계 언어로 등극한 것은 이때부터가 아닐까.

세 번째 결과는 미국의 참전이 없었으면 이길 수 없었던 영국과 프랑스의 군사적·경제적 종속은 NATO군과 마셜플랜(Marshall Plan)이라는 형태로 계속 유지된다. 프랑스와 서독은 나폴레옹전쟁 이래 가상의 적국 관계를 해소하고, (미국을 따르면서도) 유럽경제공동체라는 가능성을 추구하기 시작했다. 베네룩스 삼국의 주도권도 있었다. 근세 인구동태의 핵심(p. 105)이 몇 해 전부터 힘을 되찾았다.

영국은 유럽 이외에 영연방도 고려해야 했다. 두 번에 걸친 세계대전으로 본국과 똑같이 희생을 치른 자치국과 인도에는 사의를 표명할 필요가 있었다. 이웃 나라 아일랜드는 제2차 세계대전 때 중립을 지켰다. 이에 관계의 회복이 필요했다. 전후 영국이 직면한 네 번째 결과는 제국/식민지 문제를 해결해야 한다는 과제의 절실함이었다.

식민시의 나룽파성

영국령 인도의 독립운동은 국민회의를 중심으로 힌두, 무슬림, 시크 등 다양한 종파를 포섭한 불복종, 스와데시, 스와라지(Swaraji)운동으로 펼쳐졌다. 인격자 간디와 진정한 국가지도자라고 할 만한 자와할랄 네루(Jawaharlal Nehru, 1889~1946년)가 절묘하게 연대하여 독립운동을 이끌었다(p. 375).

1947년 8월 최후의 부왕(副王)이자 총독인 루이스 마운트배튼(Louis Mountbatten, 1900~1975년)이 영국의 통치를 종료한다고 선언했다. 평화로운 의식이었다. 국민회의는 다민족·다문화 성격의 공화국을 지향했으나 무슬림 공화국이기를 바라는 무함마드 알리 진나(1876~1948년)가 이에 동조하지 않는 바람에 끝내 종파주의를 수습하지 못했다. 파키스탄 공화국과 인도 공화국의 독립이 각각 선포되었다. 인위적으로 그어진 국경선 부근에서는 대량의 인구 이동과 충돌이 벌어졌다. 다민족·다문화라는 유토피아를 위해 목숨을 걸었던 간디의 단식기도로 혼란은 일시적으로 가라앉았으나 얼마 되지 않아 간디는 힌두 종파주의자의 흉탄에 쓰러지고 말았다. 1948년에는 세일론(Ceylon, 현 스리랑카), 버마(Burma, 현 미얀마)도 독립했다. 남아시아에는 종교 국가가 확고하게 자리를 잡은 결과, 중심에 다민족·다문화의 인도 공화국이 남는 형태가 되었다. 역사를 교훈으로 삼은 본국의 정부와 부왕은 이성적으로 다문화 통치가 그대로 공화국으로 이어지기를 희망했으나 종파주의 앞에 무력하게 무릎을 꿇고 말았다.

아일랜드는 1949년 아일랜드 공화국이 되었고 영연방과 관계를 끊고 가톨릭 민족주의 국가와 역사라는 정체성을 추구하기로 한다. 이에 대항하여 (상보적으로) 북아일랜드는 프로테스탄트 성향과 연합왕국과의 결합을 강화했다. 20세기는 민족자결, 내셔널리즘의 시대였다. 현지엘리트의 종파적 자세는 결정적이었다. 하지만 1969년까지 어느 정도 안정적인 상황이 유지되었다.

이민노동자

20세기 제국/식민지와 관련하여 또 다른 질서 문제는 수많은 이민노동자가 밀려들어왔다는 것이다. 근현대의 그레이트브리튼에는 다음과 같은 사람들이 건너왔다.

첫 번째 집단은 아일랜드인이다. 독립 후도 그렇고 영연방 이탈 후에도 아일랜드인의 입국을 규제하지 않았기 때문에 그들은 브리튼 도시지역으로 이주했다. 두 번째 집단은 다양한 출신의 유대인이다. 부유하고 집단에 속하지 않은 사람도 적지 않다. 세 번째 집단은 제국 신민·영연방 시민이다. 1948년 '국적법'으로 입국 권리가 재확인되었기에 아시아·아프리카 나라의 독립을 전후하여 그들 다수가 영국으로 향했다. 특히 서인도제도, 남아시아에서 노동자 가족이 대규모로 이주했다. 1948년 런던 항구에 도착하는 엠파이어 윈드러쉬(Empire Windrush) 호는 당시 인구동태를 바꾸는 상징으로 가끔 화제에 오르기도 한다. 그렇지만 네 번째로 숫자가 가장 많은 이민은 백인 자치국과 유럽 나라의 사람들이다. 특히 1993년 유럽연합이 성립하고 나서 유럽 사람들의 이민이 현저해졌다.

상대적으로 숫자가 많지 않은 비-백인 이민자가 사회 문제로 부상한 이유는 경제적 정체, 문화적 마찰과 높은 출생률, 무엇보다 인종차별과 배외주의를 선동하는 담론 때문이다. 보수당과 그림자 내각의 각료였던 에녹 파월(Enoch Powell)의 발언은 보수당의 우두머리로서는 도저히 받아들여질 수 없으며 파면하지 않을 수 없을 만큼 도발적이었다. 에녹 파월은 EEC/EC에도 반대하고 보수당에서 이탈하기에 이르렀다. 그러나 이 무렵부터 여론과 정책은 차별과 입국 규제 쪽으로 방향을 틀었다(연표, p. 404).

제10강
현대의 영국

레슬리 스카만 경(The Lord Leslie Scarman)과 흑인 젊은이. 1981년 4월 브릭스턴(Brixton) 소요 후 의회 조사위원회의 스카만 경이 혼자 현지를 방문해 젊은이들과 대화하고 있다. p.422.

1956	스탈린 비판. 수에즈 위기. 『성난 얼굴로 돌아보라(Look Back In Anger)』. 원자력발전소의 조업 개시
1957	에거턴 허버트 노먼(Egerton Herbert Norman) 사망. 해럴드 맥밀런(Maurice Harold Macmillan) 수상(~1963). '당신들은 이렇게 좋은 적이 없었다' 발언. 가나 독립에 이어 아프리카 나라들 독립
1960	비틀스(~1970)
1961	EEC에 가입 신청(1963에 프랑스가 거부권 발동)
1964	해럴드 윌슨(James Harold Wilson) 수상(~1970, 1974~1976)
1965	베트남전쟁(~1973), 반전운동 고양
1968	북아일랜드 분쟁(~1994). 에녹 파월의 인종차별 발언 계속
1971	미터법, 통화 백분법으로 전환. 입국 관리법으로 입국 제한 시작
1973	연합왕국, 아일랜드와 함께 EC에 가입. 석유 위기
1978	'불만의 겨울(Winter of Discontent)'(~1979)
1979	마거릿 힐더 대처(Margaret Hilda Thatcher) 수상(~1990). 20세기 컨센서스 정치와의 싸움
1981	4. 브릭스턴 소요. 7. 찰스 왕세자 결혼식
1982	포클랜드(Falkland)전쟁
1986	금융 자유화(빅뱅), 런던 시장의 활성화
1989	베를린장벽 붕괴
1990	유로 터널 개통. 남아프리카에서 아파르트헤이트 철폐. 존 메이저(John Major) 수상(~1997)
1991	소련 해체
1993	마스트리흐트(Maastricht) 조약을 비준하고 EU에 가입 이 무렵 아일랜드는 호황으로 '켈트의 호랑이'라고 평가받음
1994	IRA 테러 활동 중지 선언. 넬슨 만델라(Nelson Mandela), 남아프리카 대통령 당선
1997	총선거에서 노동당 압승. 토니 블레어 수상(~2007). 권한 위양 진행
2001	9.11 미국에서 동시다발 테러
2003	영국, 이라크로 진격
2010	보수당 · 자유민주당의 연립 정권. 데이비드 캐머런(David Cameron) 수상
2014	레퍼렌덤(referendum)*으로 스코틀랜드 독립을 부결
2016	2016 6. 레퍼렌덤으로 EU 탈퇴 다수파. 7. 테리사 메이(Theresa May) 수상
2020	1. 연합왕국은 보리스 존슨(Boris Johnson) 수상 아래 EU 탈퇴 3. WHO, 신형 코로나바이러스 감염증은 팬데믹(pandemic) 상태라고 표명

---

* 레퍼렌덤 : 국민 또는 주민이 선거 이외의 중요한 정책 사항을 찬반 투표로 결정하는 일을 말한다.

1 탈식민지의 행복감

위기의 1956년

1956년은 20세기의 상징적인 전환점이다. 한창 냉전 중이기는 하나, 첫째 소련공산당이 스탈린을 비판하면서 헝가리 사건, 서방 국가의 공산당원 및 '동반자' 지식인의 동요가 일어났고, 영국에서는 '신좌익(new left)' 언론의 태동 같은 일련의 현상이 나타났으며, 일본에서도 이와 연관된 정황이 발생했다.

둘째, 그런데 영국은 여기에 수에즈 위기가 겹쳤다. 보수당의 장기 정권(1951~1964년)이 이어지다가 1955년 처칠 수상(제2차 정권)에서 후계자 앤서니 이든(Anthony Eden) 수상으로 바뀌었다.

처칠 수상은 젊은 엘리자베스 2세(재위 1952~2022년)가 즉위할 때 77세였다. 마치 젊은 빅토리아 여왕 시절 멜버른 경과 같이 가부장으로 행세했고(p.304), 내각이나 매스컴에 대해서도 '위대하고 노회한 지도자(GOM)'로 모습을 드러냈으나 이렇다 할 공적은 없다. 1952년에는 대국의 위신을 걸고 원자폭탄 실험을 실시하고, 제트 비행기 코메트(Comet)의 운항을 개시했다. 다음 해 여왕의 성대한 대관식은 텔레비전 중계로 방송되었다.

80세 처칠에서 58세 이든으로 수상이 바뀌었어도 세계 인식은 본질적으로 달라지지 않았다. 남아시아 국가들이 이미 독립했는데도 프랑스와 함께 식민지주의의 꿈을 계속 좇았다. 결국 1956년 이집트의 가말 압델 나세르(Gamal Abdel Nasser) 대통령을 억누르기 위해 이스라엘과 공모하여 수에즈운하를 점령했다. 정치가의 인식만 그런 것이 아니다. 이집트에 주둔한 장병 가운데 조지 트리벨리언(George Macaulay Trevelyan)의 『잉글랜드 사회사(English Social History)』를 배낭에 넣고 다닌 사람이 적지 않다는 사실을 보면, 독서하는 영국인의 행복감(euphoria)과 둔감함이 드러난다. 이 책은 작가 조지 트리벨리언 자신도 인정하듯 '정치를 제외한 사회사'인데, 분석적인 논의도 없이 거만한 태도로 휘그 사관에 의거해 잉글랜드 역사를 줄기차게 늘어놓고 있다.

국제 여론이 차갑게 돌아섰을 뿐 아니라 특히 미합중국의 비난이 몰아쳤기에 앤서니 이든 내각은 1957년 초 굴욕적으로 사직하도록 내몰렸다. 영국은 이미 대국이 아니었다. 미국의 승낙과 협력 없이 독자적 군사행동은 불가능했다. 팍스 브리태니커는 벌써 종언을 맞이했다고 세계에 공언하는 셈이었다. 가즈오 이시구로의 소설 『남아 있는 나날』은 집사 스티븐스의 회상을 1956년 7월, 즉 나세르 대통령이 수에즈운하의 국유화를 선언한 달로 설정했다. 스티븐스는 선술집에서 제국, Mr Churchill, Mr Eden에 대해 어떻게 생각하느냐는 질문을 받고 당혹스러워한다.

셋째, 1956년은 국내에서 존 오스본(John Osborne)의 『성난 얼굴로 돌아보라(Look Back In Anger)』를 초연한 해이고, 젊은이들이 로큰롤(rock'n'roll)에 빠져들어 흥분하기 시작한 해이기도 하다. 다시 말해 사회주의자도 포함하여 신구 엘리트가 오랜 세월 쌓아 올린 기성 질서에 대한 저항의 목소리가 공공연하게 높이 울려 퍼진 해였다. 한편 영국에서는 원자력발전소의 조업을 개시했다.

문화 교류의 중개자

이때 에거튼 허버트 노먼(Egerton Herbert Norman, 1909~1957년)의 비극이 일어났다. 소년 시절을 일본에서 보내고 케임브리지대학을 졸업하여 전중과 전후의 일본을 잘 아는 역사가인 그는 이집트 주재 캐나다 공사로서 카이로에 있었다. 그러나 수에즈 위기라는 중책에 시달리는 동시에 '용공 외교관'이라는 혐의를 추궁받아 과로 상태로 자살을 선택했다. 이는 일본과 영어권이 역사학자·외교관인 소중한 중개자를 잃었음을 의미한다.

영국과 일본이 문화적으로 상호 교류한 측면으로는 버나드 리치(Bernard Howell Leach, 1887~1979년)의 도예, 야나기 무네요시(柳宗悦)와 하마다 쇼지(濱田庄司) 등과 나눈 교류를 꼽을 수 있다. 『버나드 리치 일본 그림일기(バーナード·リーチ 日本絵日記)』, 고마바(駒場)의 일본 민예관, 콘월주의 세인트 아이브스(St. Ives)에 있는 가마와 미술관 등이 잘 알려져 있을 것이다.

컨센서스 정치의 '당신들은 이렇게 좋은 적이 없다'

앤서니 이든의 자리를 이은 수상은 해럴드 맥밀런(Maurice Harold Macmillan, 재직 1957~1963년) 수상이었다. 그는 옥스퍼드대학에서 고전학을 이수한 서점=출판사의 자제로서 캐나다 총독 데번셔(Devonshire) 공작의 딸과 결혼하는 등 실행력을 갖춘 젠틀맨 정치가의 순조로운 행보를 보여주는 듯했다. 호황을 맞이해 수상은 솔직하게 "You've never had it so good = 당신들은 이렇게 좋은 적이 없다"고 행복감을 드러냈다. 비록 그의 사생활은 지극히 불행했지만 말이다.

마침 서독과 일본이 국민경제의 구조 개혁, 제조업의 기술혁신을 향해 총력을 기울이고 있을 때, 영국은 풍부한 이민 노동력으로 문제를 봉합하고 미국에 굽신거리면서 대국 의식을 내던지지 못하고 군비 확장과 수소폭탄 실험에 돈을 썼다. 이에 대해 핵무장 반대운동(CND)이 싹텄다. 이때 리더십을 발휘한 것은 버트런드 러셀(Bertrand Russell)부터 에드워드 파머 톰슨(Edward Palmer Thompson)에 이르는 지식인들이다.

맥밀런 정권 당시 말라야, 싱가포르, 가나를 비롯해 아프리카 식민지의 독립이 이어졌다. 프랑스령, 포르투갈령의 독립투쟁이 격렬했던 점에 비하면 영국령의 독립은 인도 독립을 교훈으로 삼아 단계적이고 평화롭게 이루어졌다.

유럽에 대한 관계

유럽경제공동체(EEC)/유럽공동체(EC)에 대한 영국의 대응은 둔한 편이다. 노동당은 이것을 '자본가 연합'이라고 보고 반대했고, 보수당도 맥밀런 정권에 들어와서야 겨우 가입을 신청하기에 이른다. 1961년 '당신들은 이렇게 좋은 적이 없다'고 장담한 시기에 신청한 것은 합리주의자인 맥밀런의 선견지명이었다고 해야 할지 모른다.

하지만 샤를 드골(Charles De Gaulle) 대통령이 1963년 거부권을 발동했다. 아일랜드의 가입 신청도 이것의 영향을 받았다. '자유 프랑스'를 지원한 처칠과 BBC의 은혜를 잊어버렸는지(p. 391), 전쟁 중 런던 생활이 불쾌했는지, 드골은 영국과 미국을 싫어했다.

EEC 가입 결과가 좋지 않았던 것과 소련 첩자라는 혐의를 받은 사건 때문에 맥밀런 수상은 본의 아니게 1963년 가을에 사임했다. 아무튼 1960년대 전반에는 전쟁 중 케임브리지대학 졸업생의 스파이 혐의가 계속 드러났고, 미리 짜맞추기라도 한 듯 제임스 본드의 스파이 활극(007)이 시작되었다.

유럽경제공동체/유럽공동체 문제는 다시 신청과 거부권 발동이 되풀이되어 영국과 아일랜드는 샤를 드골의 사후, 그리고 미터법, 통화의 백분법(파운드=100펜스)을 채용한 다음에야 1973년에 겨우 가입했다. 유럽경제공동체/유럽공동체를 둘러싸고 국론이 분열하고 보수당(본류)이 친-유럽, 노동당(좌익)이 반-유럽이라는 구도가 1980년대까지 이어졌다.

노동당과 신좌익

노동당은 1964년까지 정권과 거리가 멀었으나 당과 노동조합은 전후의 합의/컨센서스 정치의 수익자였다. 이것을 비판할 수 있었던 주체는 1956년 영국 공산당을 나온(조합과 이해관계가 없는) 신좌익 지식인이었다.

사회학자 페리 앤더슨(Perry Anderson)은 형 베네딕트 앤더슨의 『상상된 공동체』로 잘 알려져 있을 것이다. 젊은 페리 앤더슨이 분노를 담아 행복감에 빠져든 영국 근현대사(와 보수당·노동당의 합의)를 비판한 논문이 바로 「현대 영국의 위기의 제 기원(Origins of the Present Crisis)」(『뉴레프트 평론(New Left Review)』, 1964년)이었다.

그의 이론은 이러했다. 서구(=프랑스) 역사의 이념형이 만들어지고 나서 이념형에 비추어 자국사가 결여한 요소/뒤떨어진 요소를 찾기 시작했는데, 이는 일본과 독일의 '특수한 길' 이론과 마찬가지로 자국사를 비판하는 콤플렉스의 표현이다(졸저『문명의 표상 영국』제1장). 그는 안토니오 그람시(Antonio Gramsci)의 헤게모니 이론을 끌어와 독자적인 세계관을 가지지 못한 채 귀족의 가치관에 무릎 꿇고 숭배하는 속물 부르주아, 그리고 이익 환원에만 관심 있는 조합노동자를 비판한다. 왜 이렇게 되었을까. 그것은 17세기 이후 영국의 근현대사에 '진정한 시민(부르주아)혁명'이 없었기 때문이다. 마치 일본 근대사에 대해 오쓰카 히사오(大塚久雄)・마루야마 마사오(丸山眞男)가 말한 바를 떠올리게 하는 대목이다.

역사적인 선견지명이 돋보이는 페리 앤더슨의 논의는 1960년대 지식인에게 일정한 영향을 미쳤다(일본에서도 스무 종류의 번역이 나왔다). 그는 제국과 도시(city)의 해외 투자도 언급하지만, 오로지 귀족적 헤게모니와 아마추어리즘이라는 문맥에 한정한다. '위기의 제 기원'은 어디까지나 국내의 계급과 문화 헤게모니에만 초점을 맞추어 논의할 뿐 이민노동자는 다루지 않는다. 1948년 서독 이민자가 정착한 지 16년이 지나 이민자 2세의 통합과 교육이 사회문제로 떠올랐는데도 말이다.

비틀스

리버풀에서 태어난 아일랜드인 존 레논(John Lennon, 1940~1980년)과 폴 매카트니(Paul McCartney,

10-1 비틀스. 1960년대를 대표로 구현한 아이콘.(Aflo)

1942~)는 1957년에 만났다. 네 명의 그룹으로 함부르크에서 공연한 때가 1960년이고, 마지막 앨범 〈Let it be〉를 낸 때가 1970년이다. 비틀스(The Beatles)의 활동은 우연히도 1960년대와 딱 겹친다. 엘비스 프레슬리(Elvis Presley), 베트남 반전운동, 마하리시 마헤쉬 요기(Maharishi Mahesh Yogi)[1], love & peace에 이르기까지 시대와 더불어 변모한 아이콘이다.

노동당 해럴드 윌슨(Harold Wilson) 정권(1964~1970년, 1974~1976년)은 1965년 재빠르게도 비틀스에게 대영제국훈작사(MBE)를 수여했다. 베이비붐 세대 중심으로 남녀

---

1) 마하리시 마헤쉬 요기 : 인도의 초월 명상법을 창시하고 발전시킨 인물로 서구에는 1960년대 말 비틀스의 정신적 스승으로 널리 알려졌다.

모두의 사랑을 받고 로큰롤에서 서정적 노래까지 쉬지 않고 탄생시킨 Working-class Hero로서 계급을 뛰어넘어 문화의 Revolution을 일으켰다. 질서 문제를 어렵지 않게 곡에 반영해 노래한 전위인 동시에 누구나 제창할 수 있는 노래를 짓는 대중 아티스트이기도 했다. 존 레논은 약물 중독에다가 뉴욕에서 흉탄에 쓰러졌다는 점에서 현대인의 삶이 지닌 어두운 모습을 대변했다.

새로운 대학과 민주교육

1963년 라이어널 로빈스(Lionel Charles Robbins)의 '로빈스 보고'를 바탕으로 고등교육의 확충을 국책으로 삼은 노동당 정권은 서식스(Sussex), 워릭(Warwick), 요크(York) 등지에 새로운 구상의 대학을 세우고 1969년에는 방송대학을 설립했다. 실천력을 갖춘 역사가 아사 브릭스(Asa Briggs)가 서식스대학에 이어 방송대학 학장에 취임하여 신설 대학의 교육과 생활의 질 확보를 위해 힘을 기울였다.

신설 대학 이전부터 적극적으로 추진한 전후의 장학제도, 민주교육의 성과에 대해서는 저자의 지인들이 들려준 개인적인 증언을 인용해볼 수 있다. 이를테면 옥스퍼드의 칼리지 학장과 부학장을 지낸 Q는 요크셔주의 산간 지역 출신인데, 소년 Q에게 생선이란 직육면체 튀김이었다. 장학금을 받아 옥스퍼드대학에 입학하고 처음으로 머리와 꼬리가 달린 생선이 식탁 위에 놓인 것을 보았다. 중년이 지나서도 한 병에 1500엔이 넘는 포도주를 마시면 죄를 짓는 기분이 든다고 한다. 또 재판장 L은 두 아이의 엄마인데, 그녀의 부친은 전간기에 런던의 구빈 시설에서 자랐다고 한다. 대학과 법학원(Inns of Court)을 수료하고 법정 변호사(barrister)가 될 때까지 비용은 전부 장학금/급여로 해결했다.

이러한 빈곤 가정 출신의 젊은이는 성적이 우수하기만 하면 일찍부터 특별한 대우를 받고 옥스퍼드대학과 케임브리지대학, 대학원 및 법학원까지 수료하고 실력에 어울리는 전문직에 진출했다. 민주주의는 현대 영국 사회에 인재 발탁과 안정된 시스템을 제공해줄 수 있었다.

2 대처와 블레어, 그 후의 영국

대처의 싸움

시골 마을의 중간계급 하층(lower middle-class) 출신으로 성실한 감리교 신자(Methodist)의 딸 마거릿 로버츠(1925~2013년)는 전쟁 중 옥스퍼드의 서머빌 여자 칼리지에 입학했다. 이 말은 그녀가 전후 민주교육의 은혜를 받지 않았음을 뜻한다. 마거릿은 부모의 기대에 부응해 스스로 노력하여 자신의 길을 개척했다.

나중에 노벨 화학상을 수상하는 도러시 호지킨(Dorothy Hodgkin) 선생 슬하에서 퀴리 부인처럼 되는 미래를 꿈꾸었으나 졸업 성적이 '양(second class honours)'이었다. 또 실질을 중시하고 강건하며 신념을 굽히지 않는 마거릿은 베아트릭스 웹이나 버지니아 울프에 미치지 못하는 아가씨들과 대학 생활을 즐길 수 없었다. BBC에 따르면 그녀가 '구직 활동'을 벌였으나 합격하지 못한 ICI사의 인사 소견 기록에 "headstrong, obstinate & dangerously self-opinionated"라고 적혀 있다고 한다.

심기일전한 그녀는 보수당 회합에서 만난 10년 연상의

감리교 신자 사업가 데니스 대처와 1951년 결혼했다. 이로써 전후 컨센서스 정치, 신구 엘리트가 구축한 기존 질서(establishment)에 대한 이인삼각의 싸움이 시작되었다. 남편의 지원으로 재정·세제 전문 변호사 자격을 취득한 다음, 케인스 경제학을 대체한 것으로 평가받는 하이에크, 밀턴 프리드먼(Milton Friedman)의 경제학도 배웠다.

'영국병'이라고도 불리는 구조적 불황과 석유파동이 닥쳐온 1970년대, 노동당 정권 아래 이익 분배와 컨센서스 정치의 연장으로 파업이 자주 일어났다. 특히 1978년 늦은 가을부터 1979년 겨울 사이에는 공공 부문의 파업이 국민 생활에 참혹한 영향을 미쳤다. 버스도 멈추고, 관청도 문을 닫고, 쓰레기도 방치되었다. 이런 일에 대한 광범위한 불만을 매스컴은 셰익스피어의 사극『리처드 3세』첫머리에 빗대어 the winter of our discontent라고 불렀다(p.93).

11년 반의 정권

애초에 1970년대 보수당 정치가들은 야당 시대를 어떻게든 넘기고 난 다음 강력한 당대표가 나타날 때까지

'막간을 때우는 역할', 또는 선거에 내세울 얼굴로 마거릿 대처를 선택했다. 1979년 5월 총선거는 이른바 상대방의 실책으로 보잘것없는 승리를 거두었기 때문에 기껏해야 2, 3년쯤 명맥만 유지해주면 다음에 장기 정권을 위한 누군가로 바뀔 것이라 예상했다. '미녀'라고 깔보고 말았던 것이다. 그런데 보수의 본류는 말할 것도 없고 누구라도 감히 예상하지 못한 일이 벌어졌다.

첫째, 1982년 봄, 아닌 밤중에 '포클랜드전쟁'이 발발하고 대처 수상은 단호한 의지로 (미국의 승인 아래) 전쟁을 수행했다. 둘째, 대처 정권은 컨센서스 정치에 반대하여 '타협하지 않는 정치', '컨센서스 해체', '사회주의와의 투쟁'을 내걸고 '노예의 길'로 바뀔 것이라고 말한 하이에크, 프리드먼의 경제학을 정책의 기본으로 삼았다. 당시 로널드 레이건(Ronald Reagan) 대통령, 나카소네 야스히로(中曽根康弘) 수상보다 정권을 오래 유지했다. 그녀의 '작은 정부', '민영화', '통화주의(monetarism)', '금융 자유화(big bang)'는 벼락치기 정책이 아니라 몇 년에 이르는 공부와 신앙심에서 우러나온 것이었다.

대처는 영국 역사상 최초의 여성 수상이었을 뿐 아니라 세 번에 걸친 총선거에서 승리를 거두고 11년 반에 이르는, 그야말로 20세기 최장의 정권이었다. 수상이라는 제도가 성립한 이후의 300년 역사를 돌이켜보더라도 10년 이상 수상을 역임한 사람은 단 여덟 명으로 월폴, 노스 경, 피트, 리버풀 백작, 글래드스턴, 솔즈베리 후작, 대처, 블레어밖에 없다. 그녀는 디즈레일리나 로이드조지나 처칠보다 강력한 수상이었다. 그녀의 강력함을 지지해준 사람은 건강, 노력, 신앙 그리고 좋은 남편 데니스 대처 경(Sir. Denis Thatcher)이었다.

철의 여인이 남긴 유산

영국의 대학에서 대처 수상을 어떻게 평가하느냐고 물으면, 대처의 반-유럽, 반-연방주의, 반-교양주의라는 성향을 곱게 받아들이는 사람은 없다. 그녀가 졸업한 옥스퍼드대학은 수상 경험자에게 관례상 수여하는 명예 학위를 그녀에게 수여하지 않았다. 내저는 '아일랜드를 포기하지 않는 WASP의 보수당'을 대표적으로 구현하여 IRA와 싸우고 노동조합과 결별하며 전후 컨센서스를 해체하고 국영기업/공사를 민영화하는 일에 정권의 과제를 집중했다. 국철이나 BA(p.393)를 민영화한 일도, 공영주택

을 불하한[2] 일도, 전국 탄광 노조 의 아서 스 카길(Arthur Scargill) 의

10-2 대처 수상. 내각 안의 반대파를 물리치고 1989년에 존 메이저(John Major, 왼쪽)를 재무장관으로 임명했다.(Getty Images)

장과 결전

을 벌인 일도, IRA의 폭탄 테러마저도 the Iron lady가 아니었다면 도저히 일어날 수 없없을 것이다.

게다가 대처는 아파르트헤이트를 허용하고 가톨릭을 싫어했으므로 세계교회주의(ecumenicalism) · 인도주의의 입장에 서는 왕실과 국교회를 비롯해 영연방 및 유럽공동체와도 관계가 얼어붙었다. 민주 역암 정치체제의 수상으로서는 실격일지도 모른다.

수상과 다른 의견, 특히 디즈레일리 이래 보수당의 의제인 one nation의 화합을 각료회의에서 주장한다면, 아무리 wet(물렁한 보수파)라고 해도 배제당하고 만다. 대처 시대(1979~1990년)는 예스맨의 보수당, 역사를 버리고 인재가 빈약한 보수당을 남겼다. 이는 좌경화 이외에는 아

2) 불하하다 : 국가 또는 공공단체의 재산을 개인에게 팔아넘기다.

무 능력도 없는 노동당(그리고 사회민주당의 분열)과 서로 보완하는 관계에 있다. 아일랜드와 남아프리카의 황폐한 상태도 갈수록 심해졌다.

그렇기 때문에 대처의 부정적 효과가 나타난 1990년대 중반부터 정부는 아일랜드 문제의 해결을 위해 교섭을 재개하고, 남아프리카는 만델라를 대통령으로 선출하고, 영연방은 관계를 개선하고, 노동당은 궤도를 수정했다. 또한 1980~1990년대에 유럽에 대한 양대 정당의 방침은 역전하여 보수당의 다수는 유럽 회의파(Euro-sceptic)가 되고 노동당의 다수(와 자유당·사회당이 병합한 자유민주당)는 친유럽파(pro-Euro)가 되었다.

검은 영국인

전후 그레이트브리튼으로 건너온 비-영국인은 1948년 국적법(p. 400)에 따라 출입국의 자유가 정해졌다. 구식민지를 떠나 이주하는 이민자는 혈연·지연에 기대어 집단으로 거주하는 남아시아 및 카리브(바꾸어 말하면 동서 인도) 사람들이다. 이들은 종교적 결합도 강하고, 유럽계나 유대계 사람들보다 출생률이 높았다. 나아가 최근 눈에 띄는 현상은 중국계 이민이다.

일찍이 1958년 런던의 노팅힐(Notting Hill)에서 민족 충돌이 벌어진 바 있으나, 이 책에서는 대처 정권이었던 1981년 봄부터 여름까지 런던의 브릭스턴(Brixton), 맨체스터의 모스 사이드(Moss Side)에서 격렬하게 벌어진 도시 소요와 이에 대한 대책을 생각해보기로 하자. 자세한 사항은 졸저『문명의 표상 영국』제3장에 밝혀놓았기에 여기서는 결론만 제시하겠다. 그들은 '흑인 폭동'이라고 불리기도 하지만, 오히려 다문화·다양성의 도시 밀집 지구에서 청년 실업자들이 들고일어난 반-경찰 소요였다. 경찰은 거의 백인일 뿐 아니라 수도 경찰의 일상적인 순찰 방침이 청년 실업자에게 도발적이고 적대적이었기 때문에 '밀집 지구'의 긴장이 높아졌다.

스카만 보고서

이 사태를 엄중하게 받아들인 부수상=내무장관 윌리엄 화이트로(William Whitelaw)는 사법의 현인 레슬리 스카만 경(The Lord Leslie Scarman, 1911~2004년)에게 조사 보고와 대책 제안을 위촉했다. 이때 조사하는 과정을 담은 것이

『타임스』에 실린 1면 사진(속표지 사진, p. 403)이었다.

　신속하게 제출한 보고서는 미국식으로 할당(quota)을 설정하는 인종 할당제(Affirmative Action)는 실행하기 어렵다는 이유로 논외로 밀어놓은 다음, 예산과 인재와 시간을 들이되 긴급하게 각 기관이 연대하여 행정과 지역의 교육적 전환을 꾀할 것을 제안했다. 이러한 '적극적 (역)차별'에 의해 행정, 경찰, 학교, 매스컴 분야에 소수자(흑인 및 다른 비유럽인) 직원을 늘리고, 인종적·문화적 복합성이 당연한 환경을 창출해야 한다고 했다. 영국의 자유주의를 대표하는 레슬리 스카만 경의 조사보고서(청서[3])는 정식으로 간행하고 증쇄를 거듭했을 뿐 아니라 널리 읽어야 할 책으로 여겨져 펭귄북스 중 한 권이 되었다.

　이 보고서가 나온 시기는 포클랜드전쟁 이전으로 대처 수상이 강한 지도력을 발휘하기 전이었기 때문에 이만큼이나 실현 가능했을지도 모른다. 윌리엄 화이트로는 1988년까지 부수상을 지내고 사직했다.

　노팅힐의 카니발은 이미 다문화의 축제로서 정착했다. 브릭스턴은 이미지 전략이 성공한 덕분에 diversity를 상

---

3) 청서 : 영국 의회나 추밀원의 보고서를 가리키는데, 표지가 청색이었다는 점에서 유래한 명칭이다.

징하는 다문화 지구가 되었다. 영화 〈우리는 파키스탄인 (East Is East)〉은 맨체스터의 '강 저쪽' 솔퍼드(Salford)에 자리한 이민 무슬림 가족의 세대 갈등을 묘사했다. 원제 East is East는 키플링(p. 368)의 시구에서 빌려온 것이다. 이 영화가 웃으면서 이민 문제를 표현할 수 있었던 이유가 혹시 스카만 보고서의 열매가 익어가고 있다는 증거라고 볼 수 있을까.

왕실과 국교회

대처 시대의 왕실은 한쪽으로 치우치지 않는 중도, 보편적 인도주의, 다문화주의라는 돌기둥 같은 역할을 짊어졌다. 국교회가 세계교회주의의 성격을 강화했던 것도 이 시기다.

1980년 2월 캔터베리 대주교가 된 로버트 런시(Robert Runcie)는 1981년 왕세자 찰스와 다이애나(Diana)의 결혼식을 세계교회적이고(ecumenical) 다문화의 식전으로 치렀다. 다음 해에는 사상 최초로 로마교황을 초빙해 캔터베리 대성당의 성 토마스 제단 앞에서 함께 예배를 드리고(pp. 71, 120), 아일랜드 문제를 근본적으로 해결하는 방

안을 모색했다. 왕실과 국교회가 나서지 않았다면 1980
년대~1990년의 영국은 더욱 가혹한 사회가 되었을 것이
다.

왕세자 찰스(1948~)에 대해서는 다이애나 비와 관련하
여 세간의 평가가 분분하다. 그러나 국왕 칭호 가운데
defender of the faith가 의미하는 '유일한 (국교회) 신앙의
옹호자'보다는 defender of faiths '다양한 신앙의 옹호자'
이고 싶다는 그의 의지 표시는 분명하다. 현대 역암 군주
의 요건을 이해한 발언일 것이다.

블레어의 새로운 노동당

1994년 야당·노동당의 당대표가 된 토니 블레어는 시
드니 웹 이래 내려온 당 강령 '제4조'(p. 380)를 전면 개정하
고 새로운 사회민주주의의 가능성을 모색했다. 1995년
채택한 새로운 '제4조, 목적과 가치관'에 따르면 다음과
같다.

"노동당은 민주적 사회주의(democratic socialism)의 당이
다. 그 믿는 바에 따르면 혼자보다는 여럿이 공동으로 노
력하는 편이 많은 것을 이루어낼 수 있고, 각자의 참된

가능성을 실현하기 위한 수단을 만들어낼 수 있고, 우리 전원을 위한 권력, 부, 기회가 소수자의 수중이 아니라 다수자의 수중에 있는 공동체를 창조할 수 있다. 그 공동체에서 우리가 누리는 권리는 상응하는 의무가 따를 것이고, 그 공동체에서 우리는 함께, 자유롭게, 연대·관용·존중의 정신으로 살아갈 것이다."

기존의 제4조에 있던 '생산·분배·교환 수단의 공동 소유'라는 구절이 없어졌다는 이유로 우경화했다고 보는 논자도 있다. 그러나 당을 결성한 이래 처음으로 노동당이 '민주적인 사회주의의 당'이라고 공언한 것이다. 베를린장벽이 붕괴하고 소련이 해체된 이후이기 때문에, 또한 금융의 자유방임, 카지노 자본주의의 시대이기 때문에 제4조의 의미는 중요하다. 혼자가 아니라 여럿이 함께, 자유롭게 살아가는 공동체를 창조하고 연대·관용·존중을 내건 민주와 사회주의의 당! 이것은 베아트릭스 웹과 케인스조차 연상시킨다(pp.342, 384). 꿈과 희망이 있는 정치가 보였다.

1997년 총선거에서 토니 블레어(수상, 재직 1997~2007년)의 신노동당은 압도적인 승리를 거두었다. 연합왕국의 전체 선거구를 살펴보면, 도시지역과 스코틀랜드, 웨일스는 노동당이 석권하고 아일랜드의 농촌 지역만 보수당이 이기는 현상으로 뚜렷한 지역 구도를 드러냈다. 스코틀랜드와 웨일스에서 보수당은 전멸했다. 유권자는 머니 게임이 아닌 다른 미래를 제시하지 못하고 그저 '적'을 만들어 세를 굳히려는 보수당이 아니라 자유와 연대, 연방주의의 복권을 외치는 신노동당을 선택했다(졸저『문명의 표상 영국』). 공약에 따라 다음 해 스코틀랜드, 웨일스의 지방의회를 설립하고 북아일랜드 문제를 둘러싸고 아일랜드 공화국 정부와 협정을 맺었다. 대처 집권 이후 예스맨만 남은 보수당은 오랜 세월을 헛되이 흘려보낼 숙명이었다.

대처와 블레어는 당도 다르고 성향도 다르다. 그러나 각자의 신념에 따라 20세기/전후의 컨센서스 정치를 다시 생각해보고 정치사회의 재편성에 몸을 바쳤다는 점에서는 결이 같다. 두 사람 다 전환기의 국가지도자라고 할 수 있다.

21세기의 영국과 세계

2001년 9월 11일 동시다발 테러 사건이 일어났고 이에 대한 대응에 따라 국제정치는 요동쳤다. 특히 조지 부시(George Bush) 정권을 뒤따라 2003년에 영국군을 파견해 이라크를 침공한 일을 계기로 블레어에 대한 신임은 흔들렸고 사후에 밝혀진 진상으로 그의 신용은 실추하고 말았다. 신노동당에 꿈과 희망을 걸었던 유권자의 믿음을 저버린 블레어의 책임은 막중하다. 또 한계를 모르는 글로벌 경제의 폭넓음, 특히 IT와 결합한 금융의 자유방임으로 사람들은 신자유주의에 대한 불신을 점점 더 키워갔다.

제1차, 제2차와는 성격이 다른 제3차 세계화(p.104) 속의 세계에 대한 논의는 전문가에게 맡기기로 하고 여기서는 다음과 같은 점을 지적해두기로 한다.

2010년 연합왕국의 총선거에서는 단일한 당이 과반수를 점할 수 없었기에 1위인 보수당과 3위인 자유민주당이 연립 정권을 세웠다. 보수당 데이비드 캐머런(David Cameron) 수상 정권하에서는 또다시 유럽연합(EU)과 거리두기, 작은 정부를 지향하고 유럽 자본주의의 자유방임, 미국과의 군사동맹을 강화하는 방향으로 나아간 듯이 보인다. 대처 정권의 현실로 되돌아간 것처럼 보는 논자도 있다. 그러나 캐머런 정권은 첫째 연립 정권이므로 독주가 불가능하다. 둘째 수상이 감리교 신자/퓨리턴이 아니다. 연립 상대인 자유민주당은 자유주의+사회민주주의당으로 오히려 신노동당에 가깝다.

영국의 정치사회를 장기적으로 생각할 때 다음과 같은 사실에 주의를 기울여야 한다. 버틀러 편『영국의 정치적 사실』과 세인 편『20세기 영국 정치 필휴』에도 제시한 바대로 20세기 총선거의 전국 투표율은 대개 70퍼센트를 충분히 넘겼고 80퍼센트를 넘는 해도 있었다(다만 2001년 이후 투표율이 낮아지고 있다). 이것은 일본 국민이 총선거 때 취하는 행동과 대단히 다른 양상이다.

오늘날 아일랜드는 명예직 대통령(7년 임기) 아래 '자치국 협정' 비준파(p.372)의 후계자인 통일 아일랜드당(Fine Gael)이 중도우파 정권을 잡고 마치 기독교민주당 같은 친EU 노선을 걷고 있다. 아일랜드는 NATO에 가입하지 않고 군사 비동맹의 전통을 고수하고 있다.

연합왕국에서도 아일랜드에서도 의회는 친근한 존재다. 내외의 공익단체 내지 NGO, NPO가 쉽게 참가하는 곳, 그리고 돈을 갹출하는 곳(절세 방안!)으로 기능한다. 국내·해외를 막론하고—아니 이웃 나라, 국내, 유럽, 합중국, 영연방, 그리고 지구 세계와 맺은 어떤 관계이든—민간 공공사회가 호흡하고 있다. 이것을 문화라고 해야 하지 않을까. 21세기 역사적 유산임은 두말할 나위가 없다.

이 책은 브리튼 제도가 기나긴 역사를 통해 구축하고 수정해온 준거 틀/발상의 틀(frame of reference)을 명시하려고 노력해왔다. 에드먼드 버크가 말하는 '과거 인간, 현재 인간, 미래 인간의 파트너십'(pp. 289, 335)은 역사의 진실이자 수정을 거치면서 지금도 살아 있다. 이제부터 EU나 연합왕국에서 어떤 사건이 벌어지더라도 영국인, 그러니까 얼굴이 다양한 영국인은 이 책에 기술한 역사적 경험에 비추어 생각하고 토론하고 결정해나갈 것이다.

후기

　이 책의 제목은 『영국사 10강(イギリス史10講)』이다. 작은 책이지만 품을 들여 만들었다.

　이 책의 의도와 구성은 제1강과 제4강을 비롯해 기회가 있을 때마다 본문에 기술했다. 서유럽의 대서양 연안에 있는 영국이라는 섬나라의 역사가 동아시아 태평양 연안에 있는 일본이라는 섬나라 사람인 우리에게 어떤 의미와 재미가 있는지, 가능한 만큼 구체적으로 전하고 싶다는 마음뿐이었다.

　우리가 학교에서 배운 '영국사'는 최근 연구 성과로 말미암아 모습이 상당히 바뀌었다. 브리튼 제도에 사는 사람들의 얼굴도 바뀌었고, 영국이라는 정치사회의 폭과 정체성도 역사적 변모를 거쳐 지금에 이르렀다. 각 시대의 사람들은 어떤 여건(환경과 자산과 경험) 속에서 각자의 과제를 해결하기 위해 노력하고 있을까. 사람은 진공 속을 떠다니는 것이 아니라 역사를 돌이켜보면서 시대를 호흡하고 있으며, 앞으로도 그러할 것이다.

　이론만 내세우는 책으로 보이고 싶지 않았으나, 정치

사회, 질서, 공공선, 공공권, 역암, 세계 시스템, 대표·구현·표상·기억, 횡령 같은 단어는 오늘날 역사학의 논쟁거리이자 이 책의 중심어이기도 하다. 또 인구나 왕위의 정당성, 포도주, 그리고 근세 이후에는 일본과 맺은 관계에 대해서도 거듭 언급하는데, 이는 그만큼 중요하기 때문이다. 또 연표와 색인에서는 이 책을 잘 짓도록 해준 기둥과 서까래와 창문을 명시하고 있다. 구체적인 주제를 포함해 『민중의 윤리(民のモラル)』(야마카와山川 출판사/치쿠마ちくま학예문고), 『문명의 표상 영국(文明の表象 英国)』(야마카와 출판사), 『이와나미 강좌 세계 역사(岩波講座 世界歴史)』 제16권(이와나미서점), 『긴 18세기의 영국─그 정치사회(長い18世紀のイギリス─その政治社会)』(야마카와 출판사), 『근현대 유럽사(近現代ヨーロッパ史)』(방송대학 교육진흥회), 『에도와 런던(江戸とロンドン)』(야마카와 출판사), 『역사적 유럽의 정치사회(歴史的ヨーロッパの政治社会)』(야마카와 출판사) 등 졸저를 바탕으로 서술한 부분도 있다.

이와나미신서(岩波新書)라는 성격에 비추어볼 때 주석을 붙이기는 어려우나 논거나 연구사적 코멘트 등은 명시해 놓고 싶었다. 생각을 거듭한 끝에 약간 긴 주석을 『릿쇼대학 대학원 기요·문학연구과(立正大学大学院紀要·文学研究科)』

(2013년도~)에 연재하기로 했다. 필요가 있는 사람은 참고하기 바란다.

이보다 더욱 깊이 조사와 이해를 원하는 독자를 위해 졸저 『영국사 연구 입문(イギリス史研究入門)』(야마카와 출판사)에 문헌과 웹 페이지를 안내해놓았다. 조금 오래되기는 했으나 『세계 역사 대계 영국사(世界歷史大系 イギリス史)』(야마카와 출판사) 세 권이 정치사의 과정을 자세하게 다루었는데, 연표와 색인도 두루두루 유용할 것이다. 본문에 이름을 거론한 선학과 동료의 연구 성과로부터 중요한 가르침과 힌트를 얻었다. 또 The Short Oxford History of the British Isles(OUP) 11권은 영국사를 파악하는 틀이라는 점에서 참고가 되었다. 스스로 의심이 들 때마다 참조하고 확인한 참고 문헌은 『영국사 연구 입문』 제1부, 제2부에 열거해놓았다. 특히 *The Oxford Companion to British History*(OUP) ; *The Penguin Dictionary of British History*(Penguin Books) ; *The Longman Companions to History* 시리즈의 각 권 ; *Royal Historical Society Handbook of British Chronology*(CUP)가 항상 유익했고 빼놓을 수 없었다. 20세기에 대해서는 D. Butler, *British Political Facts*, 10th ed. (Palgrave Macmillan) ; P. Thane(ed.), *Compan-*

ion to Twentieth-Century Britain(Cassell) ; C. Wrigley, *Winston Churchill*(Grennwood)이 도움을 주었다. 또 영어의 역사적 용법에 대해서는 *Oxford Dictionary of National Biography*(on-line)가 자판을 두드리면 유용한 답변을 내주었다.

이와나미서점의 아마노 야스아키(天野泰明) 씨, 시바타 미치오(柴田三千雄) 선생, 사카이 에이하치로(坂井榮八郎) 선생과 필자가 『10강』 출간을 위해 최초로 한자리에 모인 때는 1997년 7월이었다. 이때 시바타 미치오 선생이 보여준 메모에는 이렇게 쓰여 있었다.

"연대기 기술을 기본 틀로 삼고 주제의 기술을 절충한다. 아마도 구성상 가장 어려운 문제! 일목요연한 연대기적이고 교과서적인 기술과 다양한 간격이 있는 구체적 사건을 어떻게 조합할까?(예컨대 간격이 긴 편인 자연적 조건, 가족, 인구와 간격이 짧은 편인 국제 관계, 교통, 정치체제). 그러나 이러한 복합성이 현재 필요한 역사의식……

한 국가의 역사만 다루는 고립적 기술이 아니라 지역 세계·비교사적 관점을 반영한다."

자리를 함께한 네 사람은 이 메모를 바탕으로 토론하

고 나서 결국 무엇이든 실마리를 찾아 써나가는 수밖에 없다고 말했다. 또한 학술적 표준에 맞는 서술과 지적 재미를 결합하는 것이 과제라고 이야기하고, 그것은 각 저자의 '역량'으로 실현될 것이라고 입을 모았다.

그로부터 실로 16년이라는 세월이 지났다. 부분적으로는 대학 강의를 통해 몇 번이나 시도를 거듭했으나 개인적인 사정으로 집필이 이어지지 못한 채 아쉽게 세월만 보내고 말았다. 그동안 도움을 받은 분들의 얼굴이 떠올라 감개무량하다. 초고의 일부를 읽고 도움말을 주신 시바타 선생과 동료들 덕분에 부족한 부분이나 오류를 바로잡았다는 사실을 여기에 적어둔다.

담당 편집자가 다섯 명이나 바뀌었다. 아마노 야스아키 씨 다음으로 가키하라 히로시(柿原寛) 씨, 나카니시 사와코(中西沢子) 씨, 하야사카 노조미(早坂ノゾミ) 씨, 그리고 마지막 주자는 오야마 미사코(大山美佐子) 씨였다. 이 자리를 빌려 진심으로 감사드린다.

1980~1983년 케임브리지대학(처칠 칼리지)에서 유학할 수 있었던 것은 The British Council과 The Vice-chancellors & Principals of the Universities of the UK의 장학제도 덕분이었다. 또 1994~1995년 런던대학(UCL) 객원

교수를 지내도록 도와준 것은 Canon in Europe의 펠로우십이다. 이렇게 두 번에 걸친 재외 연구의 기회를 바탕으로 연구하고 교유을 나누어왔다. 늦게나마 관계 기관에 인사를 올린다.

하버드대학 H · E · 와이드너(Widener) 도서관에서

곤도 가즈히코

역자 후기

　이 책『영국사 강의(원제는 영국사 10강[イギリス史10講])』은『독일사 10강』,『프랑스사 10강』에 이어 '10강' 시리즈 기획에 따라 세상에 나왔다. '10강'이라는 제목이 제시하듯 '강의 열 번'에 영국사를 통째로 담아내겠다는 이와나미 서점의 야심이 엿보인다. 선사시대부터 최근에 이르기까지 그토록 유구한 역사를 겨우 손바닥만 한 신서 한 권에 다 담아낼 수 있느냐는 회의 섞인 반문은 당연히 나올 법하다. 그러나 독자의 요구에 따라 책의 내용과 형태는 다양하고 유연할수록 좋지 않을까. 반드시 누군가에게는 도움을 주는 책일 것이다.

　어느 나라나 지역이든 관심이 생기면 자연스레 역사나 문화에도 흥미를 느끼기 마련이다. 이 책은 영국이 어떠한 역사적 과정을 통해 오늘날 선진국으로 손꼽히는 국가로서 제 모습을 갖추었는지, 간결하면서도 핵심을 놓치지 않는 기술 방식으로 영국사를 제공해준다. 특히 굵직한 사건을 역사적 문맥과 배경을 곁들여 설명해주기 때문에 영국사 및 유럽사를 한번 정리하고 싶은 독자에게는 꽤나 적합한 책이라고 생각한다.

나아가 이 책은 새로운 학술적 관점을 제대로 도입하여 독자에게 알려주려는 시도도 주저하지 않는다. 저자는 '휘그 사관'을 바탕으로 가르쳐온 일본의 세계사 교과 과정이 잘못되었다고 진단하고, 영국사를 둘러싼 통설을 뒤집고자 한다(이에 관한 내용은 5강에 자세히 나와 있다). 이는 지면의 제한 때문에 간략하게 서술해나가는 대신, 선행 연구와 참고문헌을 적극적으로 활용하고 최근 연구 성과를 반영하겠다는 저술 의도가 단적으로 드러나는 지점이다.

잉글랜드, 스코틀랜드, 웨일스, 북아일랜드의 연합으로 이루어진 영국의 정식 명칭은 그레이트 브리튼과 북아일랜드 연합왕국(United Kingdom of Great Britain and Northern Ireland)이다. 약식으로는 United Kingdom, UK, Britain으로 부르고, 통상적으로는 Great Britain이라고 부른다. 특히 영국(英國)이라는 한자어가 있음에도 한국이나 중국과 달리 일본에서만 영국을 유독 '이기리스'라고 부른다. 이같은 독자적인 호칭 방식은 일본 근세의 서양 교류사에서 유래한다(이에 관한 사정은 1강 첫머리에 자세히 나와 있다). 다만 한국어로 옮기는 과정에서는 '이기리스'와 '영국'이 충돌할 수밖에 없다. 이에 '영국'의 명칭을 설명하는 대목에서만 어쩔 수 없이 '이기리스'라는 원어를 그대로 사용했다.

일본어는 가타카나 문자로 외래어를 표기하는데, 영국사를 기술하는 책인 만큼 엄청난 외래어와 외국어 표기가 쏟아져 나온다. 일본인 독자마저 과도하거나 어색한 가타카나 표기에 불만을 느끼는 모양이다. 또 '국민'이나 '공화국' 옆에 '네이션'이나 '코먼웰스' 같은 '루비'를 덧붙인 점이 역사서의 격을 떨어뜨렸다는 의견도 눈에 띈다.

이 책도 그렇고 일본어 서적은 대체로 원어를 병기하지 않는다. 옮긴이로서는 원어를 찾아야 정확한 번역이 가능하므로 '찾기 신공'을 펼쳐야 할 때가 있다. 기약 없이 시간을 들여야 한다. 그나마 찾아지면 다행이다. 이 책의 번역도 어지간히 찾아지지 않는 애물(!) 같은 낱말때문에 어려움을 겪었다. 온갖 수단을 동원해 원어를 알아내려고 최선을 다했으나 혹여 오류가 나올 수도 있다고 생각하면 벌써 등골이 서늘하다. 원문에 표시한 영문표기가 누군가에게는 참조가 되기를 바랄 뿐이다.

이 책은 통사를 기술한 역사서인데도 인물이나 사건을 세세하게 묘사하기도 하고, 셰익스피어와 도쿠카와 이에

야스가 같은 해에 세상을 떴다는 식으로 TMI를 제공하기도 한다. 또한 〈겨울의 라이온〉을 비롯해 〈타이타닉〉, 〈킹스 스피치〉, 〈랜드 앤 프리덤〉 등 친근한 영화를 활용해 독자의 읽는 수고에 소소한 재미를 더해준다. 과연 저자의 의도대로 '학술적 표준에 맞는 서술과 지적 재미'의 결합이 잘 이루어졌느냐는 평가는 전문가에게 맡겨야겠지만, 흥미롭게 영국사에 접근함으로써 좀 더 깊이 있게 공부하고 싶은 의욕을 불러일으키는 책이라는 점은 확실한 듯싶다.

옮긴이 김경원

IWANAMI 085

영국사 강의

-10개의 강의로 영국사 쉽게 이해하기-

초판 1쇄 인쇄 2024년 2월 10일
초판 1쇄 발행 2024년 2월 15일

지은이 : 곤도 가즈히코
옮긴이 : 김경원

펴낸이 : 이동섭
편집 : 이민규
책임 편집 : 유연식
디자인 : 조세연
표지 디자인 : 공중정원
영업·마케팅 : 송정환, 조정훈, 김려홍
e-BOOK : 홍인표, 최정수, 서찬웅, 김은혜, 정희철
관리 : 이윤미

㈜에이케이커뮤니케이션즈
등록 1996년 7월 9일(제302-1996-00026호)
주소 : 04002 서울 마포구 동교로 17안길 28, 2층
TEL : 02-702-7963~5 FAX : 02-702-7988
http://www.amusementkorea.co.kr

ISBN 979-11-274-7182-8 04920
ISBN 979-11-7024-600-8 04080 (세트)

IGIRISUSHI 10KO
by Kazuhiko Kondo
Copyright © 2013 by Kazuhiko Kondo
Originally published in 2013 by Iwanami Shoten, Publishers, Tokyo.
This Korean print edition published 2024
by AK Communications, Inc., Seoul
by arrangement with Iwanami Shoten, Publishers, Tokyo

지성과 양심 이와나미岩波 시리즈